Francisco Rodés González

Memorias para Gabriel

Francisco Rodés González

Memorias para Gabriel

Relatos de un pastor cubano a su nieto norteamericano

CREDO EDICIONES

Impressum / Aviso legal
Bibliografische Information der Deutschen Nationalbibliothek: Die Deutsche Nationalbibliothek verzeichnet diese Publikation in der Deutschen Nationalbibliografie; detaillierte bibliografische Daten sind im Internet über http://dnb.d-nb.de abrufbar.

Información bibliográfica de la Deutsche Nationalbibliothek: La Deutsche Nationalbibliothek clasifica esta publicación en la Deutsche Nationalbibliografie; los datos bibliográficos detallados están disponibles en internet en http://dnb.d-nb.de.

Coverbild / Imagen de portada: www.ingimage.com

Verlag / Editorial:
CREDO EDICIONES
ist ein Imprint der / es una marca de
OmniScriptum Publishing Group
Contact: ICS Morebooks! Marketing SRL, 4, Industriala street, 3100 Balti, Republic of Moldova
Email / Correo Electrónico: info@omniscriptum.com

Herstellung: siehe letzte Seite /
Publicado en: consulte la última página
ISBN: 978-3-330-70330-8

Índice

Introducción

Estas memorias, debo confesarlo amigo lector, inicialmente fueron escritas solo para una persona: Gabriel, mi único nieto. Responde a un interés muy específico, crear un puente entre su mundo y el otro, muy diferente, en el cual me tocó vivir.

Los puentes son importantes, son la única forma de comunicación entre dos orillas separadas, por los puentes se establece la necesaria relación entre territorios diversos. Y el puente que intento crear es entre dos mundos diferentes, cercanos geográficamente, pero distanciados por la historia, la cultura, el desarrollo tecnológico, esto sin mencionar la natural separación que existe entre dos generaciones distantes. Quise que mi nieto, criado en los Estados Unidos, conozca sus raíces en la isla de Cuba, precisamente en una etapa de la historia en que estos dos países han sido separados por un gran muro.

Los contactos entre Gabriel y sus abuelos en Cuba han sido esporádicos, a veces han mediado años en los cuales él ha crecido sin nuestro calor, pero también hay que reconocer que han sido suficientes para mantener inalterable un cariño especial. Lo sentimos en cada encuentro en que nos abraza y besa con un amor no fingido. En estos cuatro años en que llevo escribiendo estas memorias ha dejado de ser un niño para convertirse en un joven veinteañero, con toda la energía soñadora de esta linda etapa de la vida. Su generación ha crecido bajo la influencia de una acelerada transformación de la tecnología. Cada uno de los encuentros familiares me quiere mostrar lo último de la computación. Vive fascinado, como todos los muchachos, por las más recientes ofertas de este mundo tecnológico al que a mí me resulta tan complicado. No se separa de los videos juegos que le permiten viajar en una nave espacial por el cosmos.

Mi mundo es otro, no tanto por oportunidades de acceso, como por los años vividos que han condicionado el cerebro a otro lenguaje, digamos que se trata de otra cultura, con otros códigos y otros senderos. Trato de entenderlo, escucharlo, y abrirme a su mundo, para finalmente convencerme de que no somos habitantes de diferentes planetas.

Tal vez un día llegue en que se sienta picado por otras inquietudes existenciales. Esas etapas vienen en la vida, en que se otea en el horizonte, o se busca en la brújula interior por el sentido de la vida, quizás entonces el interés por las raíces propias le pueda ser útil. Las raíces guardan ciertos secretos sobre nuestra vida, algunas señales útiles para el camino y algunas respuestas para desentrañar misterios. Otras culturas guardan celosamente el recuerdo de los ancestros, les sirven como lucecitas indicadoras, quien sabe si de esto se trata cuando los viejos libros sagrados mencionan la palabra sabiduría. Al menos la memoria es imprescindible para saber quiénes somos y adónde vamos.

Volviendo al lector amigo, aquí encontrarás una historia de vida que tal vez te despierte algún interés conocer. No hay nada extraordinario, te advierto, bueno si buscas relatos sorprendentes sobre hechos heroicos no hay nada de eso. Esto que leerás es una ventana a un mundo que pudiera resultarte novedoso, experiencias de vida que fueron adquiriéndose desde muchos caminos entrecruzados. Trato de explicarme, vas a leer la historia de un pastor protestante, que ha vivido en una etapa convulsa en la historia del primer país socialista del mundo occidental.

Hay pues, un contexto religioso en lo que vas a leer. Pero no te sorprendas, mis raíces se hunden en la historia de gente comprometida con su historia, uno de mis abuelos, Paco, fue un comandante de las fuerzas libertarias cubanas frente al dominio español. El otro abuelo fue un emigrante de esa misma España. Mi padre, médico rural y político que llegó a ser congresista, hombre de extraordinarias dotes sociales. Tengo pues, genes que me inclinaron al campo de la política. Fui un pastor obrero por quince años, lo cual quiere decir que mi mundo se amplió considerablemente, cuando unes esas dos cosas, política y religión, las tranquilas aguas se revuelven bastante.

Como toda autobiografía, intenta contarlo todo, pero eso no es posible, muchas cosas se quedan al margen. No he contado todos mis desvaríos, que no fueron pocos. No le he hecho suficiente justicia a quienes debía. Por ejemplo, el hecho de tener una compañera de caminar por más de 50 años, y que me ayudó a abrirme a otra visión de la realidad y a transformar mi machismo genético. Ella tiene una inteligencia diferente a la mía, además de un talento musical del que carezco, sin olvidar la intuición femenina y esa habilidad para luchar por la vida, que fue fundamental para poder criar un par de chiquillas en medio de estreches económicas.

No he podido abarcarlo todo, pero aquí va mi esfuerzo. Para Gabriel, y para ti lector, estas páginas de quien aún se mantiene inquieto por las mismas cosas que cuando en las noches serenas de Media Luna, contemplaba el cielo desde la ventana de su cuarto, y se preguntaba, ¿esa estrella que veo tiene alguna relación con mi vida, hay alguna respuesta en ese "arriba" que me seduce? ¿Hay alguna razón para que yo sea yo y no precisamente otra persona, con otra historia? Todos y todas alguna vez hemos hecho un alto en el camino y nos hemos hecho una pregunta fundamental sobre la razón de nuestro ser.

Bien claro esto, en fin, que no es un tratado de filosofía, es simplemente un montón de historias y anécdotas mezcladas con alguna que otra reflexión. Así están, sin más artificios y con un poco de eso que los humanos llamamos sin saber bien lo que es, amor, espiritualidad, simplicidad.

Matanzas, Junio 2017.

1

Los Patriarcas de Media Luna

Mi querido nieto Gabriel, hoy Día de Navidad, he decidido empezar a prepararte este regalo, quiera la vida que al menos para alguna otra Navidad esté concluido, porque lo que quiero regalarte no se logra en poco tiempo, es la historia, tal como ha llegado a mí y como yo la he vivido, de tus antepasados y en particular de tu abuelo, es decir, mi propia historia de vida.

Pienso que te va a interesar, a mi me hubiera encantado que mis mayores hubieran hecho algo similar conmigo, así hubiera sabido quienes fueron y como vivieron los que me antecedieron. Somos parte de una gran marcha, querido nieto, hay detrás de nosotros una estela que se extiende en las sombras de la historia familiar, a veces enterrada en el olvido, pero ahí están los misteriosos hilos que nos unen a ellos, y que hacen que, con los nuevos colores que vamos añadiendo en nuestro presente, un tejido hermoso y e indeleble, inefable y bello, que es la vida.

Aquí hay historias, anécdotas, retazos para ir uniendo, a veces espacios de silencio que dejan muchas preguntas. Por supuesto la historia que personalmente viví la puedo contar con más detalles, te puedo mostrar el libro de mi vida sin que aparezcan esas lagunas, irá toda con sus aciertos y errores. Los desaciertos y errores, han dejado lecciones imborrables, hay que fijarse en ellos y no olvidarlos, aunque no para martirizarnos con un sentido desmedido de culpa. Tal vez me sienta tentado a la vergüenza por algunas cosas, pero me esforzaré a pasar por encima de mi ego, para decirte toda la verdad. Tu abuelo, y tus otros ancestros no fueron héroes intachables, fuimos hijos de nuestro tiempo y de nuestra historia. La época que nos tocó vivir nos formó en cierta manera, pero vale decir que tratamos de ser mejores a pesar de todo. Tal vez leer estas historias, algunas te causarán risa, otras pena y extrañeza.

Aquí a mi lado tengo a la perrita que bautizaste con el nombre de Curiosa, porque te admiraba su infatigable curiosidad. Y es la curiosidad la que nos va a tomar de la mano en este caminar. Tal vez cuando algunos de tus tías-abuelas y tíos-abuelos lean el borrador de estas páginas, puedan ayudar a calmar la curiosidad con nuevos recuerdos, estos aportes colectivos serán muy apreciados.

En fin, voy a poner en tus manos este legado. Descubrirás en ello que en el fondo somos iguales a las generaciones que nos precedieron. Pasamos por las mismas tentaciones, cuando las hormonas se adueñaron de nuestros cuerpos, y sentimos las mismas tristezas cuando nuestros sueños se frustraron. Miedos y amores, alegrías y tristezas, pintaron los cuadros de nuestras vidas. Pero algo queda perdurable y único.

Sabes, cuando apenas eras de meses, una noche lluviosa, fui llamado para buscarte y llevarte con urgencia al hospital porque sufrías un severo ataque respiratorio, y tu madre te puso asustada en mis brazos, para que los médicos en el hospital te aplicaran aquel horrible fogonazo dirigido a tus pulmones, que te haría respirar con libertad, pero que nos impresionó terriblemente, yo sentí que en una forma extraña algo más allá de los lazos sanguíneos nos uniría, y que a pesar de la distancia en que has crecido y hecho un joven se irían haciendo mas fuertes. Eres un joven cubano-americano, tu español tiene el acento inconfundible de la otra cultura que te ha ido formando. Pero al mismo tiempo siento que tus raíces cubanas son poderosas y fuertes. Estas historias que te contaré irán a nutrir esas raíces, de las cuales tú vienes, hijo mío. Las pongo en tus manos, es mi mejor herencia.

Los patriarcas

Lo primero que ansío decirte es que mi abuelo, tu tatarabuelo, fue un patriota que luchó por la libertad de Cuba. Francisco Rodés Andreu (el primero de los ¨pacos¨) llegó a tener el grado de Comandante del Ejército Libertador de Cuba, y tuvo el honor de pelear en el último combate que se libró por la independencia, en la Loma de San Juan, en las afueras de Santiago de Cuba; allí se conserva el sitio histórico de un feroz combate, en que las fuerzas españolas resistieron con braveza y valentía increíble. Por cierto, una estatua recuerda el heroísmo desplegado por los españoles.

También hay otra estatua representando a los soldados americanos, porque esta guerra unió en su etapa final a cubanos y americanos, que derramaron su sangre siendo compañeros de lucha. Un día, cuando visites Santiago, y vayas a este parque memorial, fíjate en la estela de bronce que recoge los nombres de todos los combatientes cubanos y americanos, allí podrás constatar el nombre indeleblemente escrito de tu tatarabuelo, Francisco Rodés.

Lamentablemente de este abuelo patriota, guardo solo el recuerdo de un solo encuentro. Lo vi por primera y única vez cuando yo tenía unos 14 años, y él vino a La Habana a tratarse en un hospital. Mi padre me llevó para conocerlo, y le pidió que se quitara la camisa de la piyama para mostrarme las cicatrices que dejaron en su cuerpo las balas españolas; él fue un hombre fuerte que sobrevivió a muchos combates. De aquel inolvidable encuentro de los tres "pacos", queda como testimonio una foto. No lo volví a ver más. Años después supe que había muerto y había sido sepultado en la ciudad de Palma Soriano, y que un pastor bautista había efectuado el funeral.

El otro abuelo, el padre de mi madre, Antonio González Diéguez, un gallego de Orense, España, vino a aparecer en esta historia cuando decidió correr fortuna en la última colonia que le quedaba a España en América, la llamada "fiel Isla de Cuba". Pero cuando desembarcó la guerra había recién concluido, ya la isla no era la fiel colonia. Aquí se casa con Crescencia Argüeso, también gallega, y comienza a trabajar de administrador de un aserrío, en el pueblo de Alto Cedro, en la provincia de Oriente. El trabajo era ventajoso, a la sazón se comenzó a construir el ferrocarril que se extendería a lo largo de la isla, y necesitaba miles de polines que abuelo producía en su aserrío. Les nacieron dos hijas, Silvia y María Gabriela, que ya en edad escolar fueron enviadas como correspondía a los buenos españoles, a un colegio de monjas.

Pero al conocer que las niñas eran castigadas físicamente, arrodillándolas sobre granos de maíz y otros castigos corporales, sin dudar se deciden a enviarlas a un colegio que los protestantes habían abierto en el pueblo del El Cristo, y que había ganado fama en todo Oriente de una enseñanza moderna, bajo la dirección de misioneros americanos. Ahí María, mi mamá, tu bisabuela, estudió toda su escuela primaria, el bachillerato, y también se hace bautista. Y es también allí donde conoce a mi padre, que se graduaba de bachiller. Mi padre también se hace bautista, y según me contaron empezó estudios de teología, para ser pastor, pero finalmente se dio cuenta que su verdadera vocación era la medicina.

Abuelo Antonio tuvo prosperidad económica durante los largos años de construcción del camino de hierro del ferrocarril, y no habiendo otra alternativa tuvo que dejar el lugar y mudarse para La Habana, donde ya vivía su hija Silvia, graduada de Farmacia, casada, y comenzaba un pequeño laboratorio en el sótano de la casa que producía vitamina C y algunas jarabes para catarros. Los laboratorios Kelvin no pasaron de ser un modesto negocio.

Parece que el cambio en la vida de abuelo y la nostalgia por los viñedos y campiñas de Galiciano lo fueron entristeciendo de tal modo que cayó en un estado de depresión profunda, y un día sorprendió a todo el mundo dándose un tiro en la sien. Sobre este suicidio, se tendió un manto de silencio, al que pude acceder ya siendo mayor. Siento que nunca llegué conocer a mi abuelo Antonio, en las fotos luce bien apuesto. La abuela Crescencia, vino a vivir con mis padres cuando nosotros en Media Luna. Todavía recuerdo el olor a manzanilla que exhalaba las compresas que se ponía en sus piernas afectadas por incurables padecimientos circulatorios. Ella era muy cariñosa con nosotros sus nietos. Su muerte, fue la primera experiencia de un fallecido que tuve en la familia, solo la contemplamos de lejos, llevados por sobre protectores familiares que no querían que nos acercáramos a su cadáver. La muerte me pareció algo muy misterioso.

Mamá logró un título de doctora en pedagogía. Realizó su tesis sobre las creches de La Habana (internado para niños pre escolar). Mamá no tenía un concepto muy alto de su doctorado, me pareció que no le gustaba que la llamaran doctora. Mamá dejó una huella muy profunda en mi, creo que mucho más que papá. Verás mas adelante que las mujeres en nuestra familia jugaron un papel muy decisivo, en ciertos momentos el timón de la casa estuvo completamente en sus manos.

Volviendo a mi abuelo Paco, después de la guerra, formó una familia con mi abuela Josefa Lenzano, de la que nacieron 9 hijos, cinco hembras y cuatro varones. Después de la guerra, y a pesar de sus grados, no encontró suficientes medios económicos para mantener su numerosa prole en el pueblo donde vivían, Media Luna, por lo que decidió ir a buscar trabajo en el norte de la provincia de Oriente, donde parece que tuvo mayor éxito. Al principio venía todos los meses a traer el sustento familiar y a dar afecto a sus hijos y esposa. Luego se fue espaciando, y mandaba la ayuda cuando podía. El tiempo fue pasando y las visitas distanciándose mas hasta que se supo que abuelo estaba envuelto en otra trama amorosa y la abuela Fita (que así se usaba llamarla), plantó sus trece, y aquel vínculo quedó roto, aunque no se llegaron a divorciar. Abuelo fundó otra familia, como el viejo patriarca Abraham, en la que aparecieron numerosos hijos a hijas. No mantuvimos lazos con esta otra tribu, pero hemos ido sabiendo de la existencia de otros pacos en esa línea. Cuando ya viejo vino al hospital de La Habana, y mi padre lo fue a visitar, noté que a pesar de todo mi padre le tenía afecto de hijo. No escuché expresiones de resentimiento en mi padre ni en los tíos y tías. Cada historia de vida, querido Gabriel, tiene sus lados luminosos, pero también no faltan nunca los de sombra, esta es la realidad de la condición humana.

El, como muchos veteranos participó en la política. Me transmitieron una anécdota muy simpática, escrita por un tío político. Ocurre que en aquellos tiempos no existían muchos medios para un control de las personas que iban a votar en las elecciones, solamente era necesario presentarse en los colegios electorales y dar el nombre, firmar o poner la huella digital en el documento y listo. Mi abuelo Paco, como muchos otros, hacían sus trampas para que tener más votos. Así fue como reunió a un numeroso grupo de campesinos que, montados en caballos iban a un colegio electoral y votaban. Luego se iban a otro lugar lejos, y volvían a votar, pero dando otro nombre inventado. En uno de esos colegios a la hora de dar su nombre a uno de los campesinos olvidó el nombre nuevo, y se volvió para atrás, y dijo al cabecilla, "don Paco, ¿Cómo Ud. dijo que yo me llamaba?". Por supuesto abuelo, ni tardo ni perezoso saltó a su caballo se perdió a toda carrera del lugar.

Tuve oportunidad de ver a muchos veteranos de la guerra de independencia. Tenían una casa donde se reunían a conversar y jugar dominó. Los recuerdo con sus guayaberas, sus medallas y sus sombreros de jipijapa, caminando por las calles del pueblo, orgullosos con sus cargas de historia.

Abuela Fita, cuando se quedó sola, consciente de la inmensa carga que pesaba sobre sus hombros en aquella circunstancia, se dice que exclamó, ¡Esta casa no se derrumba, carijo, vamos a luchar!". Fueron tiempos difíciles, pero fueron capaces de resistir los duros tiempos; los mayorcitos salieron en busca de trabajos, ayudando a la familia, y las hembras pudieron estudiar gracias al espíritu de solidaridad familiar. Había unas hermanas de mi abuela, en la ciudad de Manzanillo, Tía Mina y Titita, que tenían una vida más desahogada y no cerraron sus puertas a la necesidad de la hermana de Media Luna, su casa siempre fue un puerto de refugio y un apoyo para la superación de la familia en esa ciudad; la casa de Villuendas 29 era la puerta de entrada a la vida urbana. Abuela no se volvió a casar y afrontó con dignidad el reto de la vida.

Algunas de las hijas se hicieron maestras, se casaron y fundaron sus propias familias. Esther aprendió a tocar piano, llegó a ser la pianista que animaba las películas mudas del cine del pueblo, improvisando melodías de acuerdo a lo que veía en la pantalla. Esta capacidad creadora le resultó muy provechosa, llegó a ser la maestra de música de la escuela del pueblo. Muchas de las canciones e himnos que se cantaban en la escuela eran compuestas, o al menos su música por ella. Todavía recuerdo aquella que decía "Cual bandadas de palomas que regresan del vergel…volvemos a las aulas…

.
Al fondo Esther y Cervera y Papà; delante, Abuela Fita, Mamà, Andrès, Abuela Crescencia y Paquito.

También resulta interesante que sepas más cosas de Esther. Era pequeña de estatura, menuda, siempre estaba alegre y todo lo veía con un espíritu optimista. A pesar de su carácter encantador, fueron pasando los años, sus hermanas se fueron casando y yéndose del hogar, mientras Esther permanecía al lado de abuela Fita, hasta que un día, apareció un joven maestro, que llegaba de la capital de la provincia, de nombre Orlando Cervera. Usaba un mostacho que, unido a su amplia frente, a los muchachos de la escuela nos impresionó su semejanza a José Martí. El quedó prendado de Esther. Mi abuela, que era de un carácter controlador, al principio se opuso, ¨Esther le lleva veinte años. Eso no está bien¨, decía. Mi padre, que ya era médico y tenía mucha ascendencia sobre Fita, intercedió, ¨Deja que se case mamá, ella no ha conocido el amor, si no le va bien, pues se divorcia¨. Esther y Cervera cumplieron más de cincuenta años de casados felices, tuvieron un hijo adoptivo, que fue un modelo de hijo amoroso. Esther murió de 102 años, cuando todavía estaba optimista y dispuesta a alegrar cualquier fiesta con su música, Orlando cuidó de ella con abnegación. Papá tuvo razón, porque en cosas del amor no hay nada predecible.

Continuando ahora con la historia de tu bisabuelo Paco, mi padre. Como te dije, decidió su vida por la medicina, y fue a la ciudad de La Habana, a afrontar un reto fuerte, trabajar y estudiar una carrera difícil. Consiguió trabajo como maestro en algunas escuelas privadas, así pagó sus estudios y su manutención. Los pocos centavos que podía ahorrar los enviaba a la familia.

Pilón

Pudo terminar su carrera y conseguir una plaza de médico del Central Pilón, uno de los pueblos mas aislados de la isla de Cuba, del otro lado de la Sierra Maestra, frente a un profundo mar. A Pilón se podía llegar a través de una carretera que fue construida perforando la montaña, como un estrecho túnel, tan estrecho el pasadizo que había que pedir vía al entrar, porque dos carros no cabían para cruzarse. Allí se les dio una espaciosa casa de madera, hecha sobre pilotes, amplios portales alrededor, y una formidable vista de la serranía. Eran las casas construidas por los americanos dueños del Central para los empleados de cierto rango

.

El matrimonio del mèdico Rodès y Marìa, en los años felices de Pilòn

En este poblado, los dueños del Ingenio azucarero, contrataban a un médico para que atendiera a los trabajadores y los pobladores en general. Papa contaba innumerables anécdotas de su tiempo en Pilón. Como aquella vez que lo fueron a asaltar unos bandidos, y salvó su vida, al resbalar en la escalera de la casa, y las balas pasarle por encima. Te diré que ser médico en estos lugares, significaba la práctica de todas las especialidades, desde atender a una mujer en su parto, hasta fracturas de huesos, operaciones de urgencia, en fin le tenía que hacer frente a todo tipo de dolencia. De una manera muy especial, en noches de fiestas, en que abundaba el alcohol, era normal que llamaran a papá en medio de la noche para ir a atender una persona apuñaleada

Vivir en Pilón significó su relación estrecha con los humildes campesinos de las montañas, a los que servía con devoción, llegando en su caballo a los lugares mas apartados. Fue ganando prestigio y la simpatía popular, de modo que fue propuesto para las elecciones de alcalde del municipio, ganando gracias al favor del pueblo...

Una de mis tías se casó y fue a vivir a este pueblo teniendo una numerosa familia. Pasé varias vacaciones con mis primos, gozando de una naturaleza esplendorosa. La imponente cordillera de la Sierra Maestra la teníamos a nuestro alcance. El mar abierto, en el que las profundidades de la Olla de Battle excitan la imaginación; no olvidaré la noche en el muelle, contemplando el alucinante espectáculo de los peces irradiando fosforescencia, y dejando una estela de luz, lo mas parecido a una ciudad de noche. También mis primeras experiencias pesqueras, con mis primos que gozaban del privilegio de vivir en un ambiente casi silvestre. Allí nacieron mis tres hermanas mayores, Silvia Esther, María Beatriz y Clara María Todos los partos asistidos por mi padre.

Niquero

Una nueva vida en la cabecera del municipio, Niquero, otro puerto de mar en la costa del Golfo Guacanayabo, se abrió para la familia al conseguir mi padre un puesto. Allí nacimos mi hermano Andrés y yo. Mi nacimiento fue un acontecimiento trascendental en la vida de mi padre, que anhelaba un hijo varón. Le decía a sus amigos, que había dejado pasar un tiempo entre los partos, para lograr el varón que quería, se imaginaba él que su táctica me había traído al mundo, así yo me convertí un una especie de trofeo

Al fondo Marìa Beatrìa y Silvia, Papà y Mamà al centro, Clara, Andrès y Paquito al frente.

Niquero fue el escenario del inicio de la carrera política de papá. Su prestigio de médico de los pobres atrajo la mirada de los líderes políticos. Eran los tiempos en Cuba en que se estrenaba una nueva Constitución, conocida como la Constitución del 40 (1940), que fue el resultado de un proceso de diálogo nacional, y en la que se plasmaron muchas aspiraciones de justicia social. Era un modelo de constitución progresista para la época. También un partido ganaba terreno y fama de estar en defensa de los más humildes, el Partido Auténtico. Fue el Partido que enroló a mi padre para la candidatura de alcalde de Niquero.

Papá era de un carácter sociable, con una facilidad de palabras y don de gentes que lo hacían una figura idónea para enfrentar a los candidatos de la burguesía poderosa que acostumbraba ganar las elecciones. Sin faltar a la verdad, los testimonios que quedan es que fue un alcalde interesado en la mejoría de la vida de la población, bajo sus iniciativas se crearon proyectos interesantes en la comunidad, como los talleres de costura, y se practicó una honestidad administrativa.

En una ocasión se levantó una acusación de promover huelgas obreras que llegó a las autoridades policíacas de La Habana. Resulta que los trabajadores del la caña de azúcar, los humildes cortadores de caña, querían convocar a una asamblea para discutir la estrategia a seguir a fin de lograr contratos colectivos justos con los dueños de los ingenios, precisamente antes del inicio de la zafra azucarera. El alcalde era la persona que podía autorizar estas asambleas, Papá no solo la autorizó sino que se hizo presente y tuvo palabras orientando la prudencia y el uso de métodos legales para lograr sus fines. Pero esta presencia de él levantó las sospechas acusadoras que llegaron hasta la capital. Las acusaciones lo presentaban como conspirador peligroso, lo llamaron "el alcalde rojo". Telegramas fueron y vinieron a la capital, pero la verdad se abrió paso, y mi padre salió del invicto del conflicto. Indudable mente fue un hombre progresista.

Su prestigio se acrecentó y llegó el tiempo de las campañas electorales para el Congreso Nacional. El reto era enfrentar al candidato de la clase poderosa, a Delio Núñez Bitty, casado con una de la familia de millonaria dueña del Central Isabel, de Media Luna y otras propiedades más. Llevar al Dr. Rodés como candidato hizo reír a los poderosos señores; esto será, decían, como ir a cazar una mariposa. Fue una campaña dura que costó un gran esfuerzo de movilización por todos los poblados y los bateyes de las lomas, muchas veces a caballo. Fueron jornadas agotadoras, pero se alcanzó la victoria que asombró a los viejos políticos.

De esa etapa, Gabriel, no te puedo decir mucho más, papá se mudó por interminables meses para la capital. Yo era muy pequeño, solo se hablaba de que pronto vendría. Pero mamá no fue como abuela Fita, sabía que la separación no era buena para los Pacos, así que un día recogió a toda la prole, y se marchó para la capital también, a vivir en una casa en 19 y 70, de Playa, Marianao. No recuerdo nada en absoluto de ese tiempo. Pero luego conocí muchas personas que vinieron a ser buenos amigos de la familia, y que permanecieron siendo amigos aún después de finalizar el tiempo de mi padre en el Congreso. No se tampoco qué leyes apoyó, ni con quienes hizo alianza. Mamá fue sabia. Papá era buen mozo, médico y congresista, no le faltaban las admiradoras.

Era un orador excelente. Lo escuché en una de los actos en el Cine, creo que una reinauguración del mismo, después de un tiempo de reparaciones. Papá sabía usar el humor con habilidad en sus discursos, la gente disfrutaba porque usaba imágenes y anécdotas graciosas. Una vez, cuando ya no ocupaba cargos políticos, fue invitado a un mitin, en los primeros años del

1950, nuevamente su partido, y yo aún muy pequeño me escurrí entre la multitud. No se me olvidará una porción de su discurso en la que se refería a los poderosos contrincantes que su candidato enfrentaba, diciendo mas o menos estas palabras, ¨hemos sabido que este señor esta de vacaciones en el Africa, es un aficionado de la cacería y porque su riqueza le permite, puede darse el lujo de un safari africano, yo les digo a ustedes que esa bala que va a herir a un tigre, es la misma que mata de hambre y necesidad al pobre trabajador que tiene en sus inmensas tierras¨. Estas palabras me impactaron, sin que por ella llegara a entender completamente.

Posteriormente, escuché en diversas conversaciones de mi padre con sus amigos la enorme frustración que sufrió en La Habana. Sus promesas de conseguir un presupuesto para construir la carretera que conectara Manzanillo con Media Luna y Niquero fueron incumplidas por el presidente. Debes saber que en aquellos tiempos la comunicación con los pueblos costeros, que incluía a Media Luna y Niquero, era muy difícil por tierra. Para los caminos no existían puentes, y al llegar los vehículos a las anchas desembocaduras de los rios, para poder cruzar tenían que ser puestos sobre balsas. La mejor comunicación era por mar, una línea de barcos cubría el recorrido entre los puertos. Era un viaje pintoresco que disfrutábamos mucho. No olvido el espectáculo de los delfines, que nosotros llamábamos toninas, nadando en torno a nuestro barco

La corrupción de la camarilla gobernante dejó a mi padre decepcionado de la política. Ser un político en la imagen del pueblo, y puede decirse también en la realidad de nuestros pueblos latinoamericanos era sinónimo de ser un aprovechado, que usa la posición en el gobierno para enriquecerse, y no para servir al pueblo. Afortunadamente tu bisabuelo no cayó en la tentación, salió de ese mundo sin dinero, sin propiedades, sin cuentas bancarias. No tuvimos en nuestra niñez una casa propia, ni carro ni finca. No dejaré nunca de estar agradecido por este legado.

Media Luna

Al finalizar su tiempo en el Congreso volvió a su puesto de médico de pueblo; decidió nuevamente mudarse, ahora para Media Luna, su tierra natal. Abuela Fita que no sucumbió ante la adversidad de los primeros tiempos, fue entrando en crisis periódicas de depresión. La presencia de papá era más necesaria ahora en el pueblo de Media Luna, cuya vida economica dependía de un central azucarero y de su puerto ubicado en una ensenada en forma de media luna, de la que deriva su nombre. También existió el cultivo del henequén para la industria de la soga. Media Luna, era un pueblo con trabajo y cierta prosperidad la mitad del año, en que el central realizaba su zafra azucarera, la otra mitad era de pobreza.

Nos mudamos teniendo yo unos 6 años. Recuerdo llevar conmigo un chivito, llamado niquereño. Niquereño, que desapareció una vez llegados a Media Luna, y yo no lo recordé hasta años después. Así son los apegos de los niños, fácilmente se esfuman ante nuevas emociones. Fuimos a vivir con la abuela en su espaciosa casa. La vida con la abuela dejó gratos recuerdos, acostarnos en su regazo, sentir su amor fue dulce. La abuela Fita disfrutaba haciendo unas melcochas de miel, que lograba amasar como si fuera la rubia cabellera de una dama. Luego nos repartía a todos los nietos alborozados, en hojas de naranja, un pedazo de aquella melcocha. Ella disfrutaba esos momentos rodeada de sus nietos.

Pero la sombra de la depresión se dejaba sentir, la veíamos con frecuencia sacar su pañuelo para llorar. En las noches, a la hora de dormir no olvidaba el ritual acostumbrado de revisar toda las puertas y ventanas de la casa, asegurándose que estuviera todo bien cerrado, y otra medida de seguridad era revisar debajo de las camas, todavía me pregunto qué buscaba allí. Luego iba a nuestro dormitorio para enseñarnos el rezo, que decía;

Con Dios me acuesto,
con Dios me levanto,
la Virgen María,
el Espíritu Santo,
Cuatro pilares tienen mi cama,
cuatro angelitos que Dios me los guarda,
Lucas y Marcos, Juan y Mateo,
acuéstate_(el nombre), no tengas miedo¨.

Se quejaba de incontables enfermedades que creía tener, luego supe que a eso se llama ser hipocondriaco. Que bueno que papá era médico y podía entenderla y hacer algo por ayudarla. No obstante no soltaba el mando de la casa.

Un amigo inolvidable fue Rusty, el perro que me regalaron unos amigos de papá, no era de pura raza, pero era un perro fuerte y hermoso, que se convirtió en mi inseparable compañero. Nadie podía levantarme la mano sin que Rusty enseñara los dientes. Aprendió muchas cosas que denotaban una buena inteligencia y jugábamos mucho al regresar de la escuela. Pero en el pueblo la enfermedad de la rabia empezó a hacer estragos entre los caninos, estábamos tranquilos, porque Rusty estaba vacunado. Pero un mañana Rusty comenzó a comportarse de una manera extraña, corriendo y aullando, finalmente se metió en el espacio debajo del piso de madera de la casa, y no caminó más, allí nos metimos Andrés y yo a llevarle la comida, pero su boca estaba fuertemente apretada, finalmente durmió para siempre. Papá extrajo una muestra de la masa craneana y la envió a analizar a La Habana, se confirmó que era rabia. Andrés y yo tuvimos que sufrir unas inyecciones que papa nos puso durante catorce días en nuestras espaldas.

Al funeral de Rusty, en el patio de la casa, no le faltaron flores ni lágrimas. Un pensamiento vino a mi mente, hubo ciertos valores que dejaban una fuerte impresión en mi mente de niño. Rusty se comportó siempre con lealtad, valor y en forma coherente con su naturaleza, puede decirse que no sabía el arte de engañar o la hipocresía. Había algo que intuía deseaba tener, y es esa autenticidad de ser plenamente uno mismo. Creo que en la vida empezamos a aprender a ser actores de un libreto que nos enseñan, yendo a veces en contra de nuestra propia naturaleza íntima. Mas adelante, con los años, la vida me enseñó que hay que recorrer un camino desde ese rol aprendido hacia nuestro auténtico yo. Pero eso lo veremos mas adelante.

La casa, Gabriel te habría encantado; era de madera y teja, fresca y amplia, tenía un espacioso patio, con frutales, mamoncillos, mangos, aguacates, plátanos, guayaba. Nos encantaba jugar en el patio, hicimos de él un territorio de nuestras fantasías, construí con mis amiguitos un campamento con sacos de yute, e hicimos un mirador en lo alto de un árbol. No sabíamos nada de exploradores o boy scouts, pero creamos una tropilla de muchachos para salir en excursiones, con tiendas de campaña. Una vez, nuestros padres temerosos de los peligros del campo, contrató a un señor, conocido como Pancho Cayo, porque caminaba lentamente, a que siguiera nuestro recorrido sin perdernos de vista. Íbamos a acampar en los bosques que rodeaban los campos de caña de Media Luna.

Ciertamente, Gabriel, no te hubieras arrepentido jamás de haber tenido una niñez en Media Luna. Era un pueblecito singular. Su nombre se debía a la forma de su costa, en forma de una media luna. El parque era nuestro mundo, constituido por paseo espacioso, escoltado por la parte exterior dealtos pinos, y frondosos laureles en la parte interna, con su glorieta en el centro, un área de juegos infantiles y bancos donde se reunía la muchachada para conversar en las noches. Durante las tarde, bajo la sombra de los laureles se reunían las madres amigas a coser y conversar, los niños a treparse a los árboles, en los que poderosas ramas brindaban espacio para situarse sin peligro. El parque era el centro principal de nuestra vida social.

Rodeando el parque estaban las casas de familias, entre las cuales se contaban las más pudientes del pueblo, en ella vivían algunas de las maestras de la escuela, los dos médicos; y casi todas las familias estaban emparentados de alguna forma. Las casas contaban con un espacioso jardín al frente, y amplios patios. El barrio era conocido con el nombre de El Carmen, donde vivíamos como en familia. En ese parque se inauguró un día el busto de Delio Núñez Mesa, a quien mi padre derrotó en las elecciones. Entre los muchachos, vivir en el Carmen, era como pertenecer a una clase un tanto privilegiada, se decía de los muchachos que eran ¨góticos¨, por pertenecer a esta supuesta burguesía y los ¨vianda´, eran los rudos hijos de simples trabajadores. Yo rechazaba ser incluido entre los góticos, pero indudablemente pertenecíamos al grupo de familias privilegiadas, en que se servía todos los días una espléndida mesa, cocinada en carbón por laboriosas empleadas.

Las casas de los Cossío eran en las que mostraban una modernidad que la distinguía. Randolfo, el padre fundador de la familia, había vivido un tiempo en Nueva York, e indudablemente la influencia de la gran urbe se podía observar en muchos detalles que daban un sabor americano. Su hijo Randol, estudió aviación en la Florida, y trajo al pueblo una avioneta, que se constituyó en una atracción especial y en el medio más rápido para salir del lugar. Haber viajado en aquella avioneta fue una de las emociones fuertes de nuestra niñez. La historia le depararía a Randol el lugar de ser uno de los pilotos que ayudó en la guerra de liberación contra la tiranía de Batista, para finalmente perecer en un accidente aéreo mientras intentaba llevar el avión insignia de la Revolución, el Sierra Maestra, a ser reparado en la Florida. De esta prestigiosa familia provenían tres maestras de nuestra escuela, y uno de los médicos.

Estaba el club social ocupando una esquina, con su campo de voleibol, y lejos en la costa un pedazo de playa privada que fue la delicia nuestra. El club solo admitía asociados de la raza blanca, cosa de avergonzarse, pero así eran los tiempos pasados. Merece que te diga algo de la playa. Era una playita protegida de los peces peligrosos por un cercado hecho de palos y sobre el cual se podía caminar hasta el trampolín, a esta empalizada se llamaba jata. En esta playa aprendimos a nadar, generalmente usando unas tablita finamente pintada que servían como salvavidas. Tenía sus casetas para cambiarse de ropa y un gran caserón para descanso. Y ya que estamos en la playa, te paso a contar la aventura que tuve en esta playa en la que salvé la vida gracias a un primo.

Así fue como ocurrió, mi primo Darkys y yo, unos chicos de apenas 12 años nos fuimos solos a pescar a la susodicha playa en un tiempo en que no había bañistas. Recorrimos hasta el final de la Jata, la parte más profunda, y allí lanzamos nuestros anzuelos. Las olas batían con cierta fuerza la empalizada, y en uno de los golpea de ola, yo perdí el equilibrio, y me fui hacia delante, pudiendo agarrarme de los restos de una vieja empalizada, quedando suspendido con los pies en la jata, y las manos firmemente agarrado en la empalizada, no caí al mar, pero al mirar hacia abajo, veo que las afiladas puntas de unas varas llenas de costras marinas apuntaban inequívocamente a mi vientre. Me aterroricé y me aferré aún más a mi tabla salvadora. Pero lógicamente no podría resistir mucho tiempo más en esa posición, tenía que hacerse algo. Es cuando Darkys introduce sus brazos todo lo que podía bajo mi cuerpo, y me dice, ¨cuando la ola golpee de nuevo aprovechamos y te sueltas¨. ¿Soltarme, dices tú?, no que va, y me sujetaba mas. Evidentemente la única posible escapatoria era soltarme de mis manos y confiar en las de mi primo. No podía pensarlo por mucho tiempo más, y decidí confiar, dejarme salvar por el otro. Felizmente, así logré escapar de un grave peligro, y aprendí querido Gabriel, que en la vida hay ocasiones en que hay que soltar nuestra propia defensa y seguridad para confiar en las del otro, dejando de lado nuestros miedos.

Darkys fue uno de los pocos amigos fieles que tuve en Media Luna, él era hijo de un modesto empleado del ingenio, con varios hermanos y hermanas, Darkys resultó ser el primer expediente en la escuela. Con el tiempo logró hacer una carrera universitaria y un doctorado en la Unión Soviética, llegando a ser un científico en un importante centro de investigaciones. El otro amigo, fue el primo Octavio, que vino de Pilón a hacer sus grados superiores en Media Luna, gustábamos los dos de la pesca y la caza. Octavio, estudió medicina y es actualmente profesor de anestesiología en un hospital de la capital.

Pero hay que aprender a discernir los buenos de los malos amigos, Gabriel. Es importante en cierta etapa de la vida en que todavía no estamos completamente formados. Te contaré esta otra historia, un tanto desagradable, pero al fin es parte de la experiencia que nos hace crecer. En el Club se ofrecían distintos juegos de mesa, uno que me cautivó fue el de ajedrez. Lo aprendí y pasaba largas horas jugando. Una noche se acercó una persona mucho mayor que yo, un hombre que llamaremos simplemente R, con el interés de jugar, me resultó emocionante jugar con una persona mayor. Nos enfrentamos con frecuencia en el tablero y él me enseñaba jugadas nuevas para mí. Siguió la amistad, las conversaciones denotaban cultura. Me dijo que él también era protestante. Le gustaba el cine como a mí. De modo que un día que yo estaba solo en el cine, se me sentó al lado. Sucedió varias veces que me veía, se me sentaba al lado, pero un día noté que trataba de mover su pie y ponerlo debajo del mío. Aquello me molestaba, y yo simplemente quitaba mi pie. Cierta vez me dijo que me invitaba a ir a su casa, para ver algo en el patio. Vivía solo, y yo ignorante de sus intenciones me aparecí en su casa. Cual fue mi decepción fue la mia al descubrir que su intención era enseñarme su miembro erecto. Molesto y confundido salí de su casa precipitadamente. Esto me ayudó a tomar conciencia de que ciertas amistades pueden hacer mucho daño a los muchachos. Por suerte la mía no fue la triste historia de muchas víctimas de la pedofilia.

En el otro extremo del cuadro del parque estaba el Cine y frente al cine, el Centro Escolar, un magnífico edificio de dos plantas, completamente de madera, que albergaba las aulas de primaria y primaria superior, desde kindergarten hasta octavo grado.

La existencia de la pobreza se grabó en el recuerdo por una música que escuchábamos en la noche, mientras cenábamos, era el canto de un sinsonte en el portal de la casa. El único sinsonte que cantaba de noche era un niño que silbaba en la oscuridad del portal, a lo que mamá respondía, "llévenle el plato de comida al sinsonte". Este triste canto nos hablaba de un mundo de penurias. Muchas veces transcurre invisible a nuestra mirada, la injusticia y el dolor del mundo.

El pueblo era alumbrado por una planta eléctrica, muchas veces descompuesta, en las noches que ésta funcionaba bien, teníamos suerte. La operaba un señor al que llamábamos Pepe Planta. Al no existir televisión, el Cine era la atracción principal, era también un viejísimo edificio de madera que sobrevivió varias generaciones. En él gozábamos viendo películas de cowboy, de Tarzán y de Superman, y las mejores producciones de Hollywood llegaban a nuestro cine, en que por un precio irrisorio podías ver dos filmes en una noche. Pero las películas de cowboy llegaron a influir tanto en nuestra imaginación infantil, que al caminar por los campos cercanos nos parecía que iba a aparecer en cualquier recodo del camino un Roy Roger, o el Llanero Solitario. Los grandes estrenos ocasionaban frecuentes tumultos a la hora de comprar los tickets. Recuerdo que mi tío Tico trabajó muchos años en este Cine. Allí se efectuaban las graduaciones del Colegio.

Comercios importantes los hubo, como la Casa García, que daba ya a una bajada hacia el Rio que atravesaba el pueblo, y la de Avisellán y que daba al otro barrio más popular conocido como Pueblo Nuevo, más allá se extendía Tronco Mulo, y hacia el mar La Marina. En los alrededores del Ingenio estaban las espaciosas viviendas de los empleados administrativos, cerca estaba el correo. Todas las calles era de tierra, pero las que rodeaban el parque eran las más cuidadas, y no tenían nombre, de modo que cualquier dirección era simplemente, al lado de tal cosa, o a tres casas de donde vive fulano.

Mas allá del patio de la abuela estaba el terreno de béisbol, donde también acampaban los pocos circos que visitaban cada temporada. Sus grandes carpas, entre las más famosas el Santos y Artigas, atraían a la población pueblerina ávida de emociones. Los carnavales sellaban la temporada de diversiones del pueblo, se efectuaban alrededor del parque, y sus carrozas y disfraces hacían nuestra alegría completa. En Semana Santa era cuando el pueblo se volvía un poco religioso, en la procesión que recorría las calles. La Iglesia Católica no ocupaba un lugar importante en la vida del pueblo, y el sacerdote solo venía en algunas ocasiones especiales. Muy pocas familias recuerdo que frecuentaran la iglesia.

En este pueblo no había ninguna señal que indicara peligro para nosotros los muchachos. La naturaleza se ofrecía a nuestras anchas, la libertad que nos dieron nuestros padres para nuestra expansión la aprovechamos al máximo. Este escenario hizo que la niñez fuera una experiencia única con inocentes aventuras. Disfrutamos la cercanía del mar, nos bañábamos en el rio que atravesaba el pueblo, en el tiempo de zafra íbamos al central a robarnos algunas cañas y tomar guarapo. La calle era nuestra en las noches para jugar hasta agotarnos. El parque nuestro reino absoluto, los padres sabían que estábamos en el parque y eso era suficiente.

Pero, ignoraban ellos que el parque fue nuestra primera escuela en temas de violencia y sexo. La curiosidad por aquello que no se podía hablar sino en secreto y ajeno a la mirada de los adultos, se enfocó en las diferencias entre el varón y la hembra, la función de los órganos genitales, cosas que no se mencionaban ni aún en las aulas de la escuela. Ciertos muchachos alardeaban de su mayor conocimiento y experiencia ante los más jóvenes. La importancia de tener un pene grande se inculcaba como un requisito de virilidad indiscutible. Aparecieron leyendas acerca del hombre que tenía el pene mayor en el pueblo, el mítico Mananana, que se decía le llegaba a la rodilla. Las primeras fotos del cuerpo desnudo de una mujer circulaban como material clandestino al cual se tenía acceso en los rincones mas apartados del parque. También se nos inculcó un sentimiento de aborrecimiento y burla hacia alguno de los muchachos de la escuela que decía eran ¨pájaros¨, es decir homosexuales. Las primeras dosis de homofobia provinieron de una niñez temprana, llegando a arraigarse fuertemente como un prejuicio generalizado, y que evidentemente encontramos también en todas partes de nuestro país y continente. Es algo con lo cual tuve que lidiar mas tarde, como verás en esta historia.

Nuestros padres confiaban demasiado en el parque como un lugar en el que sus hijos estaban a salvaguarda de cualquier acechanza. En esto se equivocaron, pues en las noches podíamos fácilmente irnos a otros lugares sin ser percibidos. Uno de los mayores, de los que nos instruían en las cosas oscuras de la vida, quiso que tuviéramos nuestra primera experiencia sexual. La curiosidad hizo que cinco o seis de los muchachos nos escapáramos del parque una noche y nos adentramos en una zona más oscura, un potrero lejos de las casas. Allí encontramos a una persona mayor que esperaba debajo de un árbol, era un homosexual pervertido, que nos invitó a bajar nuestros pantalones para uno por uno irnos tocando y acariciando nuestro sexo, diciendo mientras lo hacía que pensáramos en una mujer bonita. Al regresar a la casa, sentí tanto asco por aquello, que juré no volvería jamás a semejante lugar.

Como te decía, el cine en aquella época abundaba en películas del Oeste, en los que no faltaban nunca las trifulcas a puño limpio. Las peleas eran el clímax de los mejores filmes, y parecía como que no dolieran los golpes, ya que los protagonistas se daban sin que se les viera expresiones de sufrimiento. Mi afición por estas películas llegó a tal punto que ya anhelaba el momento de probar mis puños, y la oportunidad esperada llegó una tarde en que vi acercarse un muchacho que no era de nuestra vecindad, era incluso un poco más pequeño que yo. Le invité a pelear, él no quería y no veía razón para ello, pero yo insistí en mi provocación hasta que él se alistó para el combate, que no duró más que el tiempo para asestarle un golpe en un ojo que lo dejó amoratado. Me sentí triunfador, pero en lo profundo no estaba satisfecho. Sabía que había abusado de mi superioridad y que había causado dolor solo para satisfacer mi vanidad. Y ya sabes que la violencia engendra más violencia, tal como ocurrió días mas tarde. Esto fue un atardecer en que se me antojó ir a jugar al área del parque donde estaba la canal por donde nos deslizábamos, y el momento no pudo ser más propicio para la venganza, estaba completamente solo. Una piedra lanzada desde donde no se que lugar, vino a darme en la misma cabeza, provocando que la sangre corriera por todo mi cuerpo. Me horroricé al verme bañado en sangre, y experimenté la miseria de mi soledad en aquel momento. Pude correr hacia mi casa, para recibir la atención de mis padres, a los que no pude explicar lo sucedido, pero en lo íntimo sabía que era el resultado de la violencia que yo mismo había originado. Y aprendí aquel día que las películas no dicen toda la verdad.

La escuela

Por supuesto, Gabriel, la escuela, que estaba justo junto al parque fue un lugar importantísimo en nuestra formación. Cada vez que la recuerdo lo hago con mucha gratitud hacia aquellos maestros que nos educaron con tanta ejemplaridad. Mi tia Esther me enroló en la banda de la escuela, para tocar los platillos. Con qué orgullo marchaba con mi uniforme por las calles. Te confieso que fue la única vez en que he tocado un instrumento de música, sabes que tu abuelo tiene el oído cuadrado.

De todos los maestros y maestras, la que dejó una impresión más fuerte, fue la Directora Adafina Cossío, familiarmente conocida por Cucha. Ella no daba clases, sino cuando un maestro se ausentaba, y nosotros disfrutábamos mucho, porque Cucha era una experta en contar cuentos, siempre empezaba sus clases encantándonos con un cuento. Era una narradora perfecta, que nos transportaba a un mundo de fantasía. Cucha, era también la que nos inculcaba con más pasión el amor por la Patria, a través de la historia de sus héroes. Su parentesco lejano con los Céspedes, ponía un elemento de realidad a sus historias. Carlos Manuel de Céspedes, fue el primer patriota que tañendo la campana de su ingenio llamó a sus esclavos y les dio la libertad, iniciando al mismo tiempo la lucha por la independencia de Cuba.

La atmósfera de patriotismo se puso al rojo vivo cuando se supo la noticia de que Fulgencio Batista había dado un golpe de estado contra el orden constitucional, instaurando una dictadura militar. La indignación de Cucha ante esta ignominia se experimentó en la escuela. Hubo reuniones secretas de los estudiantes de los últimos grados, que sentían que algo debía de hacerse.

La capacidad intelectual de Cucha hizo que otras posiciones de mayor nivel que una escuela pueblerina reclamaran sus servicios. La partida de la querida directora para la capital de la provincia, en cuya universidad desplegaría una notoria actividad, realizando investigaciones y aportes reconocidos nacionalmente, fue para nuestro pueblo una pérdida irreparable. Recuerdo el emotivo homenaje que se le brindó, Una calle quedó bautizada con su nombre.

Tu bisabuela era la maestra de matemática en la escuela, y por supuesto nosotros teníamos el privilegio de que nos repasara en la casa en las tardes. Un pequeño grupito, casi siempre debajo de un árbol del patio, recibíamos sus repasos y hacíamos las tareas. Mi madre era quién llevaba el peso mayor de la educación y la disciplina de todos nosotros sus hijos e hijas. Su estilo para corregir nuestros malos comportamientos era pararnos y hacernos razonar en una larga charla, que para nosotros eran interminables regaños. Luego el castigo podría ser una prohibición de ir al cine o de jugar a ciertas horas, nunca supe lo que fuera un castigo corporal. En una ocasión en que violé la prohibición de bañarme en el rio sin una persona que cuidara, aprovechó las fotos del periódico en que aparecían unos muchachos ahogados en no se que lugar, y las fijó en la pared del cuarto. Pero los que mas nos dolía eran los regaños, porque nos confrontaba y nos obligaba a decir toda la verdad de lo mal hecho. De esta manera el decir la verdad vino a formar parte de la educación que agradeceré a ella, y que me hace sonrojarme cuando en ocasiones no he dicho toda la verdad de algo. Mamá fue la que más influyó en nuestra formación, no recuerdo a papá que nos haya regañado siquiera, toda la disciplina era ejercida por la madre, aunque él la respaldara.

La Iglesia

Para completar el cuadro debo hablarte de nuestra humilde Iglesia Bautista, a la que nuestra madre nos llevaba todos los domingos. Su construcción semejaba la típica iglesia protestante de un barrio del Sur de Estados Unidos. De madera, en el barrio de Pueblo Nuevo, enfrente del pequeño hotel La Bombilla. No tenía ministro residente, solamente se contaba el uno que venía desde Campechuela una vez al mes a ofrecer la comunión. Este pastor, que en mi tiempo era el Reverendo Cusa, almorzaba en nuestra casa, y por la noche ofrecía el culto al cual iban mis padres. El resto del tiempo era mamá la que atendía la Escuela Dominical en la Iglesia. Un grupo de niños y mayores, no muchos, asistían todos los domingos a sus clases, que fueron las primeras lecciones de Biblia que recibí en mi vida, y las primeras canciones evangélicas que canté. Recuerdo con mucho cariño aquella que decía, "Tenme brillando Señor, tenme brillando, puro y limpio seré, si tu brillas en mí. Oh llévame a la roca más alta que yo, yo te seguiré…"

Las historias de Jesús me gustaban mucho, aunque resultaba completamente incomprensible la forma en que enfrentó a sus enemigos. No podía entender como no se defendió frente a sus enemigos, como no desbarató las conspiraciones que se urdían contra él, como toleró la traición de uno de sus amigos, en fin como se dejó derrotar hasta ser clavado en una cruz. Los héroes forjados en mi mente por el cine del Oeste, y por las aventuras de Tarzán el invencible, se resistían a otra posible versión de heroísmo. Por esto la figura de Jesús se me tornó contradictoria.

Mamá era flexible en la organización de los servicios religiosos. En el verano, consciente de que sólo pensábamos en la playa, celebraba la Escuela Dominical mucho más temprano, para tener tiempo de llevarnos a disfrutar de la playa. Fue bueno que no sintiéramos la Iglesia como una pesada disciplina.

Las enseñanzas de mamá nunca fueron sectarias, ni intolerantes respecto a otras formas religiosas. Recuerdo que el espiritismo era fuerte en nuestra región, y creo que aún lo es en todo el oriente del país. Había un Centro Espiritista cerca de nuestro pueblo, en el cual se practicaba el llamado espiritismo de cordón, en que las personas tomadas de la mano y formando un circulo danzan con cantos repetitivos. Este tipo de baile entiendo que tiene sus raíces en el "areito", baile de nuestros aborígenes. Mucha gente tenía una mezcla de todo esto con las devociones a los santos católicos. Abuela Fita, tenía una parte de las paredes de su cuarto con muchas estampas de santo, sobre todo en tiempos de tormentas y rayos, no cesaba de invocar su ayuda.

Chiquilladas serias

Te prometí contarte todo, incluyendo las cosas de las que me da vergüenza hablar. La peor cosa que hice siendo muchacho fue ocasionar dolor a toda una familia. Ocurre que regresábamos después de una tarde de playa, cuando pasando por una callejuela a la que daba el costado de una casa en la que vivía una compañerita de la escuela llamada Eva, y a mi se me ocurre la idea mas estúpida, decir en alta voz de modo que me oyeran en la casa, "Dicen que Eva se ahogó en la playa" Podrás imaginarte como salieron de la casa corriendo angustiados hacia la playa a averiguar lo que sucedió con su hija. Dios mío, cuan inconsciente pude ser del sufrimiento que ocasioné en esa familia. Aprendí la lección, nuestra estúpida lengua puede ser terriblemente dañina.

Con papá

Te conté como mi padre salió sin fortuna de la política. Vivimos en casas alquiladas en Media Luna, la primera que recuerdo era de guano, y la otra ni siquiera tenía servicio sanitario interior. Pero tampoco quería decir que fuéramos pobres, sencillamente les interesaba mas pagar un buen colegio para sus hijas que salían de la escuela primaria de Media Luna, y enviarlas a los Colegios Internacionales del Cristo, a hacer el bachillerato, luego la mayor, Silvia, enviarla a estudiar medicina a La Habana. De paso te cuento que papá abrigaba el sueño de que yo siguiera su profesión de médico. Me di cuenta porque en ocasiones me llevaba en sus visitas médicas a los hogares, otras veces al modesto hospital de Media Luna a observar su práctica médica. A mi, por el contrario me resultaba muy repulsivo el contacto con gente enferma, como la vez en que observé a un hombre que había sido apuñaleado y en el proceso de cura, papá tuvo que extraerle una cantidad grande de pus de su herida, yo observaba con asco y pensaba que jamás yo podría hacer aquello.

Me encantaba cuando me llevaba a alguna visita en los campos alrededores del pueblo, como cuando visitaba a familias haitianas que vivían en bohíos muy pobres, el pago que recibía era disfrutar de una mazorca de maíz tierno, asada al carbón, ¡que deliciosa! Te advierto que tu abuelo nunca tuvo prejuicios raciales, en nuestra mesa también compartieron amigos negros que gozaban de la amistad de la casa.

Pero la obsesión de mi padre por su primer hijo varón era grande. Le gustaba mostrarme a sus amigos, preguntar qué edad calculaban que tenía, y siempre que le decían una mayor de la mía, él se ponía orgulloso y decía no, se equivocan solo tiene tanto. Hasta un día en que las personas acertaron en decirle la edad que tenía, y desde entonces cesó esa práctica, de lo cual me alegré.

Aventura en la Sierra Maestra

Pero se había propuesto que disfrutara de todo lo que pudiera imaginarse hacen feliz a los muchachos. Y sobre todo aquella libertad que disfrutaba, teniendo tan edad. Una de las aventuras que me permitieron, y de la cual mis padres posteriormente se arrepintieron, fue cuando tenía apenas 12 años. Papá tenía un secretario en quien tenía mucha confianza, y que se dedicaba a cobrar a aquellos pacientes que por alguna razón no habían pagado la módica cuota de la consulta. Este hombre recorría largas distancias por los campos yendo y viniendo con sus encargos. En cierta ocasión tenía que ir hasta las montañas de la Sierra Maestra, lugares bastante intrincados. Me preguntó si me gustaría ir, y por supuesto le dije que me encantaría. Conversó con mi padre y le prometió que me cuidaría muy bien. Papá confiaba en este hombre, y sabía que sería una experiencia muy buena para mí. De modo que salimos en un sencillo transporte ferroviario que hacía el recorrido por los campos hasta las estribaciones de la Sierra, allí tomamos unos caballos y empezamos a subir por angostos caminos, que cada vez se hacían mas estrechos en ascenso, bordeando profundos barrancos, en medio de una densa oscuridad. Me dijeron que dejara el caballo libre, que conocían bien donde poner sus cascos, me acordé de que debía de confiar y no temer, a pesar de que la noche se hacía impenetrable.

Llegamos a algunos caseríos en donde se nos unieron unos amigos del secretario que iban en el mismo recorrido, los cuales empezaron a extraer de sus alforjas botellas de ron y a brindarle a mi protector, el cual empezó a tomar primero por cumplido y luego por iniciativa propia y a ofrecerme a mi la bebida. Era la primera vez que tomaba ron en tanta cantidad, al poco tiempo yo no sabía si iba montado en un caballo o en un camello, estaba completamente ebrio. Llegamos a un bohío, donde comimos, pero yo vomité todo, una buena venganza a mi mal cuidador, quien pidió alojamiento para pasar la noche. Al día siguiente amanecí mejor y continuamos nuestro camino, atravesando las montañas hasta que al medio dia divisamos el mar, y empezó en descenso.

Arribamos a un poblado llamado Mota, uno de los más aislados del país, en que vi a los hombres llevar revólveres en su cintura. Parecía que estaba en un genuino pueblo del Oeste, como en las películas. Paramos en una pequeña tienda, donde el grupo se abasteció nuevamente de bebidas, estaban muy alegres, sacaron las pistolas y tiraban tiros a los objetos en el camino. Yo estaba atemorizado, y deseando no haber venido nunca en esta aventura, pero no podía flaquear, corría en mi caballo por el camino llano bordeando la costa. Comimos deliciosos mariscos y muchas personas que conocían a mi padre me brindaron una afectuosa bienvenida, que me hizo sentir un poco mas relajado.

Afortunadamente arribamos a nuestro destino, y el regreso lo hicimos sin la desagradable compañía de aquellos amigos. Me pareció muy largo el regreso pero ya sin la diversión de la ida hicimos el camino mucho más rápido. Me sentí muy feliz cuando divisé las luces de Media Luna, y la casa de mis padres, los cuales estaban ya preocupados y arrepentidos por haberme dejado salir en esta aventura. No obstante montar a caballo es una de las cosas que me gustan desde entonces.

Otra de las emociones y recuerdos ocurrió en el mar. Papá organizó una pesquería y salimos en un viejo barco. Decía que no le gustaba salir al mar en llevando solo un barco, pues podría presentarse una avería y con otro que prestara auxilio se podía salir del aprieto. En esta ocasión salimos llevando solo un barco, y la avería se presentó, el motor dejó funcionar, cuando era más necesario, pues una tormenta se avecinaba. No hay nada mas impresionante que estar en un bote en el mar en medio de una tormenta Los pescadores lograron dominar la situación pero al precio de dejarnos arrastrar hacia una costa remota, donde encallamos. Era una zona cubierta por manglares, que es la vegetación muy tupida que crece en las aguas costeras poco profundas, generalmente entre el fango, sus raíces sobresalen del agua formando un entramado por el que es muy difícil caminar sin que se traben los pies. Nos costó mucho trabajos avanzar hacia la costa, constantemente los pies estaban atrapados en las duras raíces, pero al cabo de algunas horas pudimos salir a tierra firme. Estábamos agotados y todavía lejos de casa, pero al menos fuera de peligro.

Papá estaba decidido a hacer de nuestra niñez una etapa de emociones y experiencias varoniles. Se compró una escopeta de perdigones, calibre 16, y empezamos el aprendizaje de cazadores. No había que ir muy lejos, ya que apenas saliendo del poblado ya estaban los bosquecillos bordeando ríos y cañaverales, en los que se refugiaban las palomas rabiche. Por la tarde, finalizada las tareas salíamos con mi hermano y alguno de los primos en estas cacerías. Papá les podía tirar a las palomas al vuelo, pero nosotros solo cuando estaban posadas en el árbol. Al principio nos dolía el golpe de la culata al disparar, luego fuimos adquiriendo destrezas. Las cacerías se convirtieron en algo cotidiano hasta que llegó el tiempo de conflictos bélicos en el país y tener una escopeta vino a ser algo peligroso. No se donde papá escondió la escopeta, no la volvimos a ver.

Accidente

Fue en ese tiempo cuando mis experimentos por poco me cuestan la visión de un ojo. Jugaba sólo con un elástico al cual amarré una pelota, en el terreno de beisbol detrás del patio de abuela. Al impulsar y dar vueltas a la liga que tenía amarrada la pelota se estiraba en forma curiosa mas y mas. Había un caballo allí cerca y yo tuve la intención de que la pelota llegara a pegar al caballo, pero antes de llegar al caballo esta chocó con un arbolito que había en mi costado y la liga retrocedió con fuerza golpeando mi ojo izquierdo, dejándome completamente ciego. Corrí para la casa, y mi padre al ver mi ojo completamente rojo me acostó y me puso compresas frías. Estuve así, en reposo absoluto durante una semana, al cabo de la cual nos embarcamos para ir a verme con un oculista de la capital de la provincia, en Santiago de Cuba. El barco desembarcó en Manzanillo, nos vimos de pronto rodeados de militares que registraban todo el equipaje. Qué ha pasado, pregunté a mi padre, dicen que unos revolucionarios han atacado el Cuartel Moncada, de Santiago, era el 26 de Julio del 1953, comenzaba una nueva gesta en la historia de Cuba.

El oculista que me vió le dijo a mi padre que gracias al reposo y las compresas frías yo no perdí la visión de ese ojo.

Como puedes ver Gabriel, la niñez mia fue en muchos sentidos privilegiada, en el entorno de un pueblo pobre, nuestro padre no escatimaba en comprarnos todo tipo de juegos. No había televisión, pero compró un proyector de cine mudo, en el que veíamos muchos cartones, como se llenaba la casa para las funciones infantiles.

Una vez nos dio por el boxeo, y papá se apareció con dos pares de guantes, que a la larga resultaron demasiado duros, ya que varios chiquillos salieron del improvisado ring de sogas, con marcas en el rostro. Tuve un traje completo de cowboy, y finalmente compró todo el vestuario y los implementos de un equipo de béisbol. Entonces empezaron los entrenamientos en este deporte, y yo tenía mis dificultades al lanzar la bola, tenía el brazo como ¨amarrado¨, no sabía lanzar la bola, nunca llegué a ser un buen pelotero, pero era la principal figura, ya que sin mi participación no había juegos, era el dueño de todos los implementos. Los muchachos, mayores que yo tenían que ponerme obligado en el equipo, y cuando me ponía bravo se acababa el juego. Hoy pienso que en tantos privilegios que tuve de niño, como fruto del amor y orgullo de mi padre por su hijo varón, surgió la raíz de los problemas que afronté en la última etapa en Media Luna.

Crisis

Voy a contarte, Gabriel, como este idílico pueblo en que disfrute de tantos tiempos felices, vino a convertirse inesperadamente para mí en un lugar de sufrimiento del que me libré solo cuando mis padres tomaron la feliz decisión de mudarse para la capital del país. Nadie de mi familia sospechaba que yo ya no era nada feliz, que incluso pasó por mi mente la idea, afortunadamente fugaz, de quitarme la vida. Muchas veces los mayores no tienen conciencia de cuantas cosas tristes pueden habitar en la cabeza de sus hijos. Creen que solo les interesa el juego y la diversión. Recuerdo que me prometí a mi mismo que un día, cuando fuera mayor, escribiría acerca de esos sufrimientos de la niñez, de los cuales los adultos ni sospechan, o se olvidan de cuando eran niños.

Una de las malas costumbres de nuestro pueblo, especialmente de la gente joven es divertirse a costa de alguien a quien tomaran de blanco. Ya fuera el alcohólico Puga, al que se le gritaba hasta provocarlo correr tras los malditos chiquillos. A veces lanzaba piedras, y la diversión era escapar esconderse. Otras personas, especialmente dementes y discapacitados eran víctimas de esta cruel diversión. No había concepto de la dignidad de todo ser humana que merecedora de respeto, porque hay una larga historia de disfrutar proyectando en otros y otras nuestras propias insatisfacciones, disfrutando con el sufrimiento de los demás. ¿Sería lo mismo lo que consistía la diversión de la plebe en el circo romano?

En algún momento mi posición de niño privilegiado levantó la envidia de los muchachos menos afortunados que tal vez se sentían menos por ser yo dueño de los instrumentos de jugar. Y a alguien se le ocurrió inventar un apodo o nombrete bastante ofensivo, el cual se esparció como pólvora entre la muchachada. Yo al principio me ponía bravo y respondía con ira, pero eso no hacía más que azuzar la llama, mas se divertían ellos. Dondequiera que me veían, me gritaban el apodo, no se daban cuenta quizás que aquello me causaba daño, me sentía terriblemente humillado, al punto que evitaba salir a la calle. Donde hubiera grupos me aterrorizaba que me tomaran de diversión, los muchachos pueden comportarse increíblemente crueles. Me volví huraño, solitario, resentido de todos. Nadie se percató de la tristeza que me producía que me convirtieran en el blanco de aquella hiriente diversión. ¿Qué podía hacer? ¿Cómo reaccionar ante aquella? Fue un tiempo que me marcó para siempre, con una inseguridad en mi mismo y una timidez que solo la vida posterior pudo ir sanando. Aún hoy, siento que por naturaleza soy una persona tímida, inclinado a la introversión.

Ya en ese tiempo sabía que mi camino en la vida no iba a parecerse al de mi padre, no podría llegar a ser médico, ni político. Mi sueño de futuro era ser un ingeniero con una vivienda en el campo, alejado de la gente; ¿llegaría algún día a esa felicidad?

La emigración

Te cuento cómo fue que mis padres llegaron a tomar la decisión de abandonar el remoto pueblo de Media Luna para ir a vivir a la capital de la república, la distante ciudad de La Habana. Todo ocurrió bastante rápido. Uno de los esposos de una hermana de papá trabajaba en la dirección de educación del municipio, y un día de visita en la casa contó como su hijo se presentó en los exámenes de ingreso al bachillerato, saltando así el octavo grado. Yo estaba en séptimo grado. ¨Pónganle un repasador y preséntalo en el examen¨, aconsejó.

Quedaba muy poco tiempo para la próxima convocatoria, apenas un mes, pero mamá se ocupó de prepararme a toda carrera. Resultado obtuve una calificación de Notable. Estaba decidido, el presupuesto de la familia no alcanzaba para mantener a una hija estudiando medicina, con otras dos en colegio privado, y ahora un cuarto que tendría también que salir. Era inevitable que se estuviera cerrando un capítulo de la vida familiar, una emigración era el camino por delante.

De este capítulo solo no te he hablado todavía de cómo eran las relaciones de esposos de nuestros padres. Papá y mamá tuvieron una ventaja, tenían intereses comunes, amistades que compartían, un nivel cultural que les permitía disfrutar de una lectura de un libro. Me gustaba verlos, cuando mamá cosía, papá leyéndole en alta voz el Canto General de Neruda, o alguna novela. Iban al cine y a fiestas juntos, eran buenos amigos. Pero no todo era perfecto. Hubo noches en que escuchábamos temblorosos cuando ellos, encerrados en su cuarto discutían fuertemente. La voz de mamá sobresalía. No me cabe la menor duda de quien era el máximo culpable. No hubiera querido escucharlo nunca, cuando a alguno de sus amigos que lo conocían bien se le escapaba el comentario, como le gustan las mujeres a tu padre. Afortunadamente mamá era una mujer fuerte y sabia, y la oportuna corrección dio fruto. Esto es para que la historia sea completa.

Que decirte de la gran despedida que se le hiciera a mi padre en un restaurant del pueblo. Conservamos con cariño el poema escrito por un poeta medialunero:

HOMENAJE AL DR. FRANCISCO RODÉS

Hoy quiero tañer mi lira
en la fuente cristalina
para plasmar en la rima
el motivo que me inspira.
Brotarán diáfanamente
los versos de la corriente
que bullen dentro mi pecho
para dejar en el techo
una lámpara encendida
que fluya toda la vida
como guía luminosa
del hombre que sembró rosas
en las conciencias humanas
para que crezcan lozanas
en esta tierra preciosa.

Paquito Rodés será
esa lámpara encendida,
las rosas serán la vida
que dejó en la vecindad.
Cada pétalo dará
la esencia de su carrera
quien donó la vida entera
al más noble sacrificio,
quien enaltece el oficio
del sacerdocio cristiano,
quien al dolor del humano
le quita su amargo mal
debe de ser un rosal
que se mantenga lozano.

3

Paquito, querido amigo,
¡Cuanto me duele la herida
que deja tu despedida
en esta fiesta testigo!
Llevarás siempre contigo
un recuerdo inolvidable
del homenaje bailable
que se brinda por tu honor.
Aquí brilla el resplandor
de tu amistad consagrada
y la alegría plasmada
mezclada con el dolor.

4

¡Cuantas veces yo lo he visto
salir del cine apurado
por alguien que se ha enfermado
en accidente imprevisto!
¡Cuantas veces en las fiestas
tuvo Paco que correr
y olvidarse del placer
que la música le presta!
¡Cuantas veces de la siesta
se tuvo que levantar
para salir a curar
al mal que le sale al paso!
¡Cuantas veces del regazo

en la fría madrugada
tuvo que dejar la almohada
para socorrer ligero
la desgracia del viajero
que lo busca con urgencia
para llevar su presencia
como alivio verdadero!
No puede quedar en vano
su incansable trayectoria
pues quedará en la memoria
de todo buen ciudadano

5

Paquito Rodés ha sido
el hombre diáfano y bueno
que jamás encontró a menos
hablar con el más sumido.
Fue el correcto caballero
que demostraba prudencia
y animaba la presencia
del humilde jornalero.
Fue siempre el hombre sincero
que trabajó en la constancia
montando su vigilancia
sin interés al dinero.
Siempre se le vio festivo
y en agradable cordura
brindando el alma más pura
en la hora del recibo.
Iba a todos los lugares
con la sonrisa en los labios
y le quitaba el agravio
a los tristes familiares.
Siempre recuerdo jovial
al hombre que en temporal
noche clara o noche oscura
prestó siempre su figura
para combatir el mal.

6

Ahora quiero recordar
estos versos que escribí
cuando en el alma sentí

la amargura de emigrar.

Rafael "Felo" Mérida.
Media Luna, 1955

Así fue como una mañana partíamos en un carro con toda la familia, miré a través de la ventanilla los campos en los que pastaban vacas y caballos, los bosquecillos y el rio, penando que no los volvería a ver en largos años, ahora los ojos tendrían que acostumbrarse al paisaje de la ciudad, al pavimento, al ruido y bullicio de la urbe. Faltaban solo semanas para cumplir mis 13 años, pero cargaba conmigo muchas experiencias que me hacían ser mas maduro que lo que mis años indicaban.

2

Los Patriarcas de Media Luna

Mi querido Gabriel, en estos dias estás cumpliendo tus 16 años, estupendo, estás en plena transformación, la niñez va quedando atrás, y los cambios en tu cuerpo te despiertan curiosidad. Tu voz ha cambiado, y todo en ti ya aparece como si fueras un hombre pleno, ¡hasta con bigote! Sabes, hijo, toda la vida es una transformación, no dejamos de cambiar, y pobre del que no cambia, está en camino de convertirse en un fósil.

Por cierto, ¿Has oído la canción cantada por Mercedes Sosa, que dice ¨Cambia todo cambia, si todo que extraño es que yo cambie, lo que no cambiará nunca es mi amor por mi pueblo y por su gente¨. Como me gusta escucharla. Es una excelente meditación sobre aceptación de los cambios a los que estamos sometidos todos los seres vivos.

Pero aunque no queramos la vida nos lleva de la mano, de estación en estación, como un tren indetenible. A pues, me tomó a mí de la mano y me llevó a cumplir mis trece años en La Habana, la capital de la república de Cuba. El guajirito de Media Luna, diestro en trepar árboles, cazador de palomas rabiche, aprendiz de cowboy, mediocre pelotero, el tímido, el 'incurable grupo-fóbico, se encontró de pronto en el corazón del Vedado. En fin en un mundo completamente diferente. Creo que la vida rural me aportó una madurez precoz. Si, la libertad de vivir en un pueblito de campo, con padres muy ocupados, sin grandes peligros, proporciona un ambiente propicio para aventuras y experiencias que te ejercitan la imaginación y te enseñan lecciones diariamente.

Que diferente la vida ahora, en un tercer piso de un apartamento del Vedado. Ya no podía andar por las calles descuidadamente, tendría que mirar bien y cruzar por las esquinas, me advirtieron mis padres. No te confíes de personas desconocidas, aquí hay de todo. El Instituto del Vedado, mi nueva escuela, quedaba a solo dos cuadras de la casa. Allí no había profesores que fueran madres o tías mías, ni compañeritos que fueran mis primos, un mundo desconocido me esperaba. el uniforme color vino, con corbata y todo, no lucía tan mal; lo que si no me gustó mucho fue que el primer día de clases los novatos teníamos sobre nuestras cabezas cortando nuestro lindo pelo tijeras que irremediablemente nos alcanzaba a todos, no importa cuán rápido corriéramos, y que nos dejaban nuestras cabezas como bolas de billar. En aquellos tiempos se usaba esta "novatada', creo que felizmente ha desaparecido ya. Estar pelado al rape no era muy agradable porque llamaba la atención, no era como ahora que es frecuente ver hombres rapados, más bien el orgullo era usar una mota al estilo de Elvis Presley. Me puse pues, mi gorra y adelante.

Mi acento con el "cantadito" oriental les daba risa a mis compañeros de clase. Tenía que irme adaptando a hablar cortando las palabras como los habaneros; me era urgente no ser diferente, ser asimilado en el grupo, tenía pánico de convertirme en el hazme reír. No se por qué este sentimiento gregario nos domina, tal vez el miedo a lo desconocido, a lo nuevo hace que busquemos seguridad en el grupo. Poco a poco lo fui logrando, no guardo experiencias desagradables de aquellos cinco años del bachillerato. Años aquellos en que, como tu, estaba viviendo un proceso de transformación acelerada. No nos damos cuenta porque ocurre silenciosamente, pero es provocada por la avalancha de lo que llaman los científicos de hormonas que como una tropa de grenlin se posesiona de todo el cuerpo, lo trastornas todo, llegan al cerebro y producen inquietud y zozobra. Es una etapa en que a veces nos sentimos en una forma muy alegre, otras la melancolía nos invade. Porque es verdad que somos una unidad indivisible de cuerpo y espíritu, lo que pasa en el cuerpo repercute en toda la persona, y viceversa.

Particularmente se vuelve muy intenso todo lo que tiene que ver con el sexo. La curiosidad nos aguijonea, la fantasía erótica nos asalta. A mí me ocurría que la vista se me iba, sin quererlo, hacia las piernas de la empleada doméstica. Una noche un primo me invitó a ver un espectáculo especial. Una compañía de bailarinas francesas estaba actuando en un gran teatro del Vedado, y bailaban con el torso desnudo. No teníamos dinero para entrar, así que tuvimos que contentarnos con contemplar a las francesitas. Ellas, ignorantes de los espías, pasaban descuidadas con los pechos descubiertos por las abiertas ventanas. Como hubiéramos deseado tener unos binoculares para ver de cerca sus hermosas formas.

La Habana de noche, y hasta de día, estaba llena de prostíbulos. Mis amigos mayores hablaban de que una noche me llevarían, para graduarme de hombre. Pero las noches se convirtieron en aquellos años en algo mucho más peligroso para los jóvenes. Continuamente aparecían los cuerpos de jóvenes acribillados a balazos en rincones oscuros de la ciudad. En las montañas orientales ya la guerra de guerrillas era una realidad, y circulaban muchos periódicos clandestinos, y emisoras de radio secretas que daban cuenta de las acciones del grupo capitaneado por Fidel Castro.

Un día mi padre se apareció en el Instituto a buscarme, otros padres se aglomeraban preguntando por sus hijos. Todos estaban nerviosos, porque se decía que un grupo de estudiantes universitarios había asaltado el Palacio Presidencial con la intención de ajusticiar al tirano. No habían logrado su objetivo, pero el presidente de los estudiantes había sido asesinado en una de las calles aledañas a la Universidad. En la noche vimos en las noticias en el televisor, el cuerpo de José Antonio Echevarría, en un charco de sangre; se había batido con la policía en un desigual combate. Quedamos muy impresionados, yo había visto a José Antonio, un joven de cachetes rosados, se le decía por esto manzanita, en las calles caminando siempre a paso apresurado. Luego pasé por la acera donde había sido muerto, y todavía permanecía una mancha negra donde derramó su sangre.

La policía, increíblemente Gabriel, era el peor peligro para nosotros los que ya teníamos apariencia de ser jóvenes, porque nos veían como un potencial guerrillero. Se hicieron célebres los temibles jefes de policía, auténticos matones, con técnicas de tortura, y experimentados en la desaparición de cuerpos.

Desde entonces mi familia tomó las provisiones del caso, no más salidas de noche, y dado el caso que saliéramos por algún motivo muy especial y no muy tarde, debíamos estar escoltados por una o dos de las hermanas, nunca con otros jóvenes.

De modo que las salidas se restringieron al Instituto y los domingos a la Misión. Recuerda que te había dicho que Silvia, la mayor, estudiaba medicina, con excelentes notas, Maricusa se decidió por estudios de mas corta duración, así que matriculó en Nobel Academy, para hacer un secretariado. Clara, que terminó el bachillerato antes que yo sintió vocación por ser misionera. Desde los Colegios Internacionales, Clara había experimentado un cambio hacia la vida religiosa, la que abrazó con plena convicción. Asi que fue a estudiar al Seminario Bautista de La habana. Andrés, el menor terminaba su primaria superior.

Papá se vinculó a una clínica privada. Sin embargo, ser médico en la capital no era lo mismo que en el campo; disponía ahora de una tecnología, un desarrollo al que tendría que adaptarse, así como a lidiar con unos colegas mucho más jóvenes y actualizados. Pronto decidió que podía retirarse, aún sin cumplir la edad, algunos achaques de huesos le sirvieron para abrir su expediente de retiro, y como además cobraba una pensión del congreso, era suficiente para sostener la casa. Mamá se presentó a unas oposiciones y logró una plaza de maestra de matemáticas.

En el Instituto las asignaturas con las que me sentía cómodo eran con las de letras, aunque a decir verdad las interminables conjugaciones verbales del español me dieron mucho trabajo. Pero trataba de leer todas las obras de literatura que se comentaban en clase, cuando nos tocó estudiar a Cervantes, me leí Don Quijote de la Mancha, en una preciosa edición que tenemos en casa, tomos enormes con letras grandes. Disfrute enormemente con las situaciones cómicas que dan risa de las locuras del Quijote. Pero un día cayó en mis manos un libro de comentario del Quijote escrito por Miguel de Unamuno, y me fueron abiertos los ojos al sentido más profundas de las aparentes locuras, y empecé a sentir una profunda admiración hacia el loco que salió por el mundo a "enderezar entuertos", a hacer obras justicieras defendiendo a los que sufren abusos, manteniendo el espíritu en alto porque todo lo hacía en honor a su amada Dulcinea, que solo existía en sus sueños. Me di cuenta que ciertas locuras encierran grandes verdades. De igual sentido es otro libro que leí entonces, "Elogio de la locura", de Erasmo de Rótterdam, me indujo a pensar en lo que nosotros llamamos locura, es porque el mundo está al revés de cómo debe estar. Los soñadores, los inadaptados, asi como los profetas que sueñan un mundo diferente pueden estarnos gritando a los que nos creemos normales, que estamos dormidos, que nuestra forma de vivir es como si estuviéramos muertos.

Conversión

Silvia nos llevó a la Misión; ésta era una casa alquilada cerca de la colina universitaria, en la calle San José esquina a Bazarrate. No imaginaba que iba a encontrar un ambiente tan acogedor, con una juventud activa y alegre. La congregación estaba formada en una buena parte por estudiantes de la universidad. La misionera que la atendía era la misma consejera de la Unión Bautista de Estudiantes Universitarios (UBEU), una abogada talentosa y dinámica, que había hecho estudios de teología en Dallas, Texas, su nombre Ondina Maristany. Era realmente una mujer excepcional al que todos apreciaban, porque se ganaba el corazón tanto de viejos como jóvenes, por la simpatía y cariño con que trataba a todos. Ondina era una incansable misionera.

Me encantaba ir a la Misión, hasta me sonaba más simpático el nombre que el de Iglesia. Iba todos los domingos porque me sentía acogido, en el frio ambiente de la ciudad, era refrescante la tranquilidad de encontrar personas abiertas, confiables y amistosas. Pero realmente no entendía el idioma del culto. Especialmente cuando las personas cerraban los ojos para hablar con Dios, yo no comprendía aquello, en mi mente estaba ausente y distante. Hasta el día en que ocurrió mi conversión. Aquí te lo cuento.

Un domingo de noche fuimos a la Misión. El culto, como siempre dirigido por el Dr. Carlos Yero; debo hacer un paréntesis para decirte quien es este personaje. El Dr. Yero era un profesor de la Universidad, cuando lo conocí, ya su pelo era blanco. Vivía en un pequeño y humilde apartamento, con Rosita, su esposa, una mujer que padeció de una enfermedad que la hizo crecer desmedidamente, pero que no perdió la habilidad de sentarse en una silla pequeña para dar la clase a los niños de la iglesia. Carlos, cada año se vestía de Santa Claus, para recoger juguetes en la Universidad y en el barrio, a fin de repararlos y llevarlo a los niños pobres del campo. El vivía entregado a la tarea de hacer felices a los niños. Mucho te pudiera decir de esta persona extraordinaria, inspiración para los estudiantes de la universidad. Para mí un verdadero santo. Y por supuesto, Rosita, que lo secundaba admirablemente era una tierna y amorosa maestra.

El dirigía como mucha gracia los servicios de la misión. Aquella noche predicaba un señor de la raza negra, de porte elegante, con una pronunciación de impecable castellano, Alfredo Quéssel. No recuerdo todo su sermón, lo que me impactó fue al final, en el que exhortó con las palabras de Jesús, "Si alguno quiere seguir en pos de mí, niéguese a si mismo, tome su cruz y sígame". El predicador volvía una y otra vez a hacer este llamado, y a decir palabras como abre tu corazón a Cristo, ven a El. La congregación cantaba suavemente, "Pecador ven a Cristo Jesús, y feliz para siempre serás, que si tu le quisieres tener, al divino Señor hallarás. Ven a él, ven a él, que te espera tu buen Salvador".

Lo que me ocurrió, es difícil de explicar, fue algo que sentí desde muy adentro, que me estremeció, me electrizó, me sentí poseído de una presencia extraña, al mismo tiempo, íntima y profunda. Salieron lágrimas de mis ojos. No más te puedo decir, estas experiencias no se conocen hasta que se viven. Salí de allí otro.

Esto abrió la puerta a nuevos amigos, jóvenes como yo, que iniciábamos un nuevo caminar. Compartíamos nuestra nueva experiencia de fe, orábamos y estudiábamos la Biblia en camaradería, como una célula nueva vibrante y ansiosa de expansión. En esos días se ofreció la oportunidad de ir al Campamento Bautista en el Valle de Yumurí, un lugar en medio de un ambiente campestre idílico, a un retiro de Embajadores del Rey, la organización de niños y adolescentes varones. En contacto con la naturaleza, me sentí de nuevo en casa, disfrutamos y compartimos con muchachos de otras iglesias, y se confirmó la nueva vida de fe. Al regresar, mis amigos iban a ser bautizados, pero no querían que yo me quedara fuera, aunque no había tomado las clases de preparación que se requería. Fueron a ver al pastor de la Iglesia El Calvario, la iglesia madre de la Misión y la mayor de los bautistas cubanos, se encuentra en el corazón de La Habana, Zulueta y Dragones. El pastor me citó a una entrevista, en la que me habló de los deberes de un cristiano, me leyó los diez mandamientos, me habló del diezmo, y en fin, me dijo, está bien, el domingo ven a la Iglesia. Ese domingo fui a la Iglesia El Calvario, fui presentado a la congregación, aceptado y bautizado.

A la sazón Ondina andaba viajando por Europa. Cuando regresó se sorprendió de mi repentino bautismo, noté que no le agradaban las cosas tan de improviso. Hoy, con la experiencia de tantos años de pastor, tampoco yo hubiera estado de acuerdo. Las cosas de la fe hay que tomarlas con más comedimiento, porque a veces las emociones son pasajeras, y hay que estar seguro si de verdad ha habido una auténtica transformación.

El Predicador

Pero yo le demostré a Ondina que lo mio si era en serio. Me incorporé de lleno a las actividades. Aunque todavía no tenía los 16 años, como tu ahora, ya era miembro de la Unión de Jóvenes de la Iglesia. Se reunían todos los domingos, antes del culto, y los mismos jóvenes lo hacían todo, asesorados por un adulto, y con una revistica que traía los temas a tratar, así se desarrollaban las actividades. Recibí el reto de dar un tema; me paré por primera vez ante un grupo a dar un tema, nervioso, temblando, pero lo hice. Empecé a ganar la batalla contra la timidez. Un día Ondina me dijo que si estaba dispuesto a predicar en un culto de barrio. Estos cultos se desarrollaban en la vecindad, en cualquier espacio abierto, dentro o fuera de una casa. Me preparé todo lo que pude, me aprendí el tema de memoria. Pero ahora estaba ante un nuevo grupo de personas, desconocidas para mí. Fue un desastre completo, me salían las palabras de la boca como una ametralladora, creo que nadie me entendía, en menos de tres minutos ya no tenía nada que decir, terminé en medio de mi turbación. Ondina se me acercó compasiva, no te aflijas, algún dia serás un buen predicador.

Empecé a leer desaforadamente todo el material religioso que conseguía. Me dieron una colección completa de los sermones que predicaba en la radio todos los domingos, el pastor Domingo Fernández, que trataban de diferentes temas, me sirvieron para irme adentrando en el complejo mundo de las corrientes religiosas. Domingo era un hábil polemista, que le gustaba entrar en disputas con todas las demás iglesias y religiones, sean la católica, la adventista, testigos de Jehová, espiritismo, masones, en fin no tenía paz con ninguna. Ya más adelante te hablaré con más detalles de éste que vino a ser mi pastor.

En la pequeña biblioteca de la misión captó mi atención un libro titulado "La fuerza de la no-violencia", no recuerdo su autor. Pero trataba de un método no violento de enfrentar el mal en el mundo, y lo ejemplificaba con Gandhi quien derrotó al imperio británico en la India con acciones de desobediencia civil, inspirado en el Sermón del Monte de Jesús. Fue un gran hallazgo que me ayudó a reconciliarme con la actitud pacífica de Jesús frente a sus enemigos. Ahora entendía que ser pacifista no es aceptar pasivamente el orden injusto, sino enfrentarlo con diferentes armas que las del opresor. Por aquel tiempo me hablaron en la misión de un pastor bautista de Estados Unidos, llamado Martin Luther King, que estaba dirigiendo un movimiento con los mismos métodos de Gandhi para vencer el racismo. Me entusiasmó tanto oir de este nuevo héroe y tenía tantos deseos de saber más de él.

En la Misión yo estaba en todos los trabajos y tareas que se presentaban. Junto con Santiago Pérez, un verdadero personaje, que se situaba siempre a la entrada de la misión recibiendo con una sonrisa afable y un apretón de manos a todo el que entraba. El permanecía de pie en los cultos, yo le ayudaba a contar, yendo por las habitaciones de la misión, el número de asistentes. Generalmente entre 90 y 100 personas. Santiago, de cuerpo menudo, impecablemente vestido de traje, siempre fue alegre, delicado en el trato de todo el mundo, una imagen de cristiano sencillo y humilde, pero eficaz. Para muchas personas la acogida que reciben a la entrada de un templo marca una diferencia fundamental en su apreciación de la religión.

En ese mismo año de mi bautismo se decidió con la iglesia madre, que ya era hora de que la Misión adquiriera el status de Iglesia. Se acordó ponerle el nombre de William Carey, en honor a un gran misionero del siglo XVIII, que fue a la India y allí vivió y murió. Fue uno de los grandes pioneros de las misiones protestantes en el mundo. Parte de nuestra formación en los Embajadores del Rey era estudiar la vida de los misioneros, héroes de la fe que fueron a remotos lugares, incluso adonde estaban los caníbales, a llevarles el mensaje del Evangelio. Estas historias hicieron que se fuera formando en mí la idea de ser un misionero en África. Inolvidables me son las vidas de Alberto Zweitzer, músico y teólogo eminente que abandonó su carrera de triunfos en Europa para convertirse en médico de leprosos en el corazón de África; John Paton, que vivió 30 años entre los caníbales de Oceanía, Lottie Moon, entregada a las misiones en China, en donde pereció durante una hambruna. Todos estos héroes de la fe se originaban en el mundo occidental rico, quien colonizaba y explotaba las naciones dominadas. Esta dimensión de la realidad se escapaba de mi conciencia en aquellos momentos.

Sonó el teléfono una tarde. "Paco" me dijo mi amigo Angel, "yo tenía que predicar esta noche en casa del Dr. Yero, pero tengo un problema en la casa y no puedo ir, ¿pudieras tú sustituirme?" No podía decir que no a mi amigo. Rápidamente busqué un material de una revistilla que me diera un tema de que hablar, me gustó uno que trataba sobre Apocalipsis 21, "he aquí un cielo nuevo y una tierra nueva". Y me aparecí en casa de los Yero, los cuales se sorprendieron, ya que mi experiencia anterior de predicador había sido funesta. Pero en fin, hice mi sermoncito con más control e inspiración, y al final hice una exhortación como la del predicador Quéssel, de aceptar a Cristo, y que lo mostraran levantando su mano. Me sorprendió cuando un señor mayor, miembro de la familia, que no era creyente, levantó su mano. Aquella noche llegué a mi cuarto con una intensa emoción, no podía creer que yo hubiera sido capaz de traer a una persona a la fe. El domingo siguiente en la Iglesia, Rosita me abrazó, y me dijo, "mi hermano, que toda la vida ha sido un renegado, dice que sintió algo inexplicable cuando tu predicaste y que ha experimentado la fe". Aquellas palabras me elevaron al cielo.

William Carey

La nueva iglesia escogió como su pastor al conocido predicador radial, Rev. Domingo Fernández Suárez. Domingo era un español de carácter severo, disciplinado, consagrado a su tarea radial y a contestar las cientos de cartas que recibía, labor que compartía con su rol de profesor de teología en el seminario. En la primera reunión nos advirtió que no podía ser un pastor de tiempo completo, pues su tarea fundamental era el radio y la enseñanza. Pero aún así nos sentimos afortunados de contar con un personaje de esa talla, estábamos dispuestos a cubrir lo que él no pudiera por falta de tiempo. Te digo la verdad Gabriel, aunque posteriormente, me distancié completamente de Domingo, en una época fue una influencia grande en mi vida. Lo visitaba en su oficina, y lo veía tan entregado a su tarea, tan coherente con su visión, que no me dejaba dudas de que era un santo. Pero, para decirte la verdad, él no era de un carácter con el cual un jóven se sintiera dispuesto a abrir el corazón y contarle todas las inquietudes.

La situación del país empeoró, la Universidad se cerró, y se decidió que la nueva iglesia fuera a ocupar el edificio de la Unión Bautista de Estudiantes, en la calle J, entre 25 y 27. Muchos de los estudiantes se fueron a sus casas, y cayó en nuestras manos una nueva tarea. Los cultos en el Hospital Universitario Calixto García. Cada domingo por la tarde, los estudiantes iban sala por sala invitando a un culto en un salón de espera, y allí se efectuaba un culto en que predicaban los propios estudiantes. Asumimos esa tarea con los que quedaron, que nos daba mucha satisfacción porque veíamos el bien que hacía a los enfermos. Otras tardes íbamos a visitarles y alentarles cama por cama. Cada domingo por la tarde se nos veía recorriendo pabellones del Calixto en nuestra tarea misionera.

Mi hermana Maricusa, un día me reprochó, tu eres un joven que no vives tu juventud como los otros, no te veo animado a ir a una fiesta, a divertirte un poco, debías pensar que todo no puede ser iglesia. Es cierto, la vida tiene que enriquecerse con diversas visiones. Pero yo me sentía tan pleno. No era un santo, te advierto. Los grenlin de que te hablé al principio continuaban en plena ebullición, aunque ahora controlados por un poder superior, pero no dejaban de tenerme en cierta tensión. Yo apenas tenía 15 años, y me sentí que ya era tiempo de tener mi primera novia. Miré alrededor en la Iglesia, y había una muchacha, alegre, graciosa, un poco mayor que yo, y hacia ella me dirigí en solicitud amorosa. Tuve éxito, ¡ya tenía novia!, podía sentir la emoción de los besos en la boca, como se ven en las películas. Pero a los pocos meses me di cuenta de que no estaba realmente enamorado de la muchacha. Sentí dolor al tener que decirle que no la amaba, lo que para ella fue motivo de llanto. Que pena, Gabriel, yo la había usado a ella para satisfacer mi ego, mi curiosidad erótica, en fin, fui un manipulador. Debo de decirte, y no lo tomes como un sermón, que los hombres tendemos a ser tremendamente egoístas, y muchas veces no tratamos a la mujer como una persona digna del mayor respeto, sino que la usamos para nuestra satisfacción de los apetitos. Pienso que parte de la culpa lo tiene la comercialización que hace el cine de la belleza femenina, como si fueran animales en exposición para nuestro deleite, pero no le echemos toda la culpa al cine, esta práctica viene de muy atrás.

El llamado

Volví a Yumuri el siguiente verano. Esta vez compartió el campamento un predicador y evangelista de fama internacional, el Dr. Luis Manuel González Peña. Luis Manuel, era un orador de esos que combinan la afirmación mas profunda con la anécdota, el humor, un gracejo criollo en el uso del idioma, en fin hacían de él un predicador atrayente y efectivo. Continuamente era invitado a dar campañas de evangelización de una semana por las iglesias de todo el país, y también hacía lo mismo en países de América Latina. Era un hombre de cierta cultura universal, de gran versatilidad. A la sazón dejaba su pastorado en Marianao para dedicarse por completo a esta obra evangelística. No tenía familia que lo retuviera, su amor era evangelizar.

Desde nuestro primer encuentro se convirtió en mi héroe, mi amigo y mi paradigma, como el de muchos otros jóvenes. Todos queríamos imitarlo. En Yumurí nació una amistad que duró por muchos años. Con él nos sentíamos en confianza, sabía escuchar y comprender a los jóvenes. Cuando salió de gira por América Latina, tuvo la delicadeza de responder mis cartas, desde donde quiera que se encontraba. Recuerdo anécdotas de sus andanzas en la selva ecuatoriana, en Bolivia, Colombia, y no se cuantos países más. Pues te diré que en Yumurí un grupo de muchachos, entre los que estábamos Obed Millán y yo, salimos convencidos de que nuestra vocación era ser pastores.

Una prueba decisiva sobre mi vocación de predicador ocurrió en una semana santa. Nos habíamos puesto de acuerdo algunos jóvenes para celebrar un culto especial en un parque del barrio de Cayo Hueso, un barrio popular y sobre poblado. Yo tenía la tarea de llevar el equipo de audio, y la música, lo cual cumplí desde horas de la tarde, y me quedé esperando la noche a que viniera el predicador. Las personas empezaron a reunirse alrededor de la música y los anuncios del culto de semana santa, pero pasaba el tiempo y el anunciado predicador no llegaba, las personas se impacientaban, decidimos comenzar, y en el momento del sermón me subí en un banco y dejé hablar el corazón y la inspiración no faltó, brotaban las palabras más seguras y convincentes, de tal modo que cuando pregunté cuántos estaban dispuestos a recibir a Jesús en sus corazones un grupo de personas lo hizo. De esta forma Gabriel, llegué a tener conciencia de que las mejores cosas ocurren cuando uno se lanza sin miedo y deja que el corazón hable. Todavía pienso que ese fue el mejor sermón que he predicado en mi vida.

Cambios en el país

Batista escapó del país una media noche del 31 de diciembre del 1958. Salimos a la calle 23, en donde aparecieron combatientes de la clandestinidad tomando las calles, alborozo y ruido por todas partes, era el final de la tragedia que había costado miles de muertos al país. Trataban de escapar los torturadores y asesinos, se oían disparos, fueron días de intensas emociones. No podré olvidar la entrada el 8 de enero de la caravana de la victoria, con los rebeldes barbudos y cansados, montados en tanques y camiones entrando en la Habana. Nosotros contemplamos desde un balcón el impresionante espectáculo de todo un pueblo en la calle vitoreando a los héroes. Una prima de Media Luna, llamada Ileana Rodés, apareció en casa con su uniforme verde olivo, ella había combatido junto a un batallón de mujeres en la Sierra, Ileana, vino muy emocionada a abrazarnos. Poco tiempo duró su compromiso con la revolución, se fue del país creo que antes del año, actualmente vive en la Florida, leyendo revistas de los Testigos de Jehová.

Los primeros discursos de un nuevo líder, que pregonaba un nuevo tiempo para la Patria, eran apasionados, valientes, retadores. Su personalidad carismática impregnaba los medios de comunicación.

La alegría del triunfo sobre la tiranía fue celebrada por las iglesias evangélicas del país. Se convocó a un culto público, en el Parque Central de La Habana. Yo formé parte de la comisión de orden, y presencié como se fue llenando todo el espacio posible de una multitud, se habló de 15 mil personas, que vino de todo el país, para un culto de acción de gracias. Varios oradores ocuparon el podio, lamentablemente solo para hablar de lo que habían hecho contra la dictadura, no hubo una seria interpretación bíblica y teológica del momento histórico, porque realmente no existía un pensamiento que vinculara la fe con la historia. Aparecieron varios capellanes evangélicos que estuvieron en la Sierra Maestra, me hice amigo de uno de ellos, Eliaquín Hernández. Era apasionante oir los relatos de sus peripecias en las montañas con los guerrilleros.

Las semanas siguientes los acontecimientos se precipitaron con rapidez, no había sosiego ante las noticias del día. Pronto surgieron los enemigos, la contrarrevolución empezó muy pronto sus actividades, y un día fuimos convocados los estudiantes del Instituto a una marcha masiva hacia el Palacio Presidencial, al llegar nos unimos a una compacta multitud que aplaudía a los líderes. Allí estaba el mítico Camilo, con su sombrero de ala grande y su barba patriarcal rodeado de otros rebeldes. Un discurso encendido del Comandante Fidel, y mientras hablaba se escuchó en el cielo el ruido una avioneta probablemente enemiga. El Comandante pregunta a la multitud "¿qué se merecen esos que arrojan bombas, que perturban y quieren detener la revolución?" Una sola respuesta recorrió la multitud ¨paredón¨. Pregunta el líder, "¿cuantos están de acuerdo con mandar al paredón a estos criminales?" Toda la multitud enardecida levantó la mano, yo entre ellos.

Mas tarde, cuando reflexioné en mi casa recordando lo que ocurrió aquella tarde, me sentí apenado, porque desde que yo me hice cristiano no estaba de acuerdo con las ejecuciones. Pienso que solo en situaciones muy extremas, como cuando un loco amenaza la vida de niños inocentes o algo asi, es aceptable el uso de la violencia física. Medité en cuan incapaces somos en medio de una multitud de pensar con nuestra propia cabeza. Somos arrastrados por una fuerza irresistible a unirnos a la masa, dejando a un lado las convicciones que uno tiene; esto se experimenta en los tiempos convulsos de una revolución.

Y no voy a entrar en más detalles históricos. Inevitablemente somos parte de esa historia, estamos inmersos en ella, pero la historia de Cuba en sus detalles puedes leerla en cualquier libro. Yo solo quiero compartir contigo las vivencias personales, la parte que tocó a mi camino, de vez en cuanto solo una pincelada del contexto histórico, ¿de acuerdo?

Fin del bachillerato

Mejor te invito a volver al tema del amor de juventud, ¿no te parece? Tal vez es más interesante para ti. Estaba en el último año del bachillerato, y ocurre que una nueva compañera se une a nuestra clase, es de unos ojos verdes muy hermosos, de piel suave y de gestos y maneras finas. Surgió la amistad y el estudio juntos; conversamos sobre religión, me dijo que estaba pensando meterse a monja. Y he aquí surge el reto a rescatarla de este camino y mi oportunidad de ejercer las dotes de pastorcito. Discutimos de religión y al fin logré convencerla de que ser monja no era lo mejor para ella. La invité a nuestra iglesia, y seguimos dialogando hasta que ella decidió su camino por la fe evangélica, y yo feliz también porque la victoria iba más allá aún, también se decidió por mí. ¡Un triunfo en toda la línea! Llevé a mi casa el trofeo, "muy bonita tu novia", me dijo mi gente. Ella también se involucró en la Iglesia de lleno, cursillos, misiones, etc. Yo cada vez más enamorado. Siguieron tres años de caminar y soñar por el Vedado, sentarnos en los parques, conversar y darnos besitos, sin transgredir las normas de la iglesia, por supuesto.

Al finalizar el bachillerato una noche mi padre me llamó al balcón del apartamento, quería tener una conversación seria. Usando toda la habilidad que pudo trató de convencerme para que estudiara la carrera de medicina. Ese había sido su sueño, aunque ya tenía una hija médico, quería verse premiado con que su hijo varón tomara su mismo camino. Mira, me dijo, yo se que tu quieres ser pastor, y estoy de acuerdo con que lo seas, pero yo he conocido pastores que han sido también médicos y maestros, y con esta segunda profesión han podido hacer mucho bien. Imagínate tú brindando la salud del cuerpo y la del alma. Hazte médico primero, mira cuantas oportunidades hay ahora.

A mi me dio pena tener que desilusionarlo, pero no tenía otra opción. No había para mí una segunda profesión, no sería un buen médico, descuidaría la superación constante que esta carrera requiere, además no quería postergar mi ansiada entrada en el seminario. Hablamos mucho aquella noche, pero no pudo convencerme, yo estaba seguro de que Dios me llamaba a este ministerio.

Pero sucedieron cosas que cambiaron la ruta trazada. Se sabía en el ambiente bautista habanero del joven de la iglesia W. Carey que aspiraba a estudiar en el Seminario, era conocido por los líderes de la denominación y del seminario. Había sido vicepresidente de la Unión Bautista de Estudiantes de Segunda Enseñanza (UBESE), y con Obed Millán, su presidente, visitamos muchas iglesias. Tenía amistad estrecha con dos seminaristas que pertenecían al círculo de los seguidores de González Peña, ellos eran Adalberto Cuéllar y Raúl Suárez, que me invitaban al seminario y fueron mis consejeros. Estaba más que seguro que yo entraría en el seminario aquel año de 1960. Pero, como te llevo dicho, surgió algo inesperado que vino a cambiarlo todo, nada menos que una discusión con mi pastor. El me oyó decir que yo no tenía problemas con la teoría de la evolución, que no me preocupaba el método de como Dios había hecho el universo, y que me tenía sin cuidado si la historia del ser humana databa de muchos miles de años, siendo creado por un largo proceso evolutivo, tampoco afectaba mi fe. Yo provenía de un ambiente familiar de personas de ciencia, tenía mucho respeto por los hallazgos científicos. Domingo se escandalizó de mis afirmaciones y me dijo que esas eran ideas modernistas incompatibles con la Biblia, me dijo más, si tú piensas así eso es un problema serio, que la facultad del seminario tiene que saber. Eso fue un mal augurio.

Efectivamente, llegó la negativa, se cerraban las puertas para mí, por mis ideas ¨modernistas¨. ¨Es un tiempo para que pienses¨, me dijeron, es bueno que madures. Este fue mi primer choque con el fundamentalismo, solo el primero. Del fundamentalismo evangélico debes de saber esto, es tan intolerante como el de los talibanes, solo su interpretación de la Biblia es la que vale; de esto hablaremos más tarde.

Fue un golpe duro, que me dejó confundido. Que malo es tener sueños y que de pronto se te derrumben, ¿verdad Gabriel? Pero yo creo también que hay planes divinos con la vida de uno, y aquel año no fue tiempo perdido. Empecé a trabajar en una oficina de seguros. Aprendí mecanografía y conocí la disciplina del trabajo en la calle, fue mi primer salario. Pero aquel trabajo oficinesco solo me duró tres meses. Un reto mucho más emocionante se presentó delante de mí. Mi hermano Andrés se alistaba para participar en la Cruzada Nacional contra el analfabetismo, junto a miles de jóvenes en todo el país, hasta mamá partía como asesora y responsable de un contingente. Salían alegremente, hacia los campos más apartados a brindar las letras a los humildes campesinos. Llevaban solo un farol, y una cartilla y a vivir con los campesinos. Fue algo muy lindo ver al ejército de jóvenes marchar en esta nueva batalla, y una gran experiencia conocer la realidad de la dura vida de los pobres de la tierra.

El misionero

Decidí escribir al Superintendente de la Obra Bautista, Herbert Caudill, un misionero americano, que a la vez era Rector del Seminario y Tesorero de la Convención. Vaya, si no era el papa, era algo parecido. Le dije que viendo a los miles de jóvenes que iban a cumplir la tarea de enseñar a leer en lugares tan remotos en la gran cruzada contra el analfabetismo que movilizó a miles de estudiantes, (por cierto tu abuela Lila también se vistió el uniforme, se puso las botas y con su lámpara de querosén se fue al campo, viviendo en un pobre rancho, entre nosotros, en las fotos se veía muy bien), me sentía inspirado a marchar adonde la obra bautista necesitara de un obrero, al campo mas apartado.

Aquella idea gustó al Superintendente, y me dio una carta para el pastor de Fomento, en el centro de la Isla, en las estribaciones del macizo montañoso del Escambray. Allí me recibió un anciano pastor, Lorenzo Ramírez, un venerable maestro retirado, alto y encorvado con cuello de pelicano, que con su paraguas recorría las montañas impartiendo lecciones de letras y de biblia. Me proporcionaba mucha satisfacción experimentar la alegría de las comunidades cuando aparecíamos, en aquellas solitarias montañas del Escambray. Pero no me sentía completamente a gusto en su casa; su esposa y su hija tenían todo el dia el radio puesto, con novelas y música, no me dejaban estar tranquilo. Y a las dos semanas le dije al pastor, mire Ramírez, a mi me mandaron a vivir con los campesinos, como los alfabetizadores. Por favor, yo quisiera poder trabajar y vivir en la montaña. El noble hombre accedió, pero antes me advirtió que en las montañas del Escambray obraban todavía bandas contrarrevolucionarias que actuaban en las noches, pero que el me llevaría al lugar de menos peligro.

Decidió que fuera en Los Güiros, varios kilómetros del pueblito de Güinía de Miranda. Hasta allí llegamos una tarde, dejándome en casa de un campesino cristiano llamado Hermes Águila, un productor de tabaco, viandas y maíz. Me asignó dormir en una cama, la que tendría que compartir con un hijo suyo, que vino la primera noche con olor a sudor. Al otro dia caminé por la finca y descubrí un bohío, que llaman de bar en tierra, porque el techo toca en el piso, que sirve de almacén para guardar granos. Ahí, le dije a Hermes, es donde yo quiero dormir, y se consiguió un camastro para mi solo.

El lugar estaba lleno de mazorcas de maíz seco. Yo no sabía que iba a compartir el techo con una numerosa familia de enormes de ratas, que apenas me dejaron dormir las primeras noches. En las mañanas amanecía mi cama llena de basuras dejadas por mis inquietas vecinas. Pedí un caballo y me fui a Güinía a comprar varias ratoneras. Desde la siguiente noche empezaron a escucharse el golpe de la trampa, y al otro dia a recoger las 4 o 5 ratas. Asi fue la cacería por dos semanas, hasta que ya no sentí más el ruido de mis vecinas.

Yo quería ser un auténtico misionero, como los de las historias que había leído, así que lo primero fue vestirme como un campesino, con las camisas de kaki de manga larga, unas botas, un sombrero y por qué no, necesitaba una cabalgadura. Escribí a Caudill y él aprobó un pequeño presupuesto para comprar el más barato caballo que hubiera por la zona. Apareció una yegua joven, una potranca, es decir que nunca ha parido. Me advirtieron que tenía todavía sus resabios, pero no podía esperar mucho con tan poco dinero. Quién te dice que una mañana ensillé mi yegua y me voy a Güinía de compras, ahora con mi talante de campesino, aunque sin machete. Llego al centro del pueblo, donde hay un parque y amarro al animal en la baranda de la tienda, hago mis compras y monto en la yegua. Cuando la pincho con la espuela el dichoso animal, en lugar de caminar, lo que hizo fue retroceder, y mientras más la aguijoneaba más caminaba en marcha atrás. Figúrate todo el pueblo mirando aquello, muertos de risa, yo me moría de vergüenza. Vino un campesino y se montó, y con un palo le pegó fuerte en la oreja y el animal salió a toda velocidad. Asi se hace, me dijo, pero yo nunca tuve deseos de pegarle a mi yegua, a pesar del bochorno que me hizo pasar. Esto confirma, Gabriel, que el hábito no hace al monje, ser como uno de ellos no era cuestión de vestimenta.

Empecé mis recorridos misioneros por las montañas del Escambray, hacia donde me llevara la yegüita. No tenía temor, a pesar de que me encontraba en los caminos muchos huecos de trincheras. También me dijeron varias veces que en las noches habían escuchado pasar grupos de caballos, que eran los alzados. Una mañana bien temprano salí hacia un lugar en las montañas llamado Picos Blancos, quería explorarlo todo. Llegué al mediodia a unas casas de campesinos a pedir agua, pero ellos me obligaron a almorzar. Que increíble hospitalidad se encuentra en el campo, sin conocerme me abrían las puertas de su hogar. Me despedí y seguí mi camino hasta que a media tarde llegaba a una zona donde encontré muchos milicianos acampados. Me pararon, y me llevaron ante el capitán de la compañía. Me hizo un riguroso interrogatorio. Soy un misionero evangélico, le dije. Pero el militar me miró a los ojos y me dijo, Ud no sabe que hay predicadores de algunas sectas por aquí, que han estado llevando mensajes a los alzados. Me pueden registrar, respondí, solo traigo Biblias. No nos interesa, Ud esta detenido. Afortunadamente un miliciano conocía a la familia de Hermes Águila, e intercedió por mí; lárguese rápido de estos lugares, exigió el capitán, antes de que lo sorprenda la noche, esta es zona de guerra.

Creo que la yegüita entendió el mensaje porque volamos por aquellos caminos, hasta llegar oscureciendo a la casa. Casi no podía caminar, y si lo hacía era encorvando las piernas. Fue peor que la aventura por la Sierra Maestra que te conté. Pero cuando iba a descansar, Hermes me dijo, esta noche hay culto, asi que prepárese, porque han venido personas. Y yo que estaba extenuado, me acordé de aquel texto de Isaías que dice, ¨tendrán nuevas fuerzas, correrán y no se cansarán, levantarán las alas como águilas…¨ Eso me dio fuerzas para celebrar un culto muy hermoso que me permitió conocer otros campesinos que me invitaron luego a visitar sus casas.

La verdad es que a las pocas semanas yo me sentía muy solo. Las conversaciones de los campesinos solo giraban acerca de los bueyes, la lluvia, la cosecha, en las que yo no tenía nada que aportar. Un dia me dijeron, Ud es muy fino, se baña todos los días. Eso no me gustó, asi que trataba de bañarme sin llamar la atención, yéndome a un arroyo cercano.

La mayoría de mis feligreses eran analfabetos, me di cuenta cuando les entregué una Biblia para que leyeran, no traje los espejuelos, era el pretexto que yo entendí enseguida. Sin embargo, debo decirte que empecé a aprender muchas cosas que no están en los libros, sino en las tradiciones y en la sabiduría de las personas que observan la vida y han atesorado muchas experiencias acumuladas de generación en generación. Debo decirte que allí en aquellos apartados lugares los médicos no existían, la solución a los problemas de salud se encontraba en las yerbas y en el don de algunas personas para curar. Me enteré de quien era experto en tratar problemas de huesos, en atender a las mujeres en el parto, quien sabía de los problemas estomacales. Yo mismo fui curado de una indigestión por una ancianita que me sobó (estirarle la piel del vientre). Desde entonces la palabra sabiduría empezó a tomar vida propia en mi mente, despertando un respeto muy grande.

En el terreno de la finca estaba una humilde escuelita. Una noche citaron a una reunión de vecinos, y vino un activista de la alfabetización; yo escuchaba desde afuera. Me extrañó que se refiriera al tema religioso. El visitante advertía a los campesinos de los religiosos que venían a confundir a los campesinos y a predisponerlos en contra de la revolución. Yo me sentí un poco inquieto. ¿Habrá dicho eso por mí? Si yo no hago nada en contra de la revolución. Visité a algunos alfabetizadores, y particularmente un matrimonio de La Habana, con los cuales hice una cierta amistad. Me interesaba que me conocieran y supieran que yo no era un enemigo.

No me llegaban muchas cartas de la Iglesia, ni de la familia, que andaba también en sus trajines alfabetizadores. Solo mi novia me escribía. Pero yo seguía saliendo a predicar en cualquier parte, hasta en los portales de las casas. Invité a amigos a visitarme. Luis Manuel, el gran evangelista, aceptó venir a predicar a un culto público que organizamos en el parque de Güinía. Su oratoria causó tanto impacto que empezaron a aplaudir, como si fuera un mitin, Luis Manuel tuvo que pedirles que no lo hicieran.

Otro amigo que vino a visitarme fue Obed, juntos recorrimos el lomerío. También Adalberto, que no hacía dos meses de su matrimonio, dispuso de tiempo para acompañarme dos o tres días. Precisamente cuando andábamos por un polvoriento camino nos paró un jeep que nos invitó a montar. Lo manejaba un hombre con el aspecto de uno que hubiera salido de una trinchera, lleno de polvo, sin afeitarse, típico de los dirigentes políticos de aquellos tiempos épicos. Nos preguntó que hacíamos por la zona, le explicamos que éramos misioneros evangélicos. Con una cara de asombro y muy molesto como que no había oído bien, ¿misioneros? Ustedes, ¡gente joven. ! !Cómo es posible a estas alturas! Nosotros, le contestamos, si, y que tiene de particular. Somos cristianos y somos revolucionarios, como lo fueron Frank País y José Antonio Echevarría.

Creemos que esta es una revolución martiana. ¡No, no, ustedes están equivocados! Aumentaba el volumen de su voz, Eso fue en otra época. Ahora para ser revolucionario hay que ser marxista. Uds tienen que tirar a un lado esa Biblia, y tomar los libros de Marx y Lenin. Lo dijo en un tono tan agresivo, que sentimos temor de verdad de que nos llevara presos. Nos bajamos del jeep con desasosiego. Estas fueron las primeras señales de que un nuevo tiempo comenzaba para los creyentes en nuestro país, un tiempo en que nos sentiríamos como extraños en nuestra propia casa.

Cuando mis amigos se fueron sentí más hondamente la soledad. Debía andar con cuidado. Empecé a padecer de un parpadeo nervioso, que me molestaba. Pero el trabajo con los campesinos era gratificante, sentía el amor con que me envolvían. Surgió la idea de crear un fondo para construir una capilla. En el verano, fui invitado al retiro de pastores en Yumurí, y se me invitó a hablar de las experiencias misioneras en el Escambray. Fue un estímulo ver el entusiasmo que despertó las narraciones de la obra misionera en las montañas. Me invitaron algunos a hablar en sus iglesias, y se recogieron ofrendas. La revista denominacional me pidió un articulo. De esta forma gané una aureola de misionero de las montañas, lo cual sirvió para sensibilizar la facultad del Seminario.

Mi hermano Andrés terminó su labor de alfabetizador, pero de inmediato tuvo que ser atendido por sufrir de un estado ansiedad severa. En el lugar donde alfabetizó ciertos campesinos desafectos a la revolución amenazaron y asustaron a los alfabetizadores cuando iban atravesando campos de caña, simulaban que rastrillaban armas. Desde entonces Andrés se convirtió en un paciente siquiátrico hasta el último día de su vida. Al menos dos alfabetizadores fueron asesinados en el campo. Mamá regresó de su tarea antes de terminar, a papá no le iba bien con la soledad.

Un día fuimos sorprendidos por la noticia de que Domingo Fernández había abandonado precipitadamente el país. Sabíamos que no se sentía nada bien con la nueva situación. El fue un español que, sorprendido por la guerra civil, Franco lo enroló en las filas de su ejército. Luchó pues, aunque involuntariamente contra las fuerzas progresistas de la república. Aunque posteriormente, por ser protestante, fue condenado a muerte, de la que escapó milagrosamente, según cuenta en su librito ¨Y Dios me salvó¨, su ideario no asimilaba la revolución. Su libro de comentario del

Apocalipsis, contenía la afirmación de que Moscú era la bestia del capítulo 13, instrumento del diablo para la destrucción del mundo. Pienso que se sintió temeroso y por esto se fue. Pero su interpretación del Apocalipsis despertó el miedo en muchos creyentes de que estábamos entrando en la etapa de "la gran tribulación", un período de sufrimiento antes del fin del mundo.

Desde entonces el miedo se propagó entre muchos pastores. Empezó un éxodo de pastores que marchaban hacia Miami; pero algunos feligreses se preguntaban por qué abandonan a sus iglesias ahora que es cuando mas los necesitamos. Generalmente los que se iban era pensando en sus hijos, o porque creían que el comunismo iba a acabar con las iglesias, y que finalmente la mejor decisión era irse. Constantemente éramos sorprendidos por las noticias de pastores saliendo con sus familiares y esto nos desencantaba grandemente. Pero también debo decirte que, muchos años después visitando los Estados Unidos me percaté del enorme trabajo misionero que desplegaron esos pastores, no solo en La Florida, sino en todo el país donde hay población hispana de 40 millones. Puede calcularse en cientos las iglesias que fueron fundadas o beneficiadas por estos pastores, y también instituciones educativas recibieron el aporte de los teólogos cubanos, de los cuales hoy nos sentimos orgullosos. Por eso es bueno recordar aquello de "no juzguéis para que no seáis juzgados" de nuestro Maestro.

Lo que estaba sucediendo en nuestro país era realmente como si una nueva religión se estuviera propagando noche y día por entusiastas apóstoles. Una religión que tenía su libro, mejor dicho, sus libros, los manuales de filosofía marxista elaborados en la Unión Soviética, con una visión dogmática, excluyente de todo el que no fuera ateo materialista. Se difundía esta nueva fe en todos los espacios académicos, militares, en las escuelas de instrucción revolucionaria para milicianos, en fin por donde quiera aparecían ahora los activistas con un discurso supuestamente científico, con su catecismo para combatir las ideas reaccionarias y oscurantistas.

En ese año vino a Cuba un célebre escritor, teólogo y misionero norteamericano Juan Mackay, que vivió muchos años en el Perú, y ofreció una conferencia sobre la misión de la Iglesia, la Catedral Metodista del Vedado, a templo lleno. Mientras yo escuchaba en la calle marchando una multitud de universitarios cantando el himno La Internacional, que reza en su segunda estrofa: "No mas salvadores supremos, ni César, ni burgués ni Dios, que nosotros alcanzaremos nuestra propia redención". Era el desafío manifiesto a la Iglesia cubana en una nueva situación a la cual no estábamos preparados.

Un grupo de los líderes de la Convención Bautista Occidental reaccionaron a lo que estaba ocurriendo. Había que salir a defender la fe, sobre todo en la masa de juventud más vulnerable. Se convocaron grandes reuniones de juventud en el propio campamento de Yumurí, más de 500 jóvenes abarrotaban las modestas instalaciones, algunos dormían en tiendas de campaña. La batería de defensa estaba compuesta por cuatro elocuentes oradores. Debo de referirme a estos cuatro grandes hombres que descollaron por su integridad y valor, y que posteriormente conocieron el dolor de la prisión.

La teoría de la evolución, por ser el sustento de un origen del hombre sin necesidad de intervención divina, estuvo a cargo de Nemesio García, un pastor con el don hablar con toda seriedad, pero usando constantemente anécdotas y chistes, en una forma tan efectiva, con tanta gracia criolla que era imposible no reir a carcajadas. Le gustaba ridiculizar los hallazgos de los antropólogos de huesos de supuestos antropoides, diciendo que en tal y tal fecha habían dicho de un diente que era del eslabón perdido, para luego descubrir que era de un oso. También argumentó con el ejemplo de la mula, hija de burro y yegua, que es un animal infértil, lo que demostraba, según él, que no había posibilidad de pasar de una especie a otra; y así sería su argumento desacreditando a los científicos porque en una época afirman una cosa y luego cambian de idea. Esto lo decía con tanta gracia, que las carcajadas se oían de lejos.

Realmente para mí esta forma de enfocar el tema, aunque me hacía reir, no me convencía. Ya yo sabía que existían evolucionistas cristianos, verdaderos científicos muy respetados, como el padre Teilard de Chardin, el descubridor del hombre de Pekín, un jesuita que tuvo una idea genial de la evolución de todo el universo, desde una perspectiva cristiana.

Luis Manuel, mi amigo, se enfrascó en el estudio de uno de los manuales de adoctrinamiento soviético, escrito por un tal Kontantinov. Según estos autores sólo había dos maneras de situarse ante el mundo, la idealista, reaccionaria, anticientífica, que cree que lo importante es cambiar la conciencia, y la materialista científica, que reconoce la base material de toda ideología y comportamiento histórico. La religión es el corazón de la posición idealista. Luis Manuel arremetió contra este dogmatismo materialista señalando con mucha agudeza los puntos débiles, en que Kontantinov dejaba lagunas sin explicar. Ese trabajo me pareció bastante convincente. El Dr. Rafael Alberto Ocaña, quien ocupó la cátedra de teología del seminario, explicó un libro de evidencias cristianas, con un lenguaje un poco denso para la masa allí presente, pero que al menos denotaba un pensador de cierta altura, pero que realmente no entendíamos. Y Juan Naranjo, con una oratoria vehemente, exhortaba y animaba a los jóvenes a dar un testimonio fiel y valiente en el medio estudiantil, siendo ejemplo de conducta. Estos son los cuatro hombres mas destacados en la lucha ideológica del momento, que alentaron a nuestra generación en aquellos tiempos de incertidumbre. No digo que fueron los únicos, pero sí los más visibles.

Pero la ideología materialista no era solo la que arrastraba a los jóvenes, más que eso era que la revolución presentaba el reto de trabajar por la construcción de un mundo mejor. Había un lugar para cada joven donde comprometerse con tareas y oportunidades nuevas e interesantes. La Iglesia, sentían algunos, predica mucho del amor, pero no te da una tarea, algo concreto en que emplearse. Miles de becas se ofrecían a jóvenes de familias pobres, que no soñaron con poder acceder a carreras universitarias, en fin era una nueva y excitante oportunidad de consagrarse a un mundo mejor. De modo que no fueron pocos los que dejaron las iglesias para incorporarse a las tareas de la revolución.

Un debate interesante se dio en el campo de voleibol de la Unión Bautista de Estudiantes Universitarios, al que lamentablemente no pude asistir. Dos jóvenes cristianos estudiantes de medicina se debatían en discusiones ideológicas en la universidad; eran muy valientes, Rubén Deulofeu y Fermín León, y como resultado de estas discusiones de acordó un debate con los cerebros de cada bando. Según me contaron, se reunieron como 400 universitarios en la UBEU. Luis Manuel fue el principal exponente de la parte cristiana. Tuvo que enfrentar críticas a la Biblia y especialmente a

San Pablo, por su consejo de sometimiento servil a los amos. Un amigo mio, José López, le pasó a Luis Manuel el texto que lo sacó del apuro, en que Pablo dice, "Fuiste llamado siendo esclavo, no te de cuidado, pero también si puedes hacerte libre, procúralo más" (l. Corintios 7.21). Siento haberme perdido este debate, que como toda discusión, terminó sin vencedores ni vencidos. Tale discusiones realmente no aportan nada positivo, cada cual se atrinchera en su posición, no escucha al otro y solamente está pensando en que argumento presentar para derrotar al otro. Únicamente sirvieron tal vez, para que los jóvenes cristianos no se sintieran avergonzados de su fe. Hubiera sido más provechoso un verdadero diálogo, para encontrar un terreno común de entendimiento y de comprensión mutua, que genera amistad y confianza.

Gabriel, hoy pienso cuanto tenemos en la Biblia que tiene que ver con la justicia, la liberación, la redención humana en todas las dimensiones. Nosotros hemos heredado una interpretación de la Biblia interesada en mantener el status quo, el orden tal como está, y realmente desde los profetas hasta Jesús hay movimiento hacia la libertad y la justicia. Te explicaré posteriormente como la revolución nos ayudó a recordar el mensaje radical, aunque olvidado de nuestra fe.

Pero una defensa de la fe desde posiciones fundamentalistas es funesta. Tu pronto entrarás en el High School, y luego en la Universidad, donde se respira un ambiente de mucho respeto y admiración por todo lo científico. Te encontrarás algunos profesores ateos y estudiantes que van perdiendo la fe de su niñez, que no resiste los cuestionamientos científicos. Han sido formados en un fundamentalismo que dice creer la Biblia "de tapa a tapa". Ellos creen que la Biblia contiene una explicación completa y exacta del origen de todo. Dicen que los primeros capítulos del Génesis, que cuenta el origen del universo en seis días, y la formación del hombre a partir de un pedazo de fango hay que aceptarla en forma literal, así como la creación de la mujer de una costilla de Adán. Afirman asimismo que las genealogías y los años de los patriarcas indican que la creación del hombre fue alrededor de hace 6 mil años. Sin duda que una fe así no resiste los embates de la ciencia.

¡Que manera de distorsionar y de perderse de la profunda sabiduría y belleza poética del Génesis! No saben lo que se pierden por su ceguera.

Mira Gabriel, los escritos bíblicos nos ofrecen luz solo en la medida en que los situamos en el contexto en que fueron escritos. No fueron elaborados para dar una respuesta a una era científica como la nuestra. Permíteme una breve digresión en este relato, para darte mi opinión sobre esta parte tan mal comprendida, de los primeros capítulos de la Biblia.

Primero, Todo lo que fue haciendo Dios, paso a paso ¨vio Dios que era bueno en gran manera¨. Nada hay malo en la creación. En la época del Génesis, existían mitos de la creación, el más influyente era el de la religión babilónica. Según este mito Marduk mató al malvado monstruo Tiamat, y de su cuerpo hizo la tierra, de su sangre los ríos y mares. Por eso la maldad está en la base de nuestro mundo. No es extraño que surgieran filosofías religiosas que consideran malo el mundo material. De ahí mas tarde las corrientes que reprimen los apetitos del cuerpo por ser enemigos del espíritu. No, en el Génesis todo es bueno, ¡hasta los grenlin! cumplen una función, no hay nada malo en el sexo, ni en ningún otro apetito. Claro los grenlin no pueden obrar sin control.

Segundo, Dice el Génesis que ¨puso Dios las lumbreras en el cielo, el sol para que alumbre en el dia y la luna y las estrellas para que alumbren en la noche¨. Mira, decir que el sol y la luna y las estrellas son solo lumbreras, en aquella época en que se les adoraba en Egipto y en todo el oriente como divinidades, era un gran paso hacia el camino científico. Todavía hoy hay personas que viven dependiendo de los dictados de las estrellas. Nada determina la vida de los seres humanos, solo sus decisiones los harán felices o no.

Tercero, La creación del ser humano, del polvo de la tierra, poniendo en él aliento divino. Que bella poesía de nuestra vinculación, nuestra naturaleza unida al universo. No somos ángeles caídos del cielo, pertenecemos a este mundo, somos polvo. El endiosamiento de los seres humanos para convertirlos en tiranos, como los faraones egipcios, ha sido un mal hasta nuestros días. Y por otra parte al poner el aliento de vida, del mismo Dios sella la dignidad del ser humano, como conciencia de la creación.

Cuarto, Dice que puso al hombre en el Huerto del Edén, para que lo cuidara, lo hiciera producir, para que fuera el administrador de Dios en cuanto a la creación. Es un recordatorio de nuestra responsabilidad de cuidar y proteger la creación, cuanta vigencia tiene para nuestros días, en que tanto se habla del daño ocasionado por la sobre explotación del planeta.

Quinto, La unidad de los géneros. La mujer tomada del mismo cuerpo del hombre señala su dignidad e igualdad plena. Prohibido tratarla como un objeto, o ejercer violencia contra ella. Somos una misma cosa.

Sexto, El rompimiento de la comunión del hombre con su Dios, con su prójimo (asesinato de Abel), y consigo mismo, es porque se dejó la puerta abierta para la soberbia, de querer ser como dioses. El mal entró desde afuera, no forma parte de la creación, y un día será expulsado de creación.

Creo, que estas afirmaciones del Génesis son suficientes para ponderar su utilidad, su vigencia. No sobre las diferencias o no con la ciencia. La Biblia es un texto de sabiduría, para aprender a vivir como hermanos y hermanas en un mundo que puede ser embellecido aún más por el trabajo ordenado e inteligente de los humanos. No tienes, Gabriel, que dejar tu inteligencia a la puerta de la Iglesia, porque unos fundamentalistas quieran hacer de la Biblia un objeto anacrónico.

Y por otra parte la seducción que ejercen los avances tecnológicos no debe cerrarnos los ojos a los peligros de una técnica que no tenga como control y dirección la sabiduría. ¿Que sería del mundo si el cielo se nos llenara de drones en busca de un blanco para matar? El futuro de un mundo automatizado, en que las máquinas gobernaran es una de las peores pesadillas. Ojala que no olvidemos la sabiduría de la Biblia, y de todas las religiones ancestrales.

Volviendo a mi relato. Una breve entrevista con la Facultad, en la que afirmé que yo expliqué que yo no pretendía defender ninguna teoría, ya que no estaba preparado en cosas que requerían un mayor estudio, y que mi intención era ir a formarme al seminario para ser un pastor, fui al fin aceptado. Tuve la bendita suerte de formar parte de un grupo de nueve estudiantes, dos muchachas y siete varones, con una química muy común, que facilitó la compenetración, las mejores relaciones, que aún después de más de 40 años perduran. Pero aquí llegamos a otra estación, el tren no se detiene.

3

La Loma de la Luz

La loma de Chaple o Loma de la Luz, en la populosa barriada de Santos Suárez, es una colina en la que se encuentra un monolítico edificio de tres pisos, el Seminario Teológico Bautista. En el primer piso, dos aulas, y el comedor, en el segundo la Capilla, la Biblioteca, dos aulas y el apartamento del Rector, y en el tercero las cuartos de los estudiantes y el apartamento del administrador. Todo modernamente diseñado para ofrecer lo necesario con un notable ahorro de espacios.

Seminario Bautista de la Habana

A mí me gustaría, Gabriel, llevarte a lo alto de la torrecilla, al que se accede subiendo por una estrecha escalera, para contemplar la más impresionante la vista de la ciudad. Dos millones de habitantes viviendo en una pradera de edificios de la mas variada arquitectura, conviviendo lo viejo con lo nuevo. Se puede divisar la bahía de La Habana y el célebre faro del Morro, guardián del puerto. Muchas veces nos referíamos a lo simbólico de estar el seminario en la Loma de la Luz, como para recordar nuestro propósito de ser luz del mundo, como dijo el Señor. El seminario estaba enclavado en medio de la población, pero al mismo tiempo un poco separado, en la altura de la colina, para apreciar la vida desde otra perspectiva.

Aquel grupo de once novatos que entrabamos en el seminario, cargados de sueños misioneros, pensábamos que el seminario era un lugar de austeridad y disciplina, de silencio, estudio y oración, nos encontramos en un ambiente de acogedora alegría, de disciplina sin severidad, de oración y estudio sin excesos.

Mi compañero de cuarto, Jorge Comesañas, un joven simpático y alegre, le encantaba hacer bromas a sus compañeros, sin embargo te equivocas si piensas que él era superficial. Llegó a ser un pastor de muchos logros, su carisma y su modo de querer a la gente atrajo a su congregación a muchas personas.

En algunas noches, en el silencio de la loma se escuchaba el alboroto y las carcajadas. A veces me parecía que se excedían en los juegos, pero luego me fui dando cuenta que era una válvula de escape del estrés por la sobrecarga de responsabilidades. Me percaté de que muchos llevaban, además del seminario, los últimos años del bachillerato. Y como si la carga docente fuera poco, los fines de semana teníamos que partir para diferentes pueblos a cumplir labores pastorales. Si, porque en este lugar desde que entras te asignan una iglesia o misión que atender, donde te dan un tratamiento ya de pastor, y de hecho tienes esa responsabilidad sin tener todavía la preparación debida.

Llegábamos los lunes cansados de la labor, y en la noche se efectuaba una reunión con el Rector, en la cual, cada estudiante, por turno, presentaba un informe del trabajo pastoral. No todos el mismo dia, por supuesto, pero algún lunes al mes le tocaba a uno. Y es curioso, nuestro deseo humano de impresionar bien al rector, con frecuencia llevaba a exagerar el éxito de la labor, en términos del aumento de la asistencia a los cultos, etc. Este síndrome del "seminarista de éxito", resulta a la larga nocivo, porque alimenta el ego, el espíritu de competencia, y los logros numéricos que suelen ser superficiales. No debes trabajar, Gabriel, por la simple fama que trae el éxito, sino por ser consistente contigo mismo, ser fiel a tu propio camino.

Por esto creo que estas cargas tenían que encontrar alivio por algún lado, tal vez en los juegos y bromas. Teníamos, por supuesto, el tiempo de deporte, generalmente el volibol antes del baño. Los jueves, tan esperado, después de la comida nos daban la noche para a visitar nuestras novias. Cualquier otra salida tenía que ser con un permiso especial. Naturalmente algunos estaban autorizados para ir al Instituto a terminar el bachillerato.

La música también era muy importante. Esto último debido a que la esposa del Rector, Mrs. Marjory Caudill, Directora del Coro del Seminario, era una gran promotora de la música en la Iglesia. Con un carácter bondadoso contagiaba con su entusiasmo, de tal modo que todos mis compañeros se anotaron para aprender piano. Para las hembras era obligatorio. Yo fui la excepción, ya te dije que soy de oído cuadrado, por suerte para ti otros te aportaron genes musicales, de los cuales yo carecí. Con todo dos veces a la semana teníamos clases de teoría, obligatoria para todos; durante los tres años del seminario, fueron mi tortura ya que tuve que aprender todos los secretos del solfeo. A pesar de mi ineptitud, Mrs. Caudill no perdió la paciencia conmigo, cuando era evidente que podía echar a perder una melodía, optaba por darme el papel de simple lector en el coro.

El Grupo del Primer Año

Nuestro grupo estaba formado por nueve bautistas, un luterano y otro de una iglesia evangélica. La mayoría estaba todavía terminando sus últimos años del bachillerato, pero parece que por nuestro nivel ya avanzado la dirección del seminario decidió que podíamos hacer los cuatro años en solo tres. También influyó el tema de la emigración, iglesias que se estaban quedando sin pastor, y necesitaban remplazos en breve tiempo. En el segundo año tuve de compañero de cuarto a Erelio, que ya era pastor en Jagüey Grande en la provincia de Matanzas. A Erelio lo venía a visitar con frecuencia otro pastor, haciendo apartes para conferenciar un poco misteriosamente. Luego supimos que el Presidente de su denominación, que operaba en todo el sur de la provincia de Matanzas, se había marchado del país, y la responsabilidad de la dirección de la obra recayó sobre mi compañero de cuarto, convirtiéndose de la noche a la mañana en un auténtico obispo, que por cierto duró en el cargo hasta su muerte.

Dos muchachas eran las únicas féminas en nuestro grupo, Adita y Loida. La primera padecía de copiosos sudores de sus manos, siempre con su sonrisa cándida se burlaba de mis canillas flacas. La Loida, era la mística del grupo, dotada de una sabiduría y una serenidad para los momentos en que se requería algún consejo.

El único negro, Manuel, de pura estirpe santiaguera, aportaba su sabrosa cubanía, jaranero, con el corazón abierto a la franca amistad. Manuel y yo hicimos un duo humorístico para eventos de jóvenes, siendo él el principal actor, con una gracia increíble hacía el papel de un muñeco de los que son manejado por un ventrílocuo, que era mi rol. Nos morimos de la risa con las ocurrencias de Manuel. Luego se volvió un pastor mas serio, y no quiso hacer mas el papel de cómico. Actualmente trabaja de pastor en un barrio popular de Managua, Nicaragua.

El también hizo una amistad especial con Pepe, que provenía de un pueblo de campo, y ostentaba un título de Maestro Agrícola, se abrió paso en la capital, representando al típico joven de tierra adentro, disciplinado y laborioso que tiene los ojos puestos en una meta. Pepe era un hijo espiritual de Luis Manuel, formando parte de ese círculo de seguidores del gran evangelista. Pronto el papá Caudill le asignó la alta responsabilidad de una iglesia en la ciudad, sustituyendo a uno de los pastores emigrados. Nadie le pudo superar en cuanto al primer expediente del aula

Perdona que te canse con nombres, pero no quiero dejar de mencionarlos. Freddy, con un talento especial para la música, bondadoso y serio. Obel, sencillo y aplicado. Obed, soñaba con ser un médico misionero, hizo todos los esfuerzos para lograrlo pero era una meta imposible, nos unía una vieja amistad. En fin, me considero afortunado de los compañeros que tuve, del cual solo tuvimos que lamentar la baja del luterano Dúban, que por problemas familiares no pudo continuar y a Eddy, que ya sabrás de él en lo que sigue. Ha sido un gusto presentarte a mis inolvidables compañeros de seminario, gracias por tu paciencia, Gabriel. Todos y todas, fueron excelentes pastores y misioneras. Me falta mencionar a uno de los caracteres más encantadores, de su dramática historia de hablaré más adelante.

Año 1961

Ese año fue muy tenso para el país. Un día el cielo de La Habana se llenó del ruido de extraños aviones que bombardearon los aeropuertos militares, destruyendo la mayor parte de los aviones. Era el preámbulo de la invasión de Playa Girón. En el entierro de las víctimas del ataque el líder de la Revolución expresó por primera vez que el motivo de la agresión de los Estados Unidos contra Cuba era que se había establecido el socialismo en sus mismas narices. Desde entonces las contradicciones entre nuestros dos países se elevaron al máximo. Cuba empezó a nacionalizar las empresas norteamericanas cuando la refinería de propiedad americana se negó a refinar petróleo de la Unión Soviética, y en breve tiempo todas las industrias y propiedades americanas fueron nacionalizadas. El rompimiento de relaciones y el bloqueo (allá se llama embargo) se hizo realidad, hasta el día de hoy. La salida del país de miles de cubanos atemorizados o afectados por las nuevas leyes fue muy grande. Un plan llamado ¨Peter Pan¨, en cooperación con algunas iglesias, ofrecía a los padres la oportunidad de enviar sus hijos pequeños a Estados Unidos, lo cual fue una trágica separación de la familia de unos dieciocho mil chiquillos. Esto es solo una reseña de las muchos sucesos de ese año.

En las iglesias y el seminario se polarizaron las posiciones, creándose frecuentes focos de tensión entre los que estaban pro y contra. Un hecho singular no debo de pasar por alto. Durante el ataque a Playa Girón, mi amigo Raúl, que a la sazón estaba casado con mi hermana Clara (que no llegó a graduarse para casarse) eran los misioneros en la Ciénaga de Zapata, se ofreció a rescatar heridos en su jeep. Se le pintó una cruz roja y avanzó con las tropas cubanas, siendo atacado con fuego de morteros. Raúl fue herido y trasladado a un hospital de una ciudad vecina y luego a La Habana, donde se pudo recuperar. Lo visité en la Clínica Bautista y conocí de las huellas que deja en la mente participar en la guerra. Muchas noches, me contó, se despertaba de pesadillas en las que estaba en medio del fragor de los combates, viendo morir a muchas personas a su alrededor. Gracias a

Dios por haber preservado a Raúl, su vida ha sido de bendición para muchas personas, y para mí ha sido una gran inspiración.

Vivíamos en tiempos de gran tensión.

Juanita e Ismael

Hace apenas unos meses supe del fallecimiento precisamente en Atlanta, donde vives, de una persona que, desde la discreta posición de esposa del administrador y misionera, ejerció una influencia muy especial en nosotros, me refiero a Juanita Rodríguez Reyes. Escribí una nota como humilde homenaje a su persona. Te la transcribo a continuación:

Madre fuiste, sin duda, para aquella tropilla de novatos en el seminario, que entrabamos cargados de sueños misioneros, pero cerreros en el comportamiento. Tu nos enseñaste a comportarnos de acuerdo a la mas estricta etiqueta en la mesa de comer, y a recoger y arreglar nuestros cuartos, a vivir en comunidad. Tu fuiste la amiga que escuchó nuestros ensueños evangelizadores, la confidente que supiste que todo no era de color de rosa, que errábamos con frecuencia, pero depositabas en tu mirada una confianza en nuestros valores, una aceptación que despertaba la fe segura. No olvidamos tu sonrisa de madre comprensiva, de confidente de nuestros primeros amoríos.

Gracias, Juanita, tu hogar fue nuestra puerta de recibimiento en el seminario, tu e Ismael nos inspiraron y nos mostraron lo que era un hogar cristiano, no por los signos exteriores, sino por la atmósfera de paz y armonía.

Gracias, al buen Dios, que nos proveyó este ángel en los tiempos difíciles y convulsos que nos tocó vivir.

Gracias, en fin, por todo lo que significó Juanita, en nuestra formación pastoral.

Profesores

Tuve la suerte de contar con profesores, en su mayoría competentes y ejemplares. Una mayoría ostentaba un doctorado de la Universidad de La Habana. Una brillante mujer, la Dra. Juana Luz García nos impartió historia de la filosofía, de los clásicos griegos. La Educación Cristiana la ofrecía el Dr. José Manuel Sánchez, uno de los mejor preparados en ese campo, quién hizo su especialidad en el Seminario de Forth Worth, Texas, y era un excelente predicador y maestro. No quisiera ser injusto con ninguno de mis profesores, haciendo omisiones imperdonables, pero no creo que a ti particularmente te interese mucho que sea exhaustivo al respecto. Por tanto te voy a hablar de solo dos más que tuvieron una relación especial con mi desarrollo.

Un hombre de una sola pieza

¿Sabes lo que es un hombre de una sola pieza? Es una expresión cubana para decir de una persona que es cabal, que no tiene trastiendas, que te mira de frente y te dice lo que piensa sin disimulos, que mantiene su criterio a pesar de todo, que siempre puedes estar seguro de cual será su reacción, un hombre en fin, sin grietas, ese era Nemesio García, el mismo del que te mencioné que predicaba con anécdotas de la vida real que provocaba carcajadas en cualquier congregación. Nemesio procedía de una familia de campesinos, no hizo carrera universitaria, solo fue un pastor y maestro en el seminario. Pues él era el profesor que más temíamos los estudiantes, porque no andaba con paños tibios con lo mal hecho. Con él tuve un choque, pero uno de esos choques del que saltan chispas de luz, la luz buena que hace ver cosas. Te cuento.

En nuestro año teníamos un compañero que todos queríamos por ser muy alegre, generoso y con una simpatía especial. Era de la Iglesia de Nemesio, y le llamaré en este relato Eddy. Pues nuestro amigo y compañero hablaba con mucha soltura en el púlpito, soñaba con ser un pastor, pero tenía un problema, cierto amaneramiento, unas manos de dedos largos y expresivos que despertaban insidiosas sospechas. Eddy hablaba de novias y muchachas, pero nosotros sentíamos que su amaneramiento tenía que superarlo para ser un pastor. Nos propusimos ayudarlo. Tienes que ir con nosotros al vóley bol, hay que endurecerte esas manos, vamos a trabajar con el pico y la pala en el terreno del seminario, tu verás como tu cambias. El se esforzaba y se sometía a la disciplina del trabajo mas duro, sabía que lo hacíamos porque lo queríamos, y tenía la meta de llegar a ser pastor.

Vinieron las vacaciones del verano, y al comenzar el nuevo curso nos sorprendió con la noticia, Eddy había caído en un acto supuestamente pecaminoso con otro muchacho de una iglesia. El escándalo conmocionó a todo el seminario, por los pasillos se respiraba una densa atmósfera de dolor y tristeza. Se decía que estaba expulsado sin reclamo posible, que su pastor estaba airado y profería amenazas de expulsión de la Iglesia por ser un ¨descarado impío¨, y cosas parecidas. Todos los estudiantes fuimos convocados a una reunión en la capilla con la facultad en pleno. Era necesario conocer todo lo que sus compañeros de clase sabíamos y lo que pensábamos al respecto, así se procedió a un interrogatorio uno por uno. Llegó mi turno.

No sabía, expliqué, nada de los detalles de lo ocurrido, y desconocía que hubiera algún comportamiento homosexual anterior de Eddy. Al preguntárseme que pensaba sobre su separación del seminario, dije que comprendía que la disciplina del seminario no permitía que siguiera como estudiante, pero que no entendía que una institución que debía regirse por el ejemplo de amor de Jesús, tratara a una persona que comete una falta con la ira con que se trató a Eddy. Inmediatamente se paró Nemesio y me preguntó,

¿Quién lo ha maltratado de palabra, Paco??

No tuve otra alternativa que decirle, Ud. mismo pastor. Ud. ha expresado que va a expulsar deshonrosamente a Eddy de su Iglesia, Ud. lo ha maltratado.

Se hizo un gran silencio. El hombre cambió de color, se sentó, no me respondió. Yo salí del recinto apenado, pero tranquilo por no haberme faltado el valor de ser fiel a mi conciencia. Acompañamos a Eddy en esos días de tanto dolor, hicimos votos de que nuestra amistad no se enfriaría jamás. Sin embargo nuestros caminos tomaron distintos rumbos, se acogió a una beca en otra provincia para hacerse profesor, no lo ví más en estos últimos 45 años. Hace poco un amigo me dio su teléfono y lo llamé. Cuanta alegría conversar con él y descubrir que a pesar de tantos años su cálida voz y el afecto no habían cambiado. Está jubilado de maestro, pero continua dando repasos en su casa. Nos prometimos vernos en algún viaje que yo diera a La Habana. No se si se confirmó en su orientación sexual o no, un solo contacto sexual del mismo género no es indicio irrefutable de ser homosexual, sabemos incluso, de personas bisexuales.

En fin este no es el tema para profundizar ahora, solamente quiero constatar dos lecciones de este incidente: Una, que la orientación sexual es algo con la que se nace, y luchar contra ella es inútil e infructuoso, que crean solo represiones insanas. Y segundo, la terrible fuerza destructiva de la homofobia, que asume especial incidencia en los ambientes religiosos. Sabes, Gabriel, que en algunos países musulmanes los homosexuales son condenados a muerte. Y en muchas iglesias cristianas, como bien tu sabes, todavía tratan a los homosexuales como perversos hijos del diablo, que tienen que arrepentirse u ocultar su identidad. Cuando aprenderemos que los prejuicios, sean raciales u homofóbicos nos alejan de Dios, al alejarnos del prójimo.

Debo decirte que según me hizo saber mi amigo y condiscípulo José López, el pastor Luis Manuel González Peña, colega de Nemesio, le dijo que desde aquella experiencia en la capilla, Nemesio era otro, había cambiado. Doy gracias al Espíritu de Dios, que fue quien hizo de aquel choque, un momento de gracia en que sacó una chispa de luz.

Gocé de la amistad del hombre de una sola pieza, quien cuando llegué a ser pastor, me invitó varias veces a ocupar su pulpito así como yo lo tuve a él en el mío.

La Biblia

Y la homofobia me hace pensar en el fundamentalismo, que como tu debes saber, se caracteriza por un pensamiento cerrado a otras formas de ver diferente. Los fundamentalistas se consideran los dueños absolutos de la verdad, sus únicos exponentes. Sean los islámicos o los cristianos, se adueñan de su libro sagrado, hacen una interpretación única y descalifican toda otra forma. De ahí surge el sectarismo intransigente, y las actitudes que dan origen a violentas cacerías de brujas.

Nuestra denominación bautista occidental, dependiente de los bautistas del Sur de los Estados Unidos, heredó una fuerte influencia del fundamentalismo. Los libros publicados en la Casa Bautista de Publicaciones de El Paso Texas, en su mayoría traducían y publicaban libros de esa tendencia. Uno de los comentarios bíblicos clásicos que casi todos los pastores tenían en su biblioteca, escrito por B.H. Carroll, de mediados del siglo XIX, era de ese tipo de literatura, en que todo aparece tan claro y sencillo, calzado con citas seudocientíficas, supuestamente apegado a la Sagrada Escritura, con enseñanzas útiles para predicadores, pero elemental, ignorante de todos los hallazgos de las ciencias bíblicas.

En el seminario se notaba, la hostilidad a los descubrimientos de las ciencias bíblicas en aquellos estudiantes que decían que había que quemar los libros de Abingdon. Resulta que Abingdon era una casa editora metodista de Estados Unidos, que publicaba entre otras cosas, comentarios bíblicos con un estudio erudito de los textos. Y por supuesto cuestionaba algunas cosas que los fundamentalistas sostenían, y que no es el caso entrar ahora a tratar. Solo quiero decirte que para entender la Biblia hay que hacer estudios serios de su trasfondo histórico, así como el estilo de sus variados textos.

Nuestro grupo tuvo la fortuna de tener a un profesor del Nuevo Testamento que si estaba actualizado y si creía en las ciencias bíblicas, y nos abrió la mente a la riqueza de los estudios contemporáneos, no sólo en el tema de la Biblia, sino de la mejor teología actual. Un hombre humilde, prudente y sabio, del cual estaré eternamente agradecido, su nombre, David Fite. El no hacía como otros profesores, que usaban un solo libro de texto, sino que presentaba una conferencia, y con ella todos los libros de la biblioteca que informaran sobre el tema, para que los estudiantes leyeran todos los criterios y aprendieran a decidir por si mismos donde estaba la verdad. Aprender a pensar por si mismos, sin imposiciones era su divisa.

Con Fite aprendimos que el libro del Apocalipsis se escribió en una situación particular de la iglesia primitiva, en la cual se enfrentó al desafío de un imperio entronizado como divino. Roma es descrita en el Apocalipsis como la gran ramera del mundo, similar a Babilonia y otros imperios corruptos, que persiguió a los cristianos por no doblegarse a su idolatría. Y lo grande del Apocalipsis es que no solo alentaba a los cristianos a resistir hasta la muerte, sino que anuncia muchos años antes de que ocurriera la inevitable caída, por el juicio de Dios, del poderoso imperio: "!*Ha caído!!Ha caído la gran Babilonia*!" (Apoc. 18.2ª). El Apocalipsis resplandeció para nosotros con una nueva luz, es un libro esencialmente contra los imperios del mundo. No es un mapa de los acontecimientos futuros, ni la fuente de especulación de los que quieren ver señales del fin del mundo, sino un mensaje de esperanza en la victoria del bien sobre el mal.

En fin creo que lo mas importante que aprendimos es a respetar al texto en si mismo, sin pretender manipularlo y engarzarlo con otros textos de otro autor y de otro tiempo, como se hace comúnmente para construir un sistema doctrinal.

La transformación

Voy ahora a tratar de contarte lo más importante que me ocurrió en esta etapa de estudiante en el seminario, el comienzo de la transformación de mi mentalidad. A decir verdad, no fue una simple rectificación en conceptos o ideas, sino un cambio de perspectiva, tan grande y definitiva que pudiera decirte que fue como una segunda conversión, en la línea de lo que dice Pablo ¨*transfórmense por medio de la renovación de su mente*¨ (Romanos 12.2b.) .

Pero para hablarte este cambio, primero hay ver mas detenidamente cual era nuestra manera de pensar hasta ese momento. Para ilustrarte como era yo antes de entrar al seminario nada mejor que mostrarte una fotografía que me tomé un tiempo después de mi primera conversión. Aparezco en ella en el balcón del apartamento del Vedado, con mi brazo extendido y apuntando hacia el cielo azul. ¿Qué quise expresar con esta postura? Sencillamente hacia donde quería dirigirme y conducir a otros, al cielo, la representación espacial de una vida en otro plano, la que está más allá de nuestro mundo, donde todo es felicidad y paz. Este mundo poco puede ofrecer, y como dice un viejo himno, ¨*No puede el mundo ser mi hogar, en gloria tengo mi mansión, no puede el mundo ser mi hogar*¨. Quizás te parezca extraña a la educación religiosa en la cual tú has crecido, porque has tenido esta dicha de tener otra formación. Pero, aunque te parezca raro, la que yo tuve se centraba en la vida después de la muerte. Se hablaba con mucha solemnidad de la ¨eternidad¨ en la que se viviría miles de millones de años, y en la cual había solo dos lugares, el cielo de gloria y felicidad con Dios y sus ángeles o el infierno de tormentos sin fin con el diablo y sus demonios. El presente sólo es un breve instante, un ¨valle de lágrimas¨, en el cual tenemos la oportunidad de decidir nuestro destino eterno.

Te darás cuenta lo que esto significa. Y por favor, no estoy negando y afirmando nada sobre la vida después de la muerte. Lo que estoy tratando de explicarte es que si la vida que nos toca en este planeta solo es una antesala, un salón de espera para recibir el pasaporte para la otra vida, entonces verdaderamente no hay que darle importancia a nada de lo que ocurra aquí, podemos darle la espalda a este mundo, que es solo una ilusión pasajera.

Uno de los libros que más influyó en los creyentes, escrito en el siglo XVII, titulado "El Progreso del Peregrino", de Juan Bunyan, cuenta con gran imaginación y figurativamente las vicisitudes del peregrino que recibe el llamado de Dios, y abandona su familia, amigos, todo su mundo para emprender un aventurado y riesgoso camino hacia ese cielo de paz y felicidad. Estaba lleno de citas bíblicas y de lecciones para ese viaje hacia la eternidad, que a muchas generaciones inspiró en su vida cristiana, pero que parte de ese enfoque en que hay que romper con nuestra realidad humana terrenal para dirigirnos a otro mundo.

No es extraño que una perspectiva como esta tenga muchas consecuencias para la forma de vivir la vida cristiana. Mira, en el 1958, nuestro país estaba viviendo una situación de guerra, en las ciudades aparecían muertos todos los días, especialmente jóvenes, como te conté anteriormente. En diciembre, la guerra se había generalizado a todo el territorio, para esa Navidad la situación era terriblemente insegura. Se discutió en la Iglesia sobre que se haría para el 31 de diciembre, algunos pensamos que no se podía celebrar nada mientras el país estuviera viviendo momentos de tanta gravedad. Pero el criterio de que la iglesia no tenía por qué suspender sus tradicionales celebraciones fue adoptado por mayoría, para disgusto de los que pensábamos diferente. Para aquella iglesia nada de lo que ocurría fuera debía afectar su fiesta.

Esto provocó que escribiera el primer artículo que me publicaron en mi vida, el que salió en la revista denominacional La Voz Bautista. Me inspiré en la historia de Jonás, cuando se encontraba fugitivo y dormido en una barca, en medio de una tormenta, siendo despertado por la tripulación con estas palabras " *¿Qué tienes dormilón? Levántate y clama a tu Dios. Quizás tenga compasión de nosotros y no perezcamos*" (Jonás 1.6b). Me pareció que Jonás representaba a una iglesia dormida, inconsciente al momento dramático que vivían los tripulantes de la barca. Fue mi primera expresión de inconformidad por la increíble indiferencia de gran parte de la comunidad cristiana ante los trágicos acontecimientos que afectaban la sociedad cubana. Una religiosidad ajena, vuelta hacia si misma, sin compromiso ni preocupación por el destino de la patria. Mi reacción fue a nivel instintivo, no tenía madurez ni conocimiento para fundamentar mi posición, pero sentía que el corazón del cristiano debía sufrir con el dolor del mundo.

Pero no debemos juzgar esto superficialmente, esta actitud no era más que el reflejo de esa ¨mentalidad¨ dominante, la que se recibió de los misioneros que vinieron del norte, y nos trajeron esa perspectiva. Y aquí viene la palabrita que da cuenta de lo que estoy tratando, es la palabrita ¨teología¨. La teología es ese diálogo entre la fe de la comunidad y el mundo circundante, es la interpretación que hacemos de esos datos primeros que aparecen en las Escrituras Sagradas para el mundo que nos ha tocado vivir. No hay una teología única que de cuenta de toda verdad. La verdad siempre la filtramos por nuestra experiencia de vida. Y la teología se encarga de montar todo el edificio con explicaciones tomando de aquí y de allá versículos de la Biblia para su fundamentación. No se si entiendes bien todo este asunto de la teología, pero dejemos para luego otras explicaciones y sigamos adelante.

Según esta perspectiva teológica fundamentalista, la tarea suprema de la iglesia es anunciar la salvación personal, que por medio de un acto de fe en Jesucristo nos hace ciudadanos del cielo. Evangelizar se limita a tratar de convencer a las personas del peligro del castigo eterno y convertirlos a la fe. La misión más importante pues, que podía hacer un cristiano es ganar a otro para Cristo, y así tener una ¨estrella más en el cielo¨.

Los héroes de la fe que nos inculcaron fueron los misioneros americanos e ingleses que fueron a tierras remotas, donde reinaba el paganismo y la ignorancia a llevar la luz del evangelio, a ¨salvar a los paganos¨. A pesar de su tinte colonialista, esas historias, nutrieron un sentido de deber hacia la humanidad y de sacrificio misionero, con una mística de la cual no puedo renegar hasta el día de hoy.

Y en los tiempos que corrían la figura mas moderna para los jóvenes era el evangelista norteamericano Billy Graham, un hombre alto, rubio de una mirada penetrante que electrizaba a las multitudes reunidas en estadios de base bol. Siendo el predicador que le ha hablado a más multitudes en todo el mundo. Billy Graham fue el héroe de mis años juveniles. Leímos sus libros de sermones, oíamos de sus cruzadas en las grandes ciudades. Su éxito al lograr que cientos de personas se levantaran de sus asientos y pasaran a la plataforma en señal de aceptación de la fe, impresionaba. Los que lo pudieron oir directamente cuentan de su estilo de predicación, era sencilla, clara, expresada con profunda convicción. No se parece a los actuales telepredicadores, showmen, manipuladores de los medios de comunicación y las emociones. Billy Graham ha pasado a la historia como el más grande evangelista del siglo veinte.

Sin embargo, no se puede decir que su postura ante los problemas sociales de su tiempo fuera igualmente inspiradora. No se le vió jamás apoyar al movimiento de los derechos civiles, lidereado por Martin Luther King, aunque es cierto que no permitía la segregación en los stadiums donde predicaba. En tiempos de la guerra de Vietnam no dejó de estar al lado de Nixon, como su consejero y amigo personal. Esto confirma que una evangelización que solo se preocupa por el alma y el destino eterno, deja a un lado los temas de la justicia para los pobres y los marginados. Como en la parábola del Buen Samaritano, de Jesús, pasan indiferentes por el camino donde yace herido el hombre que ha sido atropellado, el sacerdote y el levita.

Los jóvenes que entramos al seminario teníamos nuestros Billy Graham en nuestro propio país, como el Luis Manuel, predicador de mucho éxito, que combinaba su criollismo sabroso con una apasionada elocuencia, era el modelo más cercano y que más nos influyó. Queríamos ser evangelistas que trajéramos muchos pecadores a los pies de Cristo. Ninguna oportunidad se podía dejar. Hasta los servicios fúnebres debían ser usados para advertir a los sufridos familiares de la importancia de arreglar los asuntos de la eternidad mientras tuviéramos tiempo. En el seminario debíamos desarrollar esta capacidad de conmover las almas perdidas, con la necesidad de un arrepentimiento.

Millones de tratados se imprimían constantemente y se distribuían en las calles, ómnibus, hospitales, en todo lugar, por nosotros los jóvenes misioneros involucrados en el esfuerzo de conversión de todo el mundo. Los tratados consisten de una pequeña hojita doblada en dos, con una breve historia, en la cual se mostraba la condición de perdición y condenación en que se encuentra la humanidad, merecedora del castigo divino, el sacrificio de Jesucristo para pagar por nuestras culpas, y la invitación a recibir la salvación que nos libra del infierno. Recuerdo que uno de esos tratados tenía dibujos de personas achicharrándose en el fuego del infierno. Yo repartí miles de esos tratados, y prediqué en muchísimos lugares públicos, parques, hospitales, y hasta en la montaña, como te he contado.

Esto me hace recordar el poema que hace varios siglos un autor anónimo español escribió, y que es oportuno citar,

No me mueve, mi Dios
para quererte el cielo que
me tienes prometido;
ni me mueve el infierno tan
temido para dejar por eso
de ofenderte.
Tu me mueves, Señor;
muéveme el verte clavado
en una cruz y escarnecido;
muéveme tus afrentas y tu
muerte.
Muéveme, en fin, tu amor,
y en tal manera que aunque
no hubiera cielo, yo te
amara, y aunque no
hubiera infierno, te
temiera.

¡Que intuición la del autor/a acerca de que la motivación para amar a Dios no debe ser ni el miedo del infierno ni la atracción de un cielo de felicidad! ¿Por qué no dejar en las manos de Dios todo esto de la vida después de la muerte? ¿Con qué derecho nosotros mandamos al infierno a unos y a otros les abrimos la puerta del cielo? ¿Por qué no concentrarnos en cambiar los infiernos que encontramos en este mundo, y hacemos que la felicidad en esta vida sea como un cielo de paz y armonía?

Por aquí es por donde el cambio comenzó a operarse en mi mente, en mi teología, como te explicaré inmediatamente. Pero debo dejar en claro que hay cosas que no he abandonado, por ejemplo, la urgencia de compartir las buenas nuevas de Jesucristo, de hacer todo lo posible para que todos conozcan el camino de vida que nos vino a enseñar. Creo que El puede cambiar nuestras vidas, llenarnos de amor y de paz. Sabes, en aquellos tiempos me gustaba participar en las "campañas de evangelismo" como predicador, y no creo que lo hacía mal, pues recibí muchas invitaciones los primeros años de graduado, visité así numerosas iglesias. Pero el contenido de mi predicación no era la amenaza de una eternidad en el infierno, sino la posibilidad de un cambio en la vida presente.

Bueno, Gabriel, creo que es tiempo de que volvamos de nuevo al seminario y te cuente las cosas que empezaron a cambiar mi perspectiva.

Todo comenzó con el estudio profundo de los evangelios, lo que nos llevó a un encuentro con el otro Jesús. Como la cara oculta de la luna, se nos empezó a dibujar ante nuestros ojos una figura distinta, provocadora, inquietante, diferente a aquel Jesús de la devoción y de la experiencia religiosa.

Estaba acostumbrado a predicar desde el púlpito y a exhortar a recibir en el corazón a Jesucristo, muchas veces con las melodías de un viejo himno que todavía lo recuerdo con amor, y que dice "*pecador ven a Cristo Jesús, y feliz para siempre serás, si en verdad le quisieres tener, al divino Señor hallarás... Ven a él, Ven a él, y feliz para siempre serás*". Este Jesús se experimenta en nuestro ser interior, la intimidad del alma, es la experiencia profunda que genera un nuevo estilo de vida. Especialmente se concentra en el valor de su sacrificio en la cruz por nosotros.

Este otro Jesús que va apareciendo como figura histórica, como hombre real en el contexto específico en una colonia del imperio romano, causa inquietud, porque confronta toda la realidad, y no solo la interioridad espiritual

¿Cuál era el centro de la prédica de Jesús? Su tema central partía de la proclamación de la inminente llegada del reino de Dios. "Cambien de actitud (arrepiéntanse), porque el Reino de Dios se ha acercado". Todas sus enseñanzas giran alrededor del tema del reino, algunas veces reino de los cielos, otras, reino de Dios. Pero puedes estar seguro que todas las referencias vinculan ese reino con la transformación del mundo en que vivimos. Jesús creyó en esa transformación, fue un instrumento para cambiar la vida de los pobres, degradados, prostitutas, enfermos, en fin marginados de la sociedad. Dijo, "*He venido para que tengan vida y vida en abundancia*" (Juan 10.10b). Dignificó a la mujer, colocó a los niños en el primer lugar.

La teología tradicional, de la que te he venido hablando dice que el reino de Dios está fuera de este mundo, o quizás en un distante futuro. Para eso les gusta usar las palabras de Jesús ante el gobernador romano Pilatos, cuando éste le pregunta si él es rey, y Jesús le responde que su reino no es de este mundo.

No se debe leer este texto fuera de su contexto, de lo que significaba para Pilatos ser rey, es decir, el poder, la dominación, la imposición por las armas, la segregación de personas en libres y esclavos, en fin la violencia. Por eso Jesús le está diciendo mi reino es completamente diferente a los reinos de este mundo. Efectivamente, con su vida demostró que su reino no se basa en la fuerza de las armas, sino en el amor redentor, en la vida compartida, en la justicia para todos.

La visión espiritualista que reduce el reino de Dios a la esfera de la intimidad espiritual, o a la felicidad en el más allá de la muerte, es reduccionistas, cercena el mensaje radical de liberación de Jesús.

Cuando Jesús nos enseña a orar diciendo "*venga tu reino, sea hecha tu voluntad*", nos esta colocando ante un mundo que necesita ser transformado por la fuerza del amor, un mundo que debe abandonar el camino de la guerra, de la explotación de los pobres, de la discriminación y la muerte. Por lo tanto creer en el reino de Dios, es creer que este mundo si puede ser transformado, si hay esperanza.

Perdona Gabriel, por mi excesivo entusiasmo, no puedo negar que soy un irremediable predicador. Ya para no abrumarte mas con textos y lecciones bíblicas, quiero terminar esta parte con algo que siempre me he hecho pensar. Cuando el amigo de Jesús, y su profeta predecesor, Juan el bautista, estaba en la prisión por haberse metido con Herodes, parece que tuvo su momento de duda, todos las tenemos, sobre todos los que están en la prisión siempre son atacados por la duda. E hizo lo mejor que se puede hacer, enviar a alguien que le ayudara a salir de la incertidumbre, y envía a sus discípulos a preguntarle a Jesús si en verdad era él al que estaban esperando para cambiar al mundo, o seguirían esperando a otro. La respuesta de Jesús, fue sencillamente "*Vuelvan y cuéntenle a Juan las cosas que han visto y oído. Los ciegos ven, los cojos andan, los leprosos son limpiados, los sordos oyen, los muertos son resucitados y a los pobres se les anuncian las buenas noticias*" (Mateo 11.4-5) RVC.

Jesús no divagó con un discurso filosófico, sino se remitió a una realidad de transformación de cambio hacia la vida. Era razonable que Juan tuviera dudas ante la realidad de un mundo en el que el Herodes están pavoneándose en el poder, y los profetas están en prisión. Es cierto que los cambios no vinieron como Juan se lo imaginaba, con la fuerza de un violento huracán, pero el reino si estaba sembrado en el mundo, los frutos de vida estaban ante la vista. Dondequiera que aparece esa vida restaurada, ahí está la fuerza liberadora del reino de Dios que Jesús vino a traer. Ese reino usualmente opera en el silencio, como lo expresa Jesús en algunas parábolas, en que lo compara con la levadura, o la pequeña semilla de mostaza. No hay espectacularidad, sino un crecimiento callado. Así se producen las señales de vida nueva en nuestro mundo, en todo lo bueno y hermoso que ocurre.

Este redescubrimiento de Jesús y su mensaje fue modificando la perspectiva teológica que teníamos hasta entonces. Luego supe de un pastor bautista de Nueva York, Walter Rausenbusch, que vivió en la época de mayor auge de la explotación capitalista de los obreros, y asumió este concepto del reino de Dios para fundamentar su lucha por la justicia social. El fue uno de los líderes mas destacados del Evangelio Social que trató de cambiar la mente de la gente de las iglesias. Un fruto de esta corriente de pensamiento fue la novela En sus Pasos, o Que haría Jesús, de Richard Sheldon. Su lectura influyó mucho en nuestra formación, mostrando el cambio operado en una iglesia al tener una experiencia fuerte que la puso ante la realidad de los marginados de la sociedad. Ojalá puedas encontrar tiempo para leer esta gran novela.

Otro libro que influyó en mi manera de pensar fue escrito por un alemán llamado Oscar Cullman, cuyo título ahora no alcanzo a recordar, pero que comparaba la forma en que enfrentaron la muerte el filósofo griego Sócrates y Jesús. Seguramente te habrán enseñado en la escuela de Sócrates, pues fue uno de los más importantes pensadores universales. Fue acusado de corromper a la juventud y fue condenado a muerte, haciéndolo tomar la cicuta, un veneno muy poderoso. Sócrates no se alteró, no se afligió, sino con toda serenidad consoló a sus discípulos, él estaba seguro que la muerte no era el fin, sino la liberación de su alma para vivir en un espacio de libertad y paz eternas. Para él el cuerpo no era sino la cárcel del alma.

En cambio, según cuentan los evangelios, Jesús tuvo un tiempo de lucha intensa en el huerto de Getsemaní, para él la muerte si era un trago amargo, ¨si es posible, pasa de mí esta copa¨, oraba al Padre. Y su sudor era como gotas de sangre. Para Jesús la muerte significó un desgarramiento doloroso. La vida terrenal si tenía valor, amaba la vida, porque él mismo la había dado en abundancia. No importa que hubiera un consuelo espiritual para ese tránsito, que en definitiva es parte de la naturaleza, todos tenemos que pasar por él, pero el instinto natural que Dios ha puesto en nosotros es a favor de vivir lo más que podamos, luchar contra el dolor y la muerte hasta el final. Tiene, pues, sentido comprometerse por una vida terrenal plena para todos los seres humanos. Este libro vino a abonar una teología que fue transformando mi manera de pensar, predicar el evangelio es afirmar el valor supremo de la vida.

Nuevos héroes fueron apareciendo ante nosotros, tal vez el más significativo en el tiempo del seminario lo fue Dietrich Bonhoeffer, el pastor que lideró el movimiento de cristianos opuestos a Hitler. Su movimiento se llamó Iglesia Confesante, y tuvo un seminario clandestino. Cayó preso al comprobarse su participación en el complot para eliminar a Hitler, y murió ahorcado unos meses antes de terminar la guerra. Sus escritos desde la prisión, su concepto del lugar de la iglesia en el mundo de hoy, fueron una revelación para nosotros. Para Bonhoeffer también la lucha por el derecho a la libertad y felicidad es algo por el cual la iglesia debe comprometerse.

Una Ventana a la luz

¿No te has encontrado con personas que tienen miedo compartir con otras que tengan otras ideas y otras creencias? Me parece que este miedo los hace encerrarse en su castillo, negando todo lo que viene de afuera como una amenaza.

¿Por qué no escuchar otras voces? ¿Por qué encerrarnos en un denominacionalismo estrecho oyéndonos solo a nosotros mismos? Este orgullo denominacional atribuido a los bautistas, aunque no exclusivo de ellos, fue el causante de que ignorásemos tanto talento que existe en otros ambientes. Nuestro grupo sintió la necesidad de que el seminario abriera un espacio para tener la oportunidad de invitar a personas de otras familias de fe. Así se creó la Secretaría de Cultura, que cada mes planificaba una actividad con un invitado distinto. Fui honrado con el cargo hasta que finalicé el seminario. Así pudimos tener entre nosotros al Rector del Seminario Evangélico, Dr. Jorge León, para una conferencia sobre Sicoterapia pastoral. Su disertación nos enriqueció en el tema del subconsciente, del que ya el profesor Dr. Sánchez nos había hablado en clase. Aunque no seamos freudianos cien por ciento, resulta fascinante el estudio de aquellos cosas que yacen en lo profundo de nuestro ser, como sucesos de la niñez, y que de alguna manera mandan señales a la superficie, en nuestras actitudes, miedos, sueños, etc, así como la importancia que da al deseo de placer en el ser humano. La sicología me fascinó, nada más insondable y misterioso que el ser humano, cuanto me interesaba saber para conocerme yo mismo por dentro. .

También invitamos al Dr. Adolfo Ham, quién fue durante años, Rector del Seminario Bautista de Oriente y Decano de Humanidades de la Universidad de Oriente. Adolfo ejerció una influencia decisiva en una generación de pastores con inquietudes teológicas e intelectuales, en mí, puedo decir que fue una bendición haberlo conocido en el tiempo en que discutía la cuestión de la evolución. Sigue siendo una personalidad intelectual del más alto rango en nuestro país.

En fin la noche de la cultura era nuestro pretexto para oír y conocer voces importantes del pensamiento. No faltaron invitados católicos, agnósticos, historiadores, etc. La curiosidad por conocer aguijoneaba nuestras mentes.

La noche de la cultura es una de las que recuerdo con mucho cariño de nuestro seminario.

La vida seminarista

Libros, conferencias, devocionales, trabajo pastoral, deportes, un tiempo muy lindo, nos mantenía ocupados en nuestros proyectos. Pero no dejamos de ser jóvenes que a los 19 y 20 años seguíamos sufriendo las turbulencias propias de la edad. Las hormonas, los greenlin, no se aquietaron por que tuviéramos en nuestras manos un texto de historia de la iglesia o de filosofía, la mente volaba al placer desconocido, al recuerdo sugerido por una escena erótica de una película, aguijoneada por el deseo insatisfecho. Desde la altura de la espiritualidad más profunda se pasaba sin sentirlo al paraíso del imaginado placer. ¿Quién puede controlar estos secretos deseos? A pesar de nuestra confianza de amigos no nos atrevíamos a conversar sobre estas zozobras, nos daría vergüenza confesar los descarríos que ocupaban la mente. A veces al recoger nuestras sábanas para la lavandería notábamos las señales de las emisiones nocturnas, y tratábamos de limpiarlas, pero luego nos percatamos de que era un mal de todos, nos reíamos y dejábamos las cosas así. Pero que feliz que no me dio por el sacerdocio católico, porque sinceramente estoy convencido de no haber recibido el don del celibato. En ese tiempo, del himnario un himno se convirtió en mi favorito, ¨Jesús, yo he prometido¨, que en una de sus estrofas dice, ¨aunque mi mente vague, ya incierta, ya veloz, concédeme que escuche, Jesús, tu clara voz¨

Yo seguía muy enamorado de mi novia. Perdona, pero no te diré el nombre, creo que no es tan necesario en vista de cosas que sucedieron después. Los jueves, dia consagrado a las novias por el seminario, nos encontrábamos en algún parque, en un cine o en su casa. Ella era muy activa en la Iglesia, cantaba en el coro y realizaba otras labores. La conversación siempre giraba en torno a los planes futuros, en cuanto me graduara nos casaríamos. Para eso estábamos ahorrando todo el dinero de la beca que nos ofreció la iglesia William Carey, a sugerencia de su misionera Estela, para comprar nuestro ajuar de novios. Un noviazgo de años cimentado en una fe común, con respeto por las normas establecidas por nuestra religión, se resistía heroicamente a los ataques insidiosos de los greenlins. Pero para serte franco ya últimamente yo estaba dispuesto a rendirme a la tentación de la transgresión, de no haber sido que mi novia se resistió tercamente.

Ella matriculó en la Universidad en sesiones nocturnas, durante el día trabajaba como profesora de Inglés. Las ocasiones para nuestros encuentros empezaron a dificultarse, unas veces por sus clases, otras por mis compromisos. El teléfono empezó a ser nuestro medio mas frecuente de comunicación.

Jaruco

El Rector me asignó como campo misionero de los fines de semana, la misión ubicada en el pueblo de Jaruco, en la provincia de La Habana. Jaruco es un antiguo y pintoresco poblado, con su barrio viejo de calles y casas de la época colonial. El cementerio coronaba la colina en la que se ubicaba el barrio viejo. La Misión, perteneciente a la Iglesia de San Antonio del Rio Blanco, se encontraba en un local alquilado en una de las calles mas modernas, la del comercio, de hecho el salón del templo había sido una tienda, todavía permanecía la vidriera. Ahí se reunía mi primera congregación, formada por no más de 12 personas. Los sábados los dedicaba a visitar los miembros y los simpatizantes, y los domingos teníamos el culto en la noche. Muchas veces en los domingos predicaba en la Iglesia de San Antonio, donde laboraban dos misioneras Ernestina Mesa y ¿? Esa pequeña congregación fue mi primera escuela de predicación. No olvido al diácono Martín Collado y su esposa Consuelo, jubilado del Central Jersey, fieles y cooperadores en todas las actividades. Y una hermana anciana analfabeta, originaria de las Canarias, que vivía en una humilde casita de madera rodeada de jardines de rosas, la que yo visitaba todos los sábados para saborear su café y escuchar embelesado su increíble sabiduría. Su conocimiento de la Biblia y de la vida eran tantos que me era difícil creer su inhabilidad para la lectura. Que mujer tan inteligente y tan sabia.

En el verano celebramos una semana de lo que se llamaba la escuela bíblica de vacaciones, con un programa de actividades con niños de la comunidad. Uno de los veranos sucedió que nos sorprendió una visita inesperada, una persona acompañada de un policía nos pidió permiso para entrar y ver lo que estaba ocurriendo. Los niños tenían preparado un saludo de bienvenida para ocasiones como ésta, un lindo canto de saludo, en este caso la autoridad policial era merecedora de este sencillo homenaje infantil. Nos sentimos satisfechos de la forma en que reaccionamos ante la inesperada visita.

Al día siguiente, llegada la hora del comienzo, y apenas dos niñitos se presentaron. Nos extrañó tanto que nos dirigimos al barrio de donde provenía la mayoría, indagando la razón de la ausencia. Algunas madres ofrecieron excusas que no nos convencieron, hasta que encontramos a una que se atrevió a hablar. La tarde anterior el Primer Secretario del Partido (Partido Unido de la Revolución Socialista) se personó en el barrio y dio un mitin en el que fustigó duramente a los obreros, que tantos beneficios habían recibido de la Revolución, por enviar a sus hijos a la Iglesia. Les habló en términos tan amenazadores que al día siguiente nadie se atrevió a enviar a los niños a la actividad de la Misión.

Ernestina y yo sentimos que aquello era una agresión imperdonable a la libertad religiosa. Lo pensamos bien, y decidimos levantar una denuncia por violación al principio de libertad religiosa garantizado por la Constitución. En ese momento no sabíamos a ciencia cierta cual artículo y cual constitución regía nuestro país, pero no lo pensamos demasiado para dirigirnos a la jefatura de policía. Nos recibió un oficial de carpeta que nos preguntó a qué veníamos, le respondimos que a levantar una denuncia. Nos indicó que nos acercarnos al oficial sentado ante la máquina de escribir. Le dimos nuestros nombres, puso un papel en la máquina y se dispuso a escuchar nuestra acusación.

-Ponga ahí que acusamos a ______, por violación del derecho a la libertad religiosa....no nos dejó termina. Un momento, ¿ustedes saben a quién están acusando? Es nada menos que la primera autoridad política en este municipio.
-Si lo sabemos, y por favor, siga escribiendo nuestra acusación. Este señor amenazó a la población del barrio obrero por dejar sus niños ir a la iglesia.
- El oficial no atinaba a poner los dedos en las teclas, nos miraba cada vez mas asustado, pero ustedes están locos, miren vamos a esperar. En eso salió apresuradamente un policía por la puerta. Siéntense en ese banco.

A los veinte minutos entró como un tornado, furioso, jadeante de ira, el Primer Secretario, ¿Quién es el atrevido de acusarme de violar la ley?
Nosotros, Ud. no tiene derecho a prohibir que los niños vayan a la Iglesia.
Yo no he prohibido nada, solo les he dicho que es una vergüenza que manden sus hijos a la Iglesia, con tanto que ha hecho la Revolución por ellos.
-Si, pero Ud. es una autoridad política, y los está intimidando.
Se sube el tono de voz, casi nos gritamos las cosas.
-Pero ¡quiénes son ustedes!, los de las iglesias protestantes, sabemos que reciben plata de los americanos. Esos mismos que están bombardeando a Vietnam. Uds. son agentes de los americanos, si señor.
-Nosotros no somos agentes de nadie, ni recibimos dinero de los americanos. Somos tan cubanos y revolucionarios como usted, y tenemos derecho a que se respeten nuestras creencias.
-Ustedes lo que son es unos atrevidos, metiéndoles las ideas reaccionarias en la cabeza a los niños. (En este momento el oficial mecanógrafo arranca la hoja de papel de la máquina). Esta misma noche vamos a tener un mitin en el barrio obrero, y van a saber de verdad quienes son ustedes.
-Allí nos tendrá y tendrán que oírnos a nosotros también.
Ya sabíamos que estábamos de más en la estación de policía, que la discusión no conducía a nada, la puerta de salida estaba cerca.
El mitin no se dio. El tiempo trajo la calma, continuamos nuestro trabajo conscientes ahora de que no valía invocar una constitución ni una ley. Tres años más tarde la Misión de Jaruco fue cerrada por decisión de las autoridades locales, no valieron gestiones en los niveles superiores.

1962

Debes conocer una página importante de nuestra historia, Gabriel. Ese fue un año crucial para nuestro país. La influencia soviética era cada vez mayor, no sólo a través de los controvertidos manuales de formación revolucionaria, sino por la introducción de armamentos. La juventud y los obreros eran enrolados en las milicias que iban a combatir las bandas infiltradas en el Escambray y a prestar vigilancia a las costas.

No menos digno de destacar fue la creciente ola de movimientos guerrilleros que por toda América Latina pretendían una rápida conquista del poder proletario. Estos movimientos reclamaban la solidaridad cubana. La primera y segunda Declaración de La Habana, se constituía en el nuevo grito de lucha que afirmaba el derecho de los campesinos a la tierra, de los pobres a una vida digna, de libertad frente al poder económico y político del imperialismo. Todo el decenio del 60 fue se tiñó de los colores de la rebeldía no sólo en América Latina, sino también en la juventud de la vieja Europa.

En Octubre sonaron los tambores de guerra. Estalló la crisis de los misiles nucleares rusos apostados en Cuba y apuntando hacia los Estados Unidos. Un avión espía norteamericano fue derribado por las baterías cubanas. El Presidente Kennedy no permitiría la amenaza de los misiles en tierra cubana por lo que decretó un bloqueo naval y aéreo sobre Cuba, hasta que los misiles fueran retirados por la Unión Soviética. Se temía una invasión masiva de las fuerzas navales americanas; se podían ver los portaviones desde las costas cubanas. El gobierno revolucionario ordenó la movilización más grande de su historia, cañones, tanques, trincheras, aviones en alerta. Veíamos a las antiaéreas conocidas como cuatro bocas apostadas en las terrazas de los edificios. El muro del malecón habanero se llenó de cañones camuflados con arbustos apuntando al mar. Eran momentos muy tensos. Se ha dicho que el mundo vivió la hora más peligrosa desde la II Guerra Mundial. Nosotros desde el seminario observábamos los acontecimientos con un sentimiento íntimo e incómodo de ser simples espectadores de la historia.

Felizmente triunfó la cordura, Kruzhov aceptó retirar sus misiles bajo la promesa de los americanos de no invadir Cuba.

Kennedy mantuvo el otro bloqueo, que allá se llama embargo, hacia Cuba. No se permitiría los viajes de turismo a nuestro país, ni ningún tipo de negocios que favorecieran la economía cubana. Este bloqueo se ha endurecido con los años, con nuevas y más drásticas prohibiciones. Esto si lo conoces, y no necesitas más detalles. El muro de separación con nuestros vecinos del Norte se hizo más alto.

Esta situación tensa creó un ambiente de plaza sitiada. La exclusión de todo aquel que mostrara flojera ideológica, que no fuera completamente confiable se realizaba sin miramientos. Así nuestros amigos Rubén Deulofeu y Fermín León fueron acusados de no estar "ideológicamente claros", simplemente eran cristianos activos, fueron expulsados de la universidad. Los maestros practicantes de alguna religión eran cesanteados sistemáticamente, quedaban excepcionalmente los que mostraban un historial revolucionario muy claro. Mamá no tuvo problemas, la asignatura de Matemática podía sobrevivir en cualquier sistema, y ella se sentía muy revolucionaria.

La Ciénaga de Zapata

Raúl y Clara mi hermana, luego de casados optaron por servir en un campo misionero recién abierto por el pastor de Colón, que estaba teniendo un gran impacto en el campesinado de la Ciénaga de Zapata. Raúl, de origen campesino, despreció otras oportunidades que se ofrecían en la ciudad para dedicarse a la obra rural. Se mudaron a una humilde casa de guano, construida al lado de la también modesta capilla, Ya te conté su participación en el combate de Girón. Su trabajo social con los campesinos abarcaba muchas áreas en las cuales servía al campesinado. Lo vi muchas veces convertido en albañil ayudando a echar pisos de cemento en las casas o llevando gente al hospital.

Pero la batalla por la cuestión ideológica no dejaba espacios de paz. Raúl se sintió también bajo la presión de una atmósfera hostil. Jóvenes que de alguna forma habían recibido su ayuda, pasaban un par de semanas en una escuela de instrucción revolucionaria regresaban convertidos en ateos enemigos de la religión. Los visité y me lo encontré un poco deprimido por el camino que estaban tomando las cosas.

En el 1963 el pastor de Colón, Francisco Rivero cayó preso. Fue acusado de trasladar información de los grupos alzados contra el gobierno. La gran Iglesia de Colón quedaba sin su pastor, Raúl fue llamado a cubrir este vacío. Yo sentí que el trabajo en la Ciénaga era tan prometedor que no debía de abandonarse. Me acerqué al Rector y le pedí que me trasladara, a pesar de la lejanía, creía que podían hacer los viajes los fines de semana. Estuvo de acuerdo, así que mi vida se complicó un poco mas teniendo que viajar todas las semanas tantos kilómetros en ómnibus, camiones, tractores, lo que se presentara para llegar hasta el batey de Mijalito. Con todo me encantó volver al campo, aunque no fueran las montañas de mi Sierra Maestra, era la vida sencilla, natural, en contacto con campesinos ricos en sabiduría. Recibir el buen legado de afectos que dejaron Raúl y Clara ayudaba a abrir las puertas de muchos hogares campesinos. Y de nuevo sentí que tenía que encarnarme completamente en la vida de esta gente sencilla. Así cuando me enteré que iban a pasar una noche abriendo un pozo en forma manual, lo que requería de un grupo de hombres tirando de una cuerda para elevar una barrena una y otra vez, me brindé gustoso. A media tarea pasaban una botella de aguardiente para mitigar el cansancio, aunque no iba con mi educación antialcohólica preferí hacerme partícipe de la inusitada comunión.

Un nuevo amigo

En el Seminario al cabo de dos años sentía que había perdido el encanto de los primeros tiempos, algunos cursos me parecieron demasiado elementales, algunos profesores estaban tan ocupados en sus pastorados, que se notaba que no preparaban las clases, nos entretenían con anécdotas y consejos. Pero el respeto que inspiraban sus vidas consagradas, nos hacía disimular sus deficiencias.

Pero para los jóvenes es difícil mantener en un closet las inquietudes y las insatisfacciones. Por suerte, en el último año entró un joven que procedía de Cárdenas, había estudiado en el prestigioso colegio La Progresiva, había sido presbiteriano, y fue asignado a trabajar los finos de semana a Rio Blanco, la Iglesia madre de Jaruco, `por lo que hacíamos los viajes y compartíamos juntos algunas tareas. Nuestra amistad se fue profundizando en la medida en que descubríamos que teníamos una manera de pensar muy similar. Por las tardes nos sentábamos a conversar en el muro del seminario, contemplando la ciudad, nos dio por hablar de todo. La insatisfacción con algunos profesores que se ceñían a seguir a pie de juntilla un libro de texto, muchas veces de autores del siglo anterior, sin más cuestionamientos ni profundización, nos daba pie para la crítica. Nos confiábamos nuestros sentimientos más íntimos, nuestra visión, nuestros sueños y nuestras dudas. Que bueno es tener a un amigo con quien compartir nuestros sentimientos más íntimos con la confianza de ser escuchados y comprendidos. Alberto llegó a ser mi amigo más íntimo.

1964

Ya en la recta final del seminario, se respiraba un aire de optimismo, se hablaba de los planes futuros, de los campos y pueblos a los que iríamos a servir. Todos tenían sus novias, todos se preparaban para el matrimonio una vez graduados, las iglesias preferían jóvenes casados.

Mi novia estaba tan o mas complicada que yo en sus estudios y trabajos. Cada semana iba surgiendo un obstáculo diferente para nuestro encuentro de los jueves. Una noche me aparecí en la Universidad para recogerla, la sorpresa no le gustó nada, molesta me dijo que no lo hiciera más. Yo, ciego de amor no entendía aquello. La semana siguiente cuando me encontraba en casa de mis padres una llamada telefónica de ella y una voz que me parecía no era de ella, pero si era ella, me decía lapidariamente, ¨tengo dudas sobre lo nuestro, creo que debemos terminar¨. Yo no lo podía creer, pero por qué no lo piensas, por qué no nos tomamos un tiempo para pensarlo, insistí.

Gabriel, se dice que los hombres no lloran, yo te voy a decir que tuve la suerte de tener a mi madre cerca para echarme en sus brazos, y descargarme en sollozos y lágrimas. Un amor de tantos años se desmoronaba irremediablemente. Se que no fue fácil para ella, tuvo compasión de mí, nos volvimos a encontrar, ella no dudaba, surgía una esperanza. Pero el barco hacía aguas, se hundía sin que se pudiera hacer nada, aquel amor no resucitaría. Así fui a mi graduación, siendo el único con cara de célibe del grupo. Fui a la boda de la mayoría de mis compañeros, también a la ordenación como pastores.

Por cierto, hablando de ordenación, que se efectuó en la Iglesia William Carey, de la cual era pastor Juan Naranjo, te diré que el Concilio que se hace para aprobar al candidato, formado por un grupo de pastores tuvo su momento un tanto incómodo, cuando el que preside, dijo, bueno, ustedes saben lo que se ha comentado de nuestro hermano Paco, así que para irnos de aquí sin dudas, hagan todas las preguntas que quieran. Y me sondearon con preguntas sobre si yo creía en el infierno, etc. Por recomendación de mi mentor me limité a citar textos de la Biblia, lo cual satisfizo al tribunal.

El Dr. Sánchez tuvo el sermón de ordenación, recuerdo una cita que usó y que decía: ¨Alguna vez y en algún lugar, yo podré contemplar lo que mi vida significó para aquellos que me vieron vivir¨. Me gustó mucho y la anoté en mi Biblia.

Retorné a la Ciénaga de Zapata, mi nuevo campo misionero, ya te contaré como fui a parar a ese lugar, llevando ahora mi corta mudada, mis pocos libros, mi melancolía de novio plantado, y mi sueño de ser un misionero entre los pobres de la tierra. Un amigo me contó luego, ´supe de tu ex novia, fue cuestionada en el colectivo de maestros de la escuela sobre sus creencias religiosas, y ella dijo que esas eran cosas que quedaban atrás en su vida, que prometía que las superaría´. Esta noticia me hirió más el corazón, pero me ayudó a comprender que no era esa la que Dios tenía preparada para mí.

Y aquí, Gabriel, vamos a tomarnos un descanso, una nueva etapa de mi vida comenzó al salir del seminario.

4

Ciénaga de Zapata

Ahora, mi querido Gabriel, te invito a un viaje por la estepa más despoblada y por décadas la región más pobre de Cuba, la Ciénaga de Zapata, al Sur de la provincia de Matanzas. Territorio hoy convertido en parque nacional, por ser el humedal más grande del Caribe, donde viven a sus anchas los cocodrilos, las jutías, las tortugas y muchas especies mas. Los pobres campesinos de esta zona vivieron siempre de la producción de carbón vegetal, trabajo en extremo fatigoso, sobre todo por las plagas de mosquitos en las noches en las que los trabajadores tienen que permanecer cerca del horno de hacer carbón.

El influjo de la naturaleza y de la vida campesina me volvió a seducir en el último año del seminario. Si mi padre comenzó su profesión en el campo así me tocaba a mi. Raúl y Clara mi hermana, luego de casados optaron por servir en un campo misionero recién abierto por el pastor de Colón, que estaba teniendo un gran impacto en el campesinado de la Ciénaga de Zapata. Raúl, enamorado de la obra rural, despreció otras oportunidades que se ofrecían en la ciudad para trasladarse a vivir en plena Ciénaga. Se mudaron a una humilde casa de guano, construida al lado de la también modesta capilla, ya te conté su participación en el combate de Girón. Su trabajo social con los campesinos abarcaba muchas áreas en las cuales servía al campesinado. Lo vi muchas veces convertido en albañil ayudando a echar pisos de cemento en las casas o llevando gente al hospital.

Pero la batalla por la cuestión ideológica no dejaba espacios de paz. Raúl se sintió también bajo la presión de una atmósfera hostil. Jóvenes que de alguna forma habían recibido su ayuda, pasaban un par de semanas en una escuela de instrucción revolucionaria y regresaban convertidos en ateos enemigos de la religión. Visité a Raúl y me lo encontré un poco deprimido por el camino que estaban tomando las cosas, él sentía por la revolución y le dolía esta incomprensión hacia los religiosos.

En el 1963 el pastor de Colón, Francisco Rivero cayó preso. Fue acusado de trasladar información de los grupos alzados contra el gobierno. La gran Iglesia de Colón quedaba sin su pastor, Raúl fue llamado a cubrir este vacío. Yo sentí que el trabajo en la Ciénaga era tan prometedor que no debía de abandonarse. Me acerqué al Rector y le pedí que me trasladara, a pesar de la lejanía, creía que podían hacer los viajes los fines de semana. Estuvo de acuerdo, así que mi vida se complicó un poco mas teniendo que viajar todas las semanas tantos kilómetros en ómnibus, camiones, tractores.

Entrando por el pueblo de Yaguaramas y siguiendo 12 kilómetros por el terraplén a Cocodrilo, se encuentra Mijalito, una granja situada una zona de pequeños agricultores que se dedican a la producción de arroz, caña de azúcar y viandas. Ese fue el lugar escogido para la construcción de una capilla de guano y piso de tierra, teniendo al lado la vivienda del misionero, también de guano, un pozo del cual se surte de agua con una bomba de mano completa la instalación misionera. Durante los primeros años del 60 los bautistas de la convención occidental, cuyas iglesias se encuentran en su mayoría en áreas urbanas, se sintieron muy motivados con esta expansión en una zona campesina y especialmente en un área tan relegada y subdesarrollada del país. Estaba en sintonía con el espíritu de aquellos años en que se intensificó la solidaridad con la población campesina, a la cual había que ayudar a salir de su extrema pobreza y analfabetismo. Raúl y Clara fueron los primeros misioneros, y realmente me dejaron las puertas abiertas de muchos hogares en los cuales ellos sembraron amor.

De nuevo me veo a caballo, en este caso en el imponente Pompeyo, bautizado así por su porte de nobleza imperial y su gran capacidad de conquistador de lejanías. En verdad era un hermoso ejemplar, de color blanquecino, que garantizaba un viaje de ida y retorno seguro a los mas apartados rincones. Tenía un solo defecto, nadie es perfecto, bueno, en verdad dos flaquezas, la primera es que su paso de trote era un poco incómodo, debes saber que cada caballo tiene su modo propio de caminar, el de Pompeyo no se recomienda para salir en él después de un almuerzo, porque el estremecimiento del cuerpo puede tener malos efectos para la digestión. El segundo defecto era un problema en la vista, quizás una miopía un poco mayor que las que padecen todos los caballos, pero en Pompeyo las consecuencias no eran nada agradables, pues un pequeño grillo saltarín en su camino le provocaba un sobresalto tan grande, que varias veces estuve a punto de ir de cabeza o de nalgas al suelo. Me tuve que acostumbrar a llevar las manos firmemente sujetas a la montura.

Pero por todo lo demás mi querido Gabriel, Pompeyo fue un valioso colaborador, gracias a él recorrí enormes distancias, visitando familias y celebrando actividades. Especialmente en tiempo de lluvia, los caminos se vuelven intransitables en otro medio, el caballo es el único que puede atravesar los fangosos senderos.

Gabriel, para mí montar a caballo en medio de una naturaleza agreste provoca una sensación muy grata, uno se siente conectado con todo el ambiente natural. Sientes el viento, el sol, la vegetación. Es imposible describir el deleite, por ejemplo, de correr a caballo a galope bajo la lluvia, ligero de ropa, adentrarse en un rio, es como comulgar con la energía de la naturaleza, te llenas de júbilo, te sientes libre. Una simple rama sirve para hacer que el animal apresure el paso. Pero cuidado con la rama que tomes, no te pase como a mí, que se me ocurrió arrancar un gajo de una hojas de un verde tierno, sin percatarme de que era una de las plantas más tóxicas, el guao, horror, tuve que ingresar en el hospital con una hinchazón horrible en cara y partes del cuerpo, una lección para nunca olvidar.

Sentí que tenía que encarnarme completamente en la vida de esta gente sencilla. Así cuando me enteré que iban a pasar una noche abriendo un pozo en forma manual, lo que requería de un grupo de hombres tirando de una cuerda para elevar una barrena una y otra vez, me brindé gustoso. A media tarea pasaban una botella de aguardiente para mitigar el cansancio, aunque no iba con mi educación antialcohólica preferí hacerme partícipe de la inusitada comunión.

La zafra había comenzado y las fuerzas campesinas se movilizaban hacia los cortes. Mi vecino más próximo, Aurelio, se dedicaba a transportar caña en una carreta tirada por dos pares de poderosos bueyes. Una noche tarde, siendo la una de la madrugada, escucho un ajetreo de animales cerca de mi casa, me levanto y veo a Aurelio poniendo los arreos a los bueyes, me dice que va a cargar caña, y me ofrezco a ayudarlo. Me vestí rápidamente y salimos con otro ayudante, con el paso lento y cadencioso de sus bueyes y carretas hasta el campo de caña. Y comenzamos la faena de levantar del piso la caña cortada, entregándola a Aurelio que las colocaba en orden en la carreta. Después de tres horas levantando las cañas del piso, no te puedes imaginar el dolor que se siente en la cintura, yo hubiera querido escapar corriendo de allí, pero tenía que resistir con honor aunque me muriera. El campo es bello, pero el trabajo es duro, hay que ver a los campesinos con sus ropas empapadas en sudor, cada día regresando de sus tareas. No era extraño que con frecuencia se durmieran durante cultos.

Al igual que en el Escambray, mi intención fue la de vivir y conducirme como un campesino más. En cierta ocasión vinieron de Colón Raúl y mi hermana Clara, en un carro que se pudo adentrar hasta la capilla. Cuando llegaron yo andaba en Pompeyo, y caminábamos al lado del carro, saludé a mi hermana, que no me reconoce, hasta que reacciona de pronto y me dice, ¡Ah, eres tú!, ¡no te conocí! Nos reímos muchísimo.

Comía en casa de una familia que me acogió como un hijo, los Santana, ellos fueron mi principal refugio y consejeros. Me impresionaba saber que toda la comida era producida en la finca, y como les gustaba echar manteca de cerdo encima del arroz y los frijoles, en contraste con tanto prejuicio que tenemos hoy sobre la a grasa animal. Creo que en caso de los campesinos no resulta tan dañina tal vez porque gastan mucha energía, lo cierto es que conocí a algunos ancianos de noventa años, trabajando y montando a caballo sin que se quejaran de dolor en los huesos.

Como no teníamos electricidad, después de las reuniones, que eran a la caída de la noche, me metía en la cama, bajo mosquitero, pues la plaga de mosquitos era implacable. El croar de las ranas, el canto de los grillos y el leve rumor de los pasos de algún caballo arrancando del suelo la yerba, favorecía una sensación de paz, que atrae el sueño.

Tuve la satisfacción y de veras fue un gran estímulo el que me visitaran los pastores mayores, me demostraron que eran amigos de verdad. Nemesio, que con sus anécdotas enseñaba y hacía reir; con él nadie se durmió. Naranjo, carismático y convincente predicador, había enviudado recientemente. Luis Manuel, encantó con su gracejo y su forma de hablar adaptada al público sencillo, tenía una manera de ganarse la confianza la amistad de los campesinos. Estas visitas me fortalecieron y me inspiraron.

Con Luis Manuel tuve una conversación acerca de una de sus sobrinas. Dos o tres años atrás, estando en una convención en La Habana, me impresionó una joven. La ví cuando entró por el pasillo de la iglesia con sus amigas, de abundante pelo oscuro, usando un vaporoso vestido azul, de aspecto fino y elegante, piel muy blanca, sonrisa y mirada atractiva, su imagen quedó grabada en mi memoria. En ese momento yo tenía novia, pero no era ciego. Supe luego que era la sobrina de Luis Manuel. Ahora tenía la oportunidad de saber de bien cerca más de ella. El tío me dijo que era la hija de su hermano Julio, que estudiaba el bachillerato y era la directora del coro de la iglesia, también trabajaba con los niños. Pero me aclaró: no ha tenido novio, tiene dieciocho años, no creas que va a ser una conquista fácil, pero no te desanimes, piensa que es como una florecilla en lo alto de una montaña, tendrás que ascender con paciencia una larga cuesta, estas advertido. El reto estaba planteado. Yo había tenido oportunidad de conocer muchas otras muchachas en La Habana y otros pueblos, sentía que un joven pastor no era considerado un mal partido para las jóvenes religiosas, pero aquella visión era la que me empezó a quitar el sueño. El amor me entró por los ojos.

La oportunidad se me presentó caída del cielo, se celebraba la Convención Provincial de Las Villas en la propia Iglesia de Santa Clara. Allí me le acerqué con el pretexto de que era conocedor que ella trabajaba con niños yo necesitaba materiales para los niños de la Ciénaga. Reconozco que fui un mañoso manipulador, pero no sabía como empezar. Ella me ofreció su ayuda y ahí comenzamos a intercambiar. Llegada la proximidad de la Navidad, me lancé decidido a la conquista, esta vez sería franco para, un disparo directo. La invité a caminar por la ciudad y nos dirigimos a un parquecito frente a una iglesia, un lugar romántico donde le declaré mi amor, pero cometí el error de darle un plazo de una semana para que obtener la respuesta. Un rotundo no fue la respuesta. Me equivoqué, el traje de pastor no es suficiente para conquistar el corazón, además de querer poner plazos, craso error.

Regresé llorando mi fracaso a la Ciénaga. No obstante la puerta de la amistad se mantuvo abierta, y de tiempo en tiempo nos escribimos. Un día inesperado, al cabo de cuatro meses, en abril del 1965, recibí una carta de ella, y la despedida al final terminaba con un ¨te quiero¨, que me hizo saltar de alegría, al fin la florecita estaba al alcance, la paciencia, hijo, todo lo logra.

La Misión

La labor cristiana en este ambiente campesino tiene sus características, no se trata de implantar el modelo de iglesia de la ciudad. El mismo lenguaje tiene otro peso, las muchas palabras crean desconfianza si no aterrizan en la realidad comprobable de la vida. Las condiciones duras de trabajo en la tierra, la dependencia de la naturaleza, el vivir en la misma comunidad por generaciones, crean una actitud de atención a los acontecimientos que va generando una sabiduría muy profunda, de la cual hay que aprender y saber respetar. Un joven predicador venido de la ciudad no es tomado en serio sino al pasar el tiempo y demostrar que tiene algo de valor que compartir.

Me di cuenta que las fórmulas aprendidas en el seminario no tenían mucho sentido en aquel ambiente en que la propia vida y la naturaleza han dotado de una especial sabiduría a los personas. Experimenté la ineficacia de la aridez del discurso teológico que yo traía de la academia, que no provocaba interés en los campesinos.

Sentí que lo mejor era tratar de vivir el evangelio, expresado en una presencia de servicio y amor. Un día visitando llegué a un bohío en el que me encontré a un hombre, de piel morena, encogido en un asiento, del que no se podía mover. Me explicó la familia que desde hacía un tiempo se le estaban poniendo rígidas las articulaciones al grado de que ya no podía caminar. No había visto un médico, por lo que me ofrecí para llevarlo a un especialista en La Habana. A la semana siguiente logramos montarlo en un ómnibus y partir para la capital, una vez en la ciudad lo llevé al hogar universitario, la UBEU, en donde me permitieron ponerlo en un cuarto de la planta baja. Me fui a casa de mi familia a descansar. Al otro día por la tarde me llama el administrador, Humberto, y me dice, Paco, tu has dejado este hombre aquí, yo he tenido que bañarlo y darle la comida, por favor, ¿qué tu vas a hacer tu con él?

Me dio mucha pena con mi amigo Humberto, realmente yo no había pensado bien todo lo que requería un caso como este. Aprendí por primera vez a bañar a una persona extraña y a darle los alimentos, hasta el día en que se pudo ingresar en un hospital. Entonces las enfermeras ayudaron, y un familiar pudo venir. El tratamiento duró mas de un mes, pero felizmente se pudo parar y caminar por sus pies. Fue una alegría su regreso al campo con la salud recobrada, y una lección para mí que para hacer un bien hay que pensar en todos los pormenores.

La noche oscura

Ahora te cuento, Gabriel, acerca de la noche mas oscura que pasé en la Ciénaga. Yo regresaba después de una pequeña reunión en casa de una familia, serían las 8 de la noche, cuando al pasar por un portón que divide una finca de otra, me salen al encuentro cuatro hombres con armas largas, y me ordenan bajar del caballo. Yo no sabía de qué se trataba, quiénes eran ellos, luego me enteré que era la milicia conocida como "Lucha contra bandidos". Me hicieron montar en un remolque tirado por tractor y partimos hacia el camino principal. Les pedí que dejaran el caballo en casa de algún vecino y les dijeran lo que ocurría. Durante el largo recorrido a través de la estepa se me ofreció un maravilloso espectáculo de la bóveda celeste poblada de miles de estrellas. Contemplaba sobrecogido la grandeza del firmamento, y una paz se fue adueñando de mi corazón. No es posible que te suceda algo malo, me decían mis ojos, durante miles de años han brillado las estrellas en la noche mas oscura para decir que la luz siempre triunfa sobre las tinieblas.

Me bajaron en el cuartel de Yaguaramas, en el cual un hombre me hizo un primer interrogatorio, luego hizo una llamada telefónica, y al poco rato me montaron en un jeep para llevarme para la cabecera del municipio, llamada Aguada de Pasajeros, a la estación de policía, donde me ocuparon la Biblia, y me levantaron un acta. Posteriormente me llevaron al calabozo, una celda de unos cuatro metros cuadrados, con un fétido olor, y en el que ya había dos presos mas. Me ofrecieron un pedazo de la colchoneta que estaba en el piso, yo les agradecí, pero preferí aferrarme a los barrotes para respirar un poco de aire puro, finalmente el sueño me rindió y me tiré en el piso.

Al siguiente día una mujer que decía ser evangélica y que trabajaba en el juzgado vino a verme, yo le pedí que llamara a Colón, a mi cuñado Raúl. Raúl vino en cuanto pudo y como a las cinco de la tarde logró pagar una fianza para poder salir en libertad condicional.

Los comentarios que se hacían era que había caído en manos de un juez muy duro que ya había castigado a numerosos testigos de Jehová y bati-blancos (denominación surgida en Cuba con el nombre de Bando Evangélico de Gedeón, se hacen llamar soldados de la cruz y usan ropas blancas, generalmente trabajan con los estratos mas pobres de la sociedad), que era un acérrimo enemigo de la religión. Las expectativas pues, no eran buenas.

Los líderes de la obra estaban preocupados y me llevaron a la oficina de la persona nombrada por el Partido para atender los asuntos religiosos, allí en un pasillo del enorme edificio topamos con José Felipe Carneado, que escuchó con sonrisa amable a Nemesio decirle, "Quieren meter en la prisión a este muchacho, doctor, por favor haga algo". Carneado prometió que iba a hacer lo que pudiera. Otra gestión la hizo Luis Manuel, visitó al propio juez en Aguada de Pasajeros, y le mostró numerosas fotos de los bautistas de la Unión Soviética, tratando de convencerle de que nuestra denominación no era contrarrevolucionaria.

Ante tantas intervenciones, fui el día citado para el juicio con bastante confianza. Al llegar al juzgado ya la sala estaba completamente llena, no íbamos a ser los primeros, así que nos dimos gusto de escuchar los otros casos que me antecedieron. Una pelea entre dos hermanos, la causa se originaba en un negocio que hicieron de cambiar la mujer de uno por una mesa y cuatro sillas que tenía el otro. Nos era difícil creer lo que estábamos viendo. Otro juicio ocurrió por robo de animales. Llegó mi turno, fui llamado a ocupar un lugar ante el juez. Ya me sentía un poco nervioso, pero confiaba en las gestiones que se habían hecho. El juez tomó la Biblia en sus manos, y dirigiéndose a mí me dice, ¨ ¿Así que Ud. estaba celebrando una reunión ilícita para enseñar este libro? Ud. sabe que este libro está lleno de inmoralidades. Haber dígame, ¿cuántas mujeres tuvo Abraham, cuántas tuvo David?

Es sabido que en el Antiguo Testamento todavía se practicaba en Israel la poligamia, y que era una práctica generalizada en el Cercano Oriente, aún existente en el Islám, y que hay una respuesta cristiana para esto, pero lo sorpresivo del ataque del juez, combinado con mi viejo miedo escénico hicieron que me quedara momentáneamente sin respuesta. El juez se sentía triunfador y arremetió contra la religión en general, como nociva a la salud de la población. Que yo perjudicaba a los campesinos, pero que no obstante, la revolución era muy generosa, y que por ser la primera vez me iba a imponer solo una multa.

Ya yo no pude más, y respondí con toda mi fuerza, ¨Yo no voy a pagar, y le reto a Ud. a discutir en un plano de igualdad, en otro lugar, ante el pueblo. Porque estoy seguro de que si este evangelio que predico se difundiera por toda la Ciénaga este bochornoso espectáculo que hemos visto en los juicios anteriores no ocurriría¨. El juez visiblemente molesto responde: ¨Acepto su reto, y hoy mismo vamos a discutir ante el pueblo, y además tiene por desacato una multa de cien pesos mas¨. No voy a pagar, insistí de nuevo. Al salir, escuché a un hombre del público me dijo, ¡bien dicho!

Fui llevado a la estación de policía, para esperar un transporte hacia la prisión provincial, la multa equivalía a unos tres meses de encierro. Empezaron a llegar pastores para tratar de convencerme de que pagáramos la multa para que no fuera a cumplir la condena. Tu no sabes lo que es estar preso, las cosas que te pueden ocurrir; todos lo hacían con la mejor intención de protegerme, pero yo estaba lleno de ira y nada en el mundo era capaz de cambiarme, bueno eso sentía por dentro. Ya estaba anocheciendo cuando me traen a una última persona que me quería ver, el campesino donde yo hacía mis comidas, Santana, un hombre de edad avanzada, muy sencillo, se quitó el sombrero y se sentó a mi lado. Me dijo, mira hijo, piensa en nosotros, en que nos quedamos sin tu apoyo, sin tus prédicas, vamos a estar todo el tiempo preocupados por ti, te queremos como un hijo. No eres menos valiente porque pagues una multa. Sus palabras me estremecieron, su mirada cansada de hombre viejo, me penetró hondo y me desarmó por completo. Salí de la prisión ya de noche.

Todavía tuve que concurrir a otra vista más del juicio. Esta vez el pastor de Cienfuegos, Veguilla, trajo a un abogado que conocía al juez muy bien, y dijo saber como tratarlo. El abogado se extendió en alabanzas al juez, lo homenajeó como si fuera un eminente jurisconsulto, hasta el punto de decir que no dudaba que un día lo veríamos en la televisión impartiendo lecciones de historia y jurisprudencia. Se veía que el juez se sentía satisfecho por las alabanzas. Yo permanecí callado todo el tiempo, finalmente el juez con aire de condescendencia decretó que me impondría una pequeña multa. Pagamos y salimos contentos de que se acabara la historia, suficiente el tiempo perdido, Gabriel, ese fue el final de la noche oscura, pero no imaginaba que al siguiente año íbamos a enfrentar los bautistas cubanos el año mas difícil de toda su historia.

1965

Abril 9 de ese año, yo tomaba el ómnibus en Yaguaramas, con destino a Santa Clara, a ver a mi enamorada. Un vendedor de periódicos entra voceando una noticia, ¡Cincuenta y tres pastores bautistas presos, son agentes de la CIA! Un escalofrío recorrió mi cuerpo, mientras leía la noticia en la página principal, efectivamente, unos acusados de diversionismo ideológico, otros de tráfico de divisas, los principales de ser agentes de la CIA. Todos de la convención occidental, mi convención, los mismos que meses atrás me habían estado acompañando en caso, entre ellos estaban Nemesio, Naranjo, Ocaña, Luis Manuel, los pilares de la obra bautista. Yo quería hundirme en el asiento del ómnibus y desaparecer sin ser visto, tal vez me estarían buscando a mí también. Qué estaba pasando, Dios mío, no puede ser tanta gente presa.

Me bajé en la ciudad más próxima, Cienfuegos, a conocer del pastor Veguilla. Su esposa Dora me contó como había sido detenido, en la madrugada, que todavía no sabían donde se encontraba, me puso al tanto de los nombres de todos los demás detenidos. Pensamos en tantas Iglesias que se quedaban sin su pastor, familias sin el sustento, ya que el tesorero y los demás líderes estaban presos. No sabíamos qué significaba aquello, creíamos que algo extraño, quizás una investigación o un error, y que pronto serían devueltos a sus hogares. Inmediatamente nos pusimos en contacto con los pastores que quedamos y acordamos visitar todas las familias de los detenidos y ver en que se podía ayudar. Hay que brindar el apoyo necesario, visitarles a todos. Surgió así una red de solidaridad con todas las familias pastorales.

Me dirigí a Santa Clara, en medio del desconcierto y la incertidumbre encontrarme con mi nuevo amor, también la familia sufría la zozobra por el tío Luis Manuel. En casa de mi novia Julio, su padre, hermano de Luis Manuel, así como su esposa Oristela me recibieron como a un hijo. Supongo que el hecho de ser pastor, y que me hayan visto compartiendo la amistad con Luis Manuel, les hizo que me trataran con tanta hospitalidad, aunque a decir verdad, Gabriel, la casa de tus bisabuelos Julio y Oristela era el lugar natural de acogida a los visitantes y amigos de la Iglesia. Tus antepasados se caracterizaron por ser extremadamente abiertos y serviciales.

Aquí debo hacer un paréntesis para rendir justo homenaje a Julio González Peña, del que hay mucho que aprender. Su recuerdo te debe ser bastante borroso, pues lo viste pocas veces y tenías corta edad. El representa a esa clase de hombre que no aparece en los principales puestos, pero que sin él no es posible sostener una gran obra. De los siete hermanos, tres mujeres, y cuatro hombres, Julio fue el segundo, y el que junto a su padre tuvo que trabajar fuerte para empujar a la familia hacia delante, algunos de ellos y ellas pudieron estudiar carreras gracias a ese apoyo. Realizo muchos oficios, como chofer de guagua, operador en las minas de níquel, administrador de una bodega, hasta que finalmente junto a sus hermanos y un cuñado compraron un viejo hotel, el Cataluña y lo remozaron, iniciaron un negocio de bodas y cumpleaños llamado La Cubana, también una pizzería en la terminal de ómnibus, en resumen, llegaron a administrar negocios que empleaban unas 150 trabajadores. Cada año los dividendos se invertían en ampliaciones, hasta que ocurrieron las intervenciones del estado en los negocios privados.

Muchas personas cuando perdían sus negocios se volvieron muy resentidas, otros abandonaban el país. Julio, sin ninguna amargura empezó a trabajar como tornero en un taller del estado, hasta que se jubiló. Por encima de su interés personal, pensaba en el bienestar del país, se aferraba a la idea de que eran más las cosas positivas que las negativas de la revolución. Su casa y su vida fueron de servicio, apoyando a su hermano pastor, y cuando su hermano cayó preso fue de un fiel socorro.

Ese domingo triste fui invitado a predicar en la Iglesia de Santa Clara, una de las mayores del país. Pesaba en el aire la ausencia del querido pastor. Uno de los diáconos me dijo, yo estoy seguro que mi pastor es inocente. Usé como texto bíblico para mi meditación la historia del profeta Eliseo y su ayudante (II Reyes 6.8-17). Relata la anécdota cuando los ejércitos de Siria perseguían al profeta Eliseo. Estando en cierto lugar, al amanecer el ayudante de Eliseo se levantó, y salió de la tienda y al mirar a lo lejos descubrió que estaban rodeados de los ejércitos enemigos. Asustado vino a Eliseo! Ah, *señor mío ¿que haremos*? El profeta le responde, *No tengas miedo, porque más son los que están con nosotros que los que están con ellos*. Y luego el profeta oro diciendo, *Te ruego Señor que abras sus ojos para que vea. Entonces el Señor abrió los ojos del ayudante y vio que un gran ejército con carros de fuego los protegía.*

La anécdota nos enseña que en los momentos difíciles tenemos que abrir los ojos, y ver la grandeza de un Dios de justicia que está por encima de todos los acontecimientos negativos que podamos enfrentar. Abrir los ojos para ver que los cristianos no tenemos que tener miedo a ningún enemigo. El tema del sermón me gusto, porque realmente los que creemos en Dios no tenemos que tener ningún temor ante nada, hay muchos textos en la Biblia, que hablan de lo mismo, como II de Timoteo "*No nos ha dado Dios espíritu de cobardía, sino de poder, de amor y de dominio propio*". Cuando uno predica y siente inspiración, uno mismo sale fortalecido. La Iglesia de Santa Clara contaba con un grupo de laicos muy consagrados y fieles, que sostuvieron las actividades durante la ausencia de su pastor.

Supimos que dos o tres de los pastores mayores detenidos que tenían problemas de salud fueron liberados al mes. Al conocerse que los juicios en los tribunales no iban a demorarse, en las iglesias se dedicó un día de ayuno y oración, el sentimiento predominante era el de ser víctimas de una conspiración para acabar con las iglesias. Se celebrarían juicios en las capitales de provincia. Luis Manuel fue trasladado para Santa Clara, desde prisión de La Cabaña en La Habana donde estaban los principales acusados. La prensa internacional y representación de las embajadas asistirían a los juicios. No faltó la esperanza de que todo se aclarara positivamente. Mr. Caudill fue acusado de ser agente de la CIA, junto su yerno, David, mi profesor y amigo. Te diré que yo mismo no asistí a ninguno de los juicios. Estaba en la Ciénaga y mis salidas no coincidieron con las fechas de los juicios, de lo cual me alegro, porque la imagen de todos aquellos respetados y queridos maestros vestidos de presos y rapadas sus cabezas, según me contaron, era un espectáculo deprimente.

El pastor de Matanzas, Arturo Corugedo, ya en edad de retiro, fue acusado de haber escrito un artículo para una revista extranjera en que describía la desaparición de varias instituciones sociales, (el Club de Leones, por ejemplo, al cual el pertenecía), y de haber recibido en su casa y dado ropa a un miembro de su iglesia que trató de irse por mar y al ser descubierto escapar nadando, llegó a casa de Corugedo para pedir ayuda. Corugedo cumplió, no recuerdo si 2 o 3 años de prisión. Mi impresión en cuanto a detalles es porque no es mi propósito abrumarte con fechas y detalles precisos.

La causa de la mayoría fue de tráfico ilegal de divisas. ¿En que consistió esto? Te explico: Ante la frecuente salida de pastores con sus familias hacia La Florida, la junta misionera americana (Home Mission Board), decidió que todos los pastores cubanos pudieran contar con una cierta cantidad de dinero al llegar a Miami. . Pero los pastores que decidieron permanecer en el país recibieron la oferta de poder dar algún uso a ese dinero, como era prohibida la tenencia de dólares en Cuba, surgió la tentación de vender el dinero que permanecía en Miami. Entonces personas que se iban del país compraban esos dólares para que al llegar a Miami contar con ese fondo. Es decir la divisa nunca entró al país, pero sirvió para que los pastores que quisieran pudieran contar con dinero cubano. Imagínate era una tentación grande, algunos tenían necesidad de arreglar sus casas, otros soñaban con tener un carro, en fin, no hay que juzgarlos, pero en aquellos difíciles años comprarse un carro significaba un privilegio grande.

Mr. Caudill era clave en la administración de este fondo, y nunca quiso escuchar a los pastores cubanos Nemesio, Naranjo, Luis Manuel y Ocaña, que le llamaron y advirtieron del peligro de esas transacciones y no tuvieron parte en esto, pero fueron acusados de encubrimiento, cumpliendo entre 2 y 4 años. En definitiva, fueron sancionados con condenas desde 4 hasta 12 años de privación de libertad. Mr. Caudill y David, creo que al año, por problemas de salud obtuvieron la libertad condicional y pudieron salir del país. Por supuesto, un pastor que se confesó culpable de espionaje para la CIA, recibió una condena de 20 años. Pero déjame decirte que el sistema penitenciario tiene un programa que llaman de reeducación, que si la persona cumple con algunas tareas y buena disciplina, la condena se le reduce considerablemente.

Al salir a la luz la culpabilidad en delitos económicos cambio el sentimiento de víctimas y mártires por el de culpabilidad, algunos hablaron de que era el juicio de Dios por los pecados en su iglesia. Se le había dado la oportunidad al enemigo para atacar a la Iglesia, había que arrepentirse, y limpiar la suciedad. Al salir los primeros que menos culpa tuvieron, se acordó que todos los pastores que participaron en el tráfico de divisas tenían que mostrar su arrepentimiento, renunciar a su iglesia y ponerse a disposición de ser enviados a otra. Se creó un clima tenso en la comunidad pastoral, porque era desagradable que los que salían en libertad tuvieran dar cuenta ante una comisión que se encargaba de ubicarlos en otra iglesia.

Mirando las cosas a la distancia de más de cuarenta años te digo francamente que esta situación hubiera sido evitada en la mayoría de los casos con un llamado a cuentas a tiempo, o una multa de parte de las autoridades, no me cabe la menor duda de que hubo ensañamiento, resultado de las fuertes pésimas relaciones entre la iglesia y el estado. De todos modos debes saber que solamente una iglesia de Pinar del Rio, donde habían dos misioneras americanas fue cerrada, y la misión de Jaruco. No hay duda de que el prejuicio antirreligioso de aquellos tiempos enturbiaba las aguas.

En las próximas elecciones de la Convención Bautista, fui elegido Secretario de la Junta de Misiones, y también fui nombrado profesor de la escuela misionera que provisionalmente se trasladó para el campamento de Yurumí. Fue un tiempo en que era invitado frecuentemente a predicar en las iglesias, en campañas de evangelización. Me sentía muy comprometido con la denominación, no podía ser de otra manera. Visite una vez a los pastores en la prisión de Ariza, en aquel momento era como un campamento en el que los presos realizaban labores agrícolas. Allí vi a Luis Manuel y Veguilla, ambos con una gran entereza de carácter y mucha fe.

Estando en el campamento Bautista de Yumuri dando una clase recibí la visita de dos hermanos, Luis Rodríguez, a quien conocía bien pues fue miembro de la Iglesia W. Carey en mi tiempo, y de Lorenzo Márquez, ambos diáconos de la Primera Iglesia Bautista de Matanzas. Me comunicaron que la Iglesia de Matanzas estaba pensando en invitarme a ser su pastor. Corugedo, me dijeron, aunque saliera de la cárcel, ya estaba en edad de retiro. La noticia me sorprendió, no había soñado con ser pastor de una iglesia de una capital de provincia, tendría que pensarlo pues representaba un gran reto, yo tenía apenas 22 años. No obstante accedí a reunirme con la comunidad. Ellos presionaron para que me decidiera pronto ya que la iglesia estaba sufriendo la carencia de un pastor. Me di cuenta que la presencia de un pastor tan joven les caía como onza de oro, la mayoría de los miembros eran personas adultas, un buen número mayores, y habían tenido a un pastor mayor por mucho tiempo. Una hermana me dijo, ah, pero si mis hijos tienen tu misma edad. Yo les advertí que todos los meses yo tendría que ir a la Ciénaga a atender la misión. Unas semanas mas tarde ya estaba instalado oficialmente como pastor. Este paso dio inicio a una etapa nueva e importante en mi vida.

La UMAP

Pero querido Gabriel, la historia de las tribulaciones de ese año no se terminó con las condenas a prisión. El líder de la revolución hablo en un discurso muy apasionadamente acerca de los vagos e inútiles que no contribuían en nada con la sociedad, que estaban siempre sentados en los parques. Al poco tiempo salió la ley contra la vagancia y luego la constitución de las Unidades Militares de Apoyo a la Producción, la UMAP. Ya existía el servicio militar obligatorio para los jóvenes llegados a la edad militar. Ahora la UMAP se diseñó para aquellos jóvenes de cualquier edad que se considerara que fueran antisociales, vagos, homosexuales y religiosos. El criterio era que a través del trabajo físico en la agricultura podrían enderezar sus vidas.

Ahora bien, ¿Quién decidía quienes tenían que ir a la UMAP? Pues en mi opinión no hubo un método de selección con las especificaciones y aclaraciones del caso, dependía del funcionario a cargo, de su criterio personal. Supe que en algunos pueblos llegaron a una iglesia, se fijaban en los jóvenes, y era suficiente para ponerlos en la lista. Los miembros del Ballet Nacional, por supuesto eran sospechosos de homosexualidad, y esto creó mucho revuelo en otros niveles. Los jóvenes que en los parques usaban las melenas del típico hippy, era seguro que se los llevan. Seminaristas y jóvenes pastores fueron estaban en peligro, todo dependía de la suerte. Mi compañero Manuel, que entonces estaba en el pueblo de Ceiba Mocha fue reclutado, así como un grupo de seminaristas y algunos pastores jóvenes y sacerdotes.

Que gran sorpresa recibir la noticia de mi cuñado Raúl, que se había jugado la vida en Playa Girón, fue llamado a la UMAP, dejando niños pequeños, con una esposa que recién salía de la tuberculosis. Papá vino a Matanzas, para ir a ver conmigo al comandante Orlando Rodríguez Puertas, a la sazón jefe del ejército en la provincia, y quien había sido paciente de papá cuando vivíamos cerca de la Sierra Maestra. Nos recibió muy atento, oyó todos los pormenores del caso, y salimos optimistas, pensando que ya sería resuelto lo de Raúl, ilusos, el tiempo nos mostró el esfuerzo perdido.

Te preguntarás, ¿por qué yo no fui llamado? Bueno, eso nadie sabe, era como un sorteo, tal vez al mudarme de la Ciénaga para Matanzas, en el verano del 1965, mis papeles de inscripción militar se traspapelaron. Pero al ver que seguían los llamados, yo sentía que el telegrama con mi nombre estaba al llegar. Desde La Habana nos avisaron que se quería tener un tiempo de oración con los seminaristas que iban a partir. No olvido aquel servicio mezcla de fe y de tristeza. Mi amigo Alberto estaba sentado en el último banco, el llamado vino en un momento inoportuno, pensaba casarse con Miriam, y ahora todo cambiaba. Lo noté bastante deprimido, las palabras de estimulo no resultaban para él. Hay veces, en situaciones particularmente difíciles, que las palabras no son lo mejor, tal vez sentarse al lado en silencio y un fuerte apretón, dicen mucho mas y llegan mas profundamente.

Camagüey, caracterizada por sus extensas y despobladas planicies, en las cuales se estaba incrementando el cultivo de caña de azúcar, fue la provincia escogida para este experimento de transformación. Si, porque se pretendía que por medio del trabajo más rudo, se cambiaría la conciencia y la conducta de estas personas. Llegaron las primeras cartas de Alberto, conmovedoras y tristes. Se sentía como en un campo de concentración, los albergues rodeados de alambradas de púas y con guardias permanentes. La disciplina rígida, levantarse muy de madrugada a cortar caña, bajo la vigilancia de los guardias armados, con metas elevadas que cumplir, sus manos primero con ampollas, se fueron cubriendo de una costra dura,

Decidí ir a visitar a mis amigos y compañeros de seminario. Me preparé para el largo viaje, trataría de verlos a todos, pero las distancias, y las dificultades de transporte solo me permitieron ver a Alberto y a Ferrer y no recuerdo si alguno mas. Aquel domingo cuando llegamos al campamento, esperé con la familia que salieran de los albergues, primero hicieron una formación y marcharon ante nuestra vista. El Jefe, dando órdenes con un vozarrón les indicaba la maniobra a realizar. En un momento los tiene a todos en posición de firme, pregunta cómo están, repiten todos al unísono: ¡Bien! Pregunta, ¿Nadie tiene nada que decir? Uno, dice, si señor. Pues cállese, responde el jefe medio confundido. Tuve que reírme. Luego mandó a romper la fila, y todos fueron a encontrarse con sus familiares, novias y amigos. Durante todo el tiempo conversando conociendo de las duras condiciones del lugar, de las dificultades mayores que sufrían los testigos de Jehová, de los anécdotas relacionadas con el batallón de los homosexuales.

De las cosas inspiradoras que escuché, me emocionó oír como los cristianos se reunían en pequeños grupos para orar y para compartir la fe, siendo de diferentes denominaciones, incluyendo a los católicos. La convivencia en las duras condiciones fue una escuela de ecumenismo, en que no importaba la denominación a que se perteneciera. También escuché de los guardias acerca del buen comportamiento de los cristianos, sus buenas relaciones con los demás, tenían una buena opinión. Alberto, no hace mucho publicó sus memorias de la UMAP, en un pequeño libro, muy interesante, creo que otros que pasaron la experiencia han hecho algo similar.

Regresé a tomar el tren en la ciudad de Camagüey. Jamás he hecho un viaje más terriblemente incómodo. Imagínate que el tren iba completamente lleno, los pasillos repletos con gente de pie y acostados en el piso, cuando no podían mas. Yo, de pie, me podía sujetar de alguna cosa, pero durante unas 7 horas no podía ni moverme, rodeado de malos olores, y de gritos de gente en la oscuridad, no quiero acordarme de aquella odisea. Pero más difícil era la experiencia de mis compañeros en la UMAP. Alberto me escribía casi todas las semanas, contando de aquella pesadilla. Durante un tiempo guardé aquellas cartas, lamentablemente un día las quemé.

Gracias a Dios aquella pesadilla llegó a su fin, al cabo de tres años y medio, se dice que una inspección de la dirección del Partido, tomó conciencia de la barbaridad de lo que estaba ocurriendo, y se suspendió definitivamente. Pero seguramente muchos quedaron marcados, no superaron el mal recuerdo y seguramente engrosaron las filas de la emigración.

Me encontré con Alberto en La Habana, me dice que no se sentía con ánimo de volver al seminario, y que probablemente abandonaría el país. Había tocado fondo, nunca lo había visto más desencantado de la vida. Pero, fíjate como son las cosas de Dios, desde allí empezó un nuevo caminar en su vida, las heridas fueron cerrando, retornó al seminario y se graduó, llegando a ser uno de los pastores más talentoso y efectivo que ha tenido la Convención Bautista Occidental, fue Presidente y ha desarrollado un ministerio educativo extraordinario.

Primeros tiempos en Matanzas

Invité al Dr. J. M. Sánchez para tener el sermón en el culto de instalación como pastor de Matanzas. Era uno de los pocos profesores del seminario que quedaban que no estaba preso, aunque le veíamos muy afectado y con crisis depresivas, a tal punto que finalmente decidió abandonar el país. Pero era un hombre que aprendí a querer y admirar y un excelente predicador. El tema que escogió para la predicación fue sobre el significado del título de pastor. Cuan grande honor y profunda responsabilidad ser llamado por alguien mi pastor. Su mensaje fue sencillo, pero muy sentido, que me hizo reflexionar en el camino que emprendía. Matanzas, realmente fue mi escuela de pastorado, tenía las herramientas bíblico teológicas, pero eso no basta para ser pastor, va mucho mas allá, es involucrarse y comprometerse con la vida de la gente, acompañarles en sus momentos importantes y de crisis, estar allí representando la presencia de Dios para todos los momentos de la vida. Este aprendizaje ahora es que comenzaba en mi vida. Una tarea para la cual no estaba preparado, y ante la cual todavía hoy tiemblo, nadie es suficiente.

Un nuevo pastor y joven creó una atmósfera de apoyo y simpatía y una actitud positiva hacia los cambios. El templo, pintado de blanco, con sus negros bancos, las lozas del piso negras y blancas, realmente daba una imagen de excesiva austeridad y seriedad. Surgió la idea de pintarlo de algún color mas alegre, y pronto surgió la propuesta de darle color verde, símbolo de vida. Todos se entusiasmaron, y en pocos días ya estaba hecho. Los pocos jóvenes que había en la Iglesia se animaron a reunirse y compartir programas apropiados, el coro se animó, comenzaba una etapa con nuevos aires en la iglesia de Matanzas.

Sin embargo el ambiente del mundo exterior pronto se haría sentir, no olvides que eran tiempos convulsos. Un domingo después del culto de la noche, salí a comer algo, al regresar, a eso de las diez y media, al acercarme a la esquina de la iglesia, noto que la puerta del templo está abierta y varios policías entraban y salían. Te confieso que se me erizaron los pelos, ninguna explicación vino a mi mente, sino que estaban buscándome. Llegué hasta ellos y me identifiqué, me dijeron que entrara y revisara el templo porque ellos habían visto la puerta abierta y todo oscuro y les pareció extraño. Yo subí todavía nervioso la escalera de entrada estaba oscura, solo con la luz de la calle, y me tropecé con una alfombra metálica y resbalé con ella dando una voltereta que casi voy al piso. Los policías rieron y yo también tuve que reirme. Luego de encontrar todo en orden, se fueron muy respetuosos. Me quedé sólo, meditando del por qué de mis miedos. Tendría que superarlos. Había visto muchos pastores con miedo que abandonaban el país, si yo había decidido echar mi suerte aquí, pues fuera el miedo.

La boda

Ante la posibilidad de mi reclutamiento en la UMAP, decidimos casarnos en diciembre. Mi suegra abrió los ojos, solo faltaba un mes, no teníamos preparado nada, pero comprendió, y nos apoyó. La

Iglesia nos hizo un regalo de doscientos pesos, que utilizamos para comprar un juego de comedor. Pero todo lo demás faltaba, confiamos en el apoyo de la familia, que nos fue facilitando algunos muebles. Nos casamos el 18 de diciembre en Santa Clara, siendo Raúl el pastor oficiante, quizás la última ceremonia que ofició antes de partir para los campos de caña de Camagüey. El tío de Lila, Tomás, nos pagó cinco noche s en el Hotel Riviera.

Boda en el Templo de Santa Clara, ofició el Rev. Raúl Suárez

Tu abuela lucía muy bella, como habrás podido comprobar en las fotos. El suegro al partir, me metió 150 pesos en el bolsillo, seguramente adivinó que yo no tenía mucho. Fuimos a dormir la primera noche a Cienfuegos, a un viejo hotel, con luces de neón que cambiaban de color, rojo, verde y azul, y daban a nuestro cuarto directamente, con un colorido de circo. Fue cómico vernos cambiando de colores. Durante la madrugada hubo tormenta y el viento abrió la puerta de la habitación, de modo que cuando nos despertamos podíamos ver a las empleadas de limpieza haciendo sus tareas en el pasillo, en mi vida yo he dado un salto mas rápido que el que hice aquella mañana de la cama a la puerta.

Llegamos a nuestra Matanzas para celebrar nuestra primera Navidad en la ciudad que se convertiría en nuestro hogar por el resto de nuestros días. Con cuanta alegría nos acogió la congregación, y mi esposa les encantó, mucho mas al saber que tocaba el piano, podía dirigir un coro y trabajar con niños. Yo me sentía muy respaldado ahora, con una compañera que al visitar las familias de la iglesia tenía una conversación mucho más espontánea y fluida que yo, siempre lastrado por mi incurable timidez. El año 65 quedó atrás y con él empezaban a declinar las espesas sombras y a amanecer un nuevo día con otros retos y esperanzas.

Así comenzamos un nuevo peregrinaje que nos llevaría por caminos nunca soñados.

5

Matanzas

Mi querido Gabriel, nunca pensé que iba a pasar los próximos 40 años en la ciudad de Matanzas, la que duerme plácidamente a lo largo de su espléndida bahía. Ciudad que gozó de prestigio en el ámbito de la cultura, en el siglo XIX se le llamó la ¨Atenas de Cuba¨. Una ciudad enriquecida gracias al trabajo de los esclavos en la industria azucarera y en su puerto, del que salían los barcos cargados de azúcar y miel hacia Nueva Jersey o Londres. La comunidad de origen africano es muy fuerte y celosa de conservar sus tradiciones ancestrales. Los toques de tambor son parte de la rutina diaria.

Al hablarte de la congregación de la que fui pastor por 36 años por supuesto que lo hago bajo el influjo de una emoción muy especial. Hace tres años, en el Aniversario de la Iglesia al concederme el honor de nombrarme Pastor Emérito, dije que esta congregación entre otras virtudes, ha dado muestra de una gran dignidad. A ella le debo haber podido permanecer como pastor bautista hasta la hora de retirarme; mas adelante sabrás como fue que los jerarcas de la denominación quisieron liquidarme, pero la congregación se puso firme para impedirlo. Juntos caminamos en un proceso de transformación y renovación de nuestra práctica pastoral, abriéndonos a los desafíos de los nuevos tiempos. Sin el acompañamiento de esta comunidad maravillosa ahora no te estuviera contando esta historia. Pero vayamos paso a paso.

Templo de la Iglesia Bautista, Calle Medio esquina a Zaragoza, Matanzas.

La Primera Iglesia Bautista de Matanzas está entre las primeras iglesias bautistas fundadas en Cuba, en el 1899, y su primer pastor fue un emigrado en tierra norteamericana que regresó después de la guerra contra la colonia. Era un hombre ilustrado y patriota, que gozó de la amistad de José Martí, nuestro héroe nacional. José Victoriano de la Cova fue el pastor hasta el 1916 en que fallece. De sus cualidades supe por una ancianita alegre y llena de fe, Teresa Valdés, que me hablaba con un gran amor y devoción de Cova y su esposa Purita.

Siendo una persona culta, Cova logró alcanzar para la fe a algunas familias de las mas refinadas de la sociedad. Precisamente hay una anécdota interesante sobre el bautizo de una dama de estas familias distinguidas, Mercedes Méndez de Cabarrocas. Se cuenta que el día de su bautizo mandó al cochero a preparar el carruaje, se vistió con las ropas más elegantes y las joyas que acostumbraba a lucir en las fiestas de la alta sociedad, y se dirigió al río Yumurí, diciéndole al pastor, ¨Así quiero descender a las aguas, vestida por última vez con las vanidades de este mundo, para salir de las aguas con la sencillez de una seguidora de Cristo¨. No es extraño que ella llegara a ser la progenitora de una de las figuras más destacadas que surgiera de las filas de la Iglesia: Marta Cabarrocas Méndez, que abandonó las comodidades de la ciudad y se fue a vivir a un bohío humilde, en la finca de la familia a pasar su existencia ayudando a los campesinos pobres de la comarca, brindándoles educación y salud. Ella era Doctora en Farmacia, y su trabajo fue muy eficaz. Finalmente donó todas las tierras que había heredado a los campesinos más pobres. También donó el terreno para el Campamento Bautista. Una mujer realmente admirable.

Varias de estas familias de abolengo se unieron a la Iglesia Bautista. Una de las más distinguidas fue la de Torres, dueña de la principal funeraria de la ciudad. Poseían una enorme casa, que yo visité muchas veces, pues todavía vivían las hijas ya ancianas, Panchita y Lucía. Tal era el influjo que ejercieron en la iglesia estas familias acomodadas, que se decía que a la Iglesia Bautista era común que las mujeres fueran con elegantes pamelas.

Realmente no era toda la verdad. Al menos cuando yo llegué me encontré con familias de la clase obrera más humilde, como la familia Valdés. Valdés había criado a una larga familiar trabajando duramente en el mercado de Matanzas, haciendo los trabajos más modestos. Otra de esas familias que hicieron historia son los Miguel, al mayor de los cuales que era diácono, le llamaban Cabañas, llegó a tener una pequeña bodega. Era un hombre extraordinariamente bondadoso, así como su esposa Blanca; era proverbial que en su mesa nunca faltaba el plato servido para el pobre de la vecindad. Joaquín, tuvo un hermano que era líder sindical de los zapateros en tiempos lejanos, y además comunista, fue asesinado por un policía, y en su sepelio se cantó por primera vez en Matanzas el himno La Internacional. Joaquín acogió para criarla a la hija del mártir, Loló. Loló fue una de las maestras de la Escuela Dominical y diácono de muy querida de nuestra Iglesia. De modo que en esta iglesia hubo raíces también en el proletariado.

Podría mencionarte otras, como los Quiñones, que eran profesionales casi todos. De suerte que me encontré con una iglesia con tradiciones y con familias de arraigada historia matancera. Yo tenía que insertarme en este medio y aprender a hacerme parte del mismo.

Precisamente mi primera experiencia en un servicio fúnebre, fue con el esposo de una de las Torres, de Joaquina. Fue un suceso al que asistió mucha gente de la sociedad matancera, y se efectuó en la casona familiar. Una experiencia nueva y un verdadero reto. Para esto asumí el estilo más ortodoxo de un pastor bautista e hice un sermón imitando a la escuela tradicional de los pastores bautistas, con el ingrediente emotivo y evangelizador.

Para aprender a andar, hijo, se empieza imitando. El pastorado es un camino que se va abriendo un tanto en solitario, muchas tareas nadie enseña como hacerlas. En estos primeros tiempos en Matanzas, yo trataba de imitar lo que había visto en otros pastores, y traté de hacer como ellos, date cuenta que yo era muy joven, y se ponía a prueba mi capacidad para el cargo.

Los diáconos eran personas mayores de mucho respeto. Teníamos uno que había sido teniente de la policía en tiempos de la dictadura de Batista, llamado Benito Milián, pero que no se le acusó de ninguna fechoría. El espíritu de disciplina militar lo expresaba en su manera de hablar y de vestirse en la Iglesia. También la iglesia produjo en su tiempo políticos, como Eladio González, que llegó a ser representante a la cámara; de todo hay en la viña del Señor.

Iniciamos nuestro pastorado en Matanzas en el 1965

Me hablaron de los que "fueron y ya no son". Algunos que brillaron como líderes y hasta predicadores, que estaban ahora en el bando de la revolución, y no querían saber nada de la Iglesia. La nueva religión los atrajo con tareas, compromisos y cargos que los arrastró definitivamente fuera del redil de los creyentes.

Los vientos contrarios

Hay pues, desde nuestra llegada a Matanzas, un primer tiempo de entusiasmo renovador. La juventud despierta deseos de hacer cosas nuevas, de emprender proyectos ambiciosos. Así fueron los primeros meses de nuestra llegada, todos esperaban la señal para lanzarse a las tareas, había mucha energía positiva en el ambiente. Por primera vez se reúnen los jóvenes para hacer planes y actividades.

Pero no faltó mucho para que otros vientos empezaran a soplar en contra. Los pocos jóvenes con que contamos son llamados al servicio militar y aunque hago lo mas que puedo por estar en contacto con ellos, el adoctrinamiento marxista y las ofertas de un futuro mejor hace que ya no regresen a la iglesia. La revolución es portadora de una mística que reta a la juventud a luchar por transformar el mundo, la religión no está de moda.

Algunas de las muchachas se comprometen con jóvenes militantes comunistas, que eventualmente les prohíben asistir a la Iglesia. Un militante de la Juventud o del Partido es cuestionado si su esposa asiste a una iglesia, ¨me perjudica¨- le dice a su nueva esposa.

Una mañana, se aparece el Dr. Quiñones con una vieja máquina de escribir Remington, bien envuelta en un saco. Es para Ud. me dice, nosotros nos vamos del país, por el puerto de Camarioca, han venido a buscarnos en un yate. Se inaugura así una etapa crítica para la Iglesia. Empiezan a anunciar su salida para la emigración hoy uno, mañana otro más y así hasta la mitad de los diáconos y líderes de la congregación. Como pastor tengo el deber de acompañar a las familias en oración y desearles que les vaya bien, pero sintiendo un cierto malestar, yo estoy con la Iglesia que se queda. Propongo en la Iglesia que no se elija en cargos de liderazgo a personas que hayan manifestado su decisión de abandonar el país, por la sencilla razón de que el trabajo de la iglesia se afectaba con las repentinas emigraciones. Esto por supuesto causó resquemor en algunos miembros.

Se va reduciendo significativamente la asistencia a las actividades. Un día en medio de un culto se siente un estruendo, alguien de la calle ha lanzado un sartén que cae enfrente del púlpito. Algunos chiquillos se asoman a la puerta y gritan insolencias. También en la Iglesia del barrio de la Cumbre, que tuve que atender mientras su pastor guardaba prisión, las pedradas lanzadas desde alguna parte en la noche, retumbaban en el techo de fibrocemento de la capilla. Nunca se pudo sorprender a los que molestaban, aquello se convirtió en un hábito a soportar. Yo tuve experiencias en otras iglesias en las que me tiraran tomate y huevos. Lástima que el sartén llegó mas tarde, lo hubiera podido usar friendo huevos con salsa de tomate, ¿no te parece?

Revisé el libro de membresía de la Iglesia. Aparecía una lista de unos 175 miembros, pero de ellos tal vez una tercera parte asistía con alguna regularidad. Me molestaba que tantas personas solo constaban en los libros, en tiempos en que era necesario ser firmes en la fe, por lo que se me ocurrió hacer una planilla para que ratificaran o no su deseo de seguir perteneciendo a la iglesia y la devolvieran firmada. Unas 70 personas la contestaron afirmativamente. Así que de un plumazo dimos de baja a cien personas. Un viejo pastor me dijo después que yo había hecho un disparate, y creo que tenía alguna razón. Dar de baja, es como descartar a personas que en algún momento pueden ser atraídas de nuevo a la comunidad. Los años me dicen que es cierto aquello de que ´no son todos los que están ni están todos los que son´. Hubo miembros que sin asistir a la Iglesia (y no los estoy justificando con esto), pero a través de su vida de entrega y servicio a los demás y en su vida personal más íntima no han perdido el contacto con Dios. Seguramente varias personas se molestaron por este ultimátum.

No fue la última vez que me equivoco, pero partía del deseo de contar con una feligresía real.

Así viendo como se producían bajas, con muy contadas altas, transcurrieron los primeros años de nuestro pastorado. Afortunadamente hubo en Matanzas cristianos y cristianas de un testimonio tan nítido y fidelidad tan probada que sostuvieron la vida de la comunidad como columnas inconmovibles. Ese remanente fiel, en todas las comunidades cristianas de la isla, hizo que tras treinta años de discriminación religiosa las iglesias resurgieran con nuevo vigor y vida.

Relaciones ecuménicas

Entre los primeros deseos que tuve cuando llegué a Matanzas, estuvo relacionarme con los colegas de otras denominaciones cristianas, ir al encuentro de los nuevos vecinos y amigos. Fui a la Iglesia Presbiteriana a visitar al pastor y su familia. Se llamaba David, me agradó que eran personas bastante jóvenes, intercambié con él y su esposa, finalmente me atreví a hacer una pregunta indiscreta, si se iban del país. El y su esposa intercambiaron miradas y me contestaron que no. mente. Yo les expresé mi alegría y les dije que ¨hay tantos pastores que abandonan el país y sus iglesias para irse al Norte¨. A la semana siguiente me llegó la noticia de que se encontraban en Miami.

Uno de los mas amigables fue un pastor que acababa de perder a su esposa de cáncer, y se quedó solo criando a su hijo pequeño, Reinaldo Manrique. El era un pastor de la Iglesia de Cristo, maestro de inglés, trabajaba en una oficina, ya que los pastores de esta denominación no reciben salario de sus iglesias. Simpatizamos con Reinaldo y lo invité en varias ocasiones a hablar en nuestra iglesia.

Su forma de hablar humilde y versado en textos de la Biblia, un hombre consagrado a la obra misionera, visitador incansable, muchas veces a pie, se ganó mi admiración y respeto. Memorizaba tanto la Biblia, que me comentaron que lo vieron varias veces caminando y hablando solo, era que repetía textos.

Pero también aprendí que el intento de aplicar la Biblia literalmente a las situaciones de la vida cotidiana no funciona adecuadamente. Él castigaba a su hijo haciéndolo aprender largos pasajes de San Pablo en que se indicaba la necesaria obediencia de los hijos a los padres. También a su nueva esposa le quiso imponer el sometimiento que enseña Pablo de la mujer a sus maridos, y esto dio al traste con su matrimonio, ella se cansó de que las discrepancias normales que surgen en la pareja siempre las quisiera resolver apelando a un versículo de la Biblia. Para mi el camino de vida de Jesús no es la aplicación ciega de normas, que en un contexto histórico pudieron ser necesarias, pero que aplicarlos fuera de ese contexto, autoritariamente, traer resultados contraproducentes. No obstante los errores que pudo haber tenido, Reinaldo Manrique fue un hombre que admiré por su humildad y su dedicación a la obra misionera.

Debo decirte que este ilustre apellido Manrique, fue un árbol frondoso que dio mucho fruto en nuestra ciudad. No puedo dejar de mencionarte a Emanuel, mas conocido por el Coreano. Un hombre pura energía, incansable soñador, firme en sus convicciones. Andaba en una bicicleta, con una plaquita en la parte trasera que decía ¨Solo Cristo Salva¨. Cuantas críticas y burlas habrá recibido por este testimonio. Pero, él como todos los que he conocido de la Iglesia de Cristo, son firmes. Era voluntario de la Cruz Roja, un obrero ejemplar en su trabajo, y un distribuidor de Biblias, cuando las hubo.

Me ofreció su apoyo desinteresado, me ayudó a arreglar la vieja casona, a pintar el templo, y en cuantas tareas se necesitaba allí estaba el Coreano. Hablaba mucho de la necesidad de la unión de los cristianos, pero insistiendo en que fuera sobre la base de la fidelidad a la Biblia. Y que solo debía haber una Iglesia, pero la discusión terminaba en que fuera ¨la Iglesia de Cristo¨, por su puesto la de él, el centro de unión. Con el correr de los años ha sido un activista del ecumenismo en Matanzas, sin prejuicios con ninguna denominación, pero de vez en cuando vuelve a insistir, ¿porqué no una sola iglesia que siga el modelo del Nuevo Testamento? Fundó una comunidad en el barrio de Altacita, con proyección ecuménica, pero al final los dueños de la Capilla que usaba, la Iglesia Metodista, le hicieron salir. Yo le ofrecí el Templo de nuestra Iglesia donde hasta hoy funciona una Iglesia de Cristo, por supuesto abierta al ecumenismo. Sus hijas y nietos son fieles obreros de la Iglesia, una familia admirable.

Recibimos una invitación a cenar en casa del pastor de la Iglesia Presbiteriana de Versalles, Rafael Cepeda. Que buena noche pasamos conversando con este experimentado líder, pensador y escritor renombrado, que nos atendió con tanta humildad y respeto. Esa noche marcó el inicio de una amistad que influyó decisivamente en mi vida. Un hombre que unía su saber teológico a un compromiso político y a una práctica pastoral de servicio al pueblo humilde de la Iglesia. Esta rara unión de factores no era común, la tentación era a irse demasiado delante en las ideas progresistas, distanciándose de la comunidad. Vino a ser una de las personas que más influyó en mi futura trayectoria.

Una visita al Seminario de Matanzas me motivaba la preocupación por los jóvenes cristianos llevados a la UMAP. Quería conversar con el teólogo más importante del momento, el Dr. Sergio Arce, cuyo texto sobre ¨La Misión de la Iglesia en una Sociedad Socialista¨, me hizo pensar y sin duda marcó un hito en el desarrollo de las ideas entre los cristianos preocupados por su testimonio en la Cuba actual. Cuando le comento a Arce sobre la situación de esos jóvenes cristianos llevados al trabajo forzado en la distante provincia de Camagüey, su respuesta me dejó perplejo. ¨Está bien que pase así –me responde- los cristianos tienen que estar allí al lado de la demás gente. Hay que ser sal y luz en la oscuridad¨. Tal vez yo no entendí lo que me quiso decir, que en cierto modo tiene algo de verdad, pero para mí que justificaba lo injustificable, una barbaridad que no debió de haber ocurrido ni para los cristianos ni para ningún joven cualquiera que sea su pensamiento.

Luego Sergio y yo compartimos muchos eventos y actividades, en los cuales él fue organizador y líder. Le oí muchas conferencias con mucha atención admirando su cultura teológica y su gran originalidad. Pero lamentablemente la primera impresión quedó en la memoria, que hizo que siempre yo deseara oir de él algo más profético de la realidad política del país.

Cierro esta reseña de los primeros encuentros con mis colegas, refiriéndome a Remberto Ortiz, pastor de la Iglesia de Dios del Reparto Arrechavaleta, un hombre humilde, de pueblo, con una gran familia, se buscaba la vida como chofer, mecánico, en todo lo que pudo, pero que a pesar de esto, por su talento y consagración alcanzó las maltas posiciones en su denominación y en el mundo ecuménico llegó a ser un líder, como presidente de la asociación interdenominacional de pastores evangélicos. Así como él brillaron muchos otros pastores humildes del pueblo, que nunca pasaron por un seminario, aprendieron en la práctica diaria a ser ministros del pueblo de Dios en los tiempos difíciles que corrían.

Acompañamiento Pastoral

¿Recuerdas que te hablé del sermón del Dr. Sánchez, sobre el significado de ser pastor? Lo vine a sentir muy hondo por una de las experiencias mas fuertes de mis inicios en Matanzas. Entre la poca gente joven que me encontré estaban Joaquín y Margarita, un simpático matrimonio, con dos niños pequeñas, hembra y varón, vivían en Versalles y tenían un pequeño negocio de helados. Joaquín, alegre y dispuesto, me ofreció su amistad y su apoyo desde el principio; vino a mi nueva morada con serrucho y martillo a reparar cosas viejas. Era una de las pocas voces jóvenes del coro, y se estaba estrenando como cantante en la radio, era bien parecido y posiblemente tendría una promisoria carrera como cantante. Pero la enfermedad tocó a su puerta de repente, unas fiebres y decaimiento lo mandaron para la cama. La investigación dio una leucemia fulminante. En la Iglesia hicimos vigilias y oración, oramos intensamente por su vida, tan necesario en su familia y en la Iglesia. En poco menos de dos meses su estado se volvió crítico, los dolores en el cuerpo eran insoportables. Oré mucho por él, pero reconozco que el don de sanidad divino no ha caracterizado mi ministerio. Si creo en la oración y creo que en muchos casos ha ayudado, pero no en la forma espectacular que otros han experimentado.

Estuve a su lado, me involucré en su situación hasta verlo agravarse y ser ingresado en el hospital. Su última noche los gritos de dolor partían el corazón, pedía un arma para quitarse la vida. Salí de su cuarto descorazonado, no tenía ya palabras de aliento que decir. Al otro día fue el servicio fúnebre, la ciudad de Matanzas que lo oyó cantar, sintió hondamente su pérdida. Me fue difícil hacer el servicio fúnebre, dispuse mi mente y corazón para hacerlo y que de alguna manera trajera aliento y consuelo para su familia.

Los días posteriores visité a Margarita, su esposa, para leerle algún texto de la Biblia y orar. A la segunda o tercera vez que dije a mi esposa que iba a casa de Margarita, me detuvo, un momento, dice ella, ya tú hiciste tu parte, ahora ella tiene que pasar y salir sola de su luto, y recomenzar su camino con sus propias fuerzas, no puede hacer una dependencia en ti. Y creo que Lila tenía razón, fue sabia su advertencia. Sobre todo con pastores jóvenes e inexpertos como yo es necesario saber cual es el límite, hasta donde nos involucramos, los sentimientos pueden tender una trampa.

Ser pastor es, querido Gabriel, saber acompañar a la gente en su dolor, en las crisis de la familia estar presente, como apoyo, cómo símbolo del gran pastor, de aquel que si está presente aún en nuestra más oscura soledad.

Pero que bueno es el afecto que se recibe cuando uno se ocupa de las personas, cuando las visita en sus hogares, en el hospital o en la cárcel. Este espíritu pastoral es una sensibilidad que va creciendo en uno en la medida en que más y más te das a la gente. Es importante no fallarles, representamos también el amor y compasión de Dios.

He estado junto al lecho de muchas personas que están en sus últimos momentos de vida. Son instantes en que sientes lo sagrada y misteriosa que es la vida. Callas y oras en silencio pidiendo que el sufrimiento ceda a la paz, cuando la vida se entrega en los brazos amorosos de quien la dio, hay paz.

Otros momentos fuertes de mi carrera han sido cuando he tenido que ser portador de una mala noticia. Una vez me fueron a buscar a la oficina donde trabajaba. Un jovencito de la iglesia que se encontraba lejos de su casa, se ahogó en una presa, lo trajeron y estaba en la funeraria. Su mamá no sabía nada, y me pidieron que llevara la noticia. Cuando llegué a la barrio, los vecinos espiaban desde las ventanas, ya sabían lo acontecido, menos la madre. No podré olvidar como el rostro de aquella mujer se transfiguraba, como si mis palabras fueran latigazos en la cara. Oh Dios, que profundo es el dolor de una madre que pierde a un hijo, nada se puede comparar.

Como sabes, la casa pastoral de Matanzas, queda junto al Templo, esto la hace fácilmente accesible a todo el que se interesa por la iglesia, o tiene necesidad de algún apoyo. Las puertas de los pastores siempre están abiertas, no importa la hora. El que va, el que pasa, el que visita la ciudad por alguna necesidad, sabe donde hay un lugar siempre abierto. Eso nos agradaba, ofrecer hospitalidad. Los jóvenes sabían que tendrían amigos que los escucharan. Esa es la esencia de este ministerio, estar siempre disponible. Por supuesto que también tiene sus inconvenientes, se pierde la privacidad, todo en la vida tiene su lado malo, pero vale la pena.

Una visita inesperada

Toca a nuestra puerta un desconocido, que se identifica como sacerdote de la iglesia católica romana, el Padre Machado. Le invitamos a entrar y sentarse en nuestra sala. Un hombre de modales educados, fino, cordial y con una sonrisa en los labios viene a hablarnos de los nuevos tiempos del ecumenismo. Nos habla del Concilio Vaticano II y de la apertura de la Iglesia Católica a las relaciones fraternales con los cristianos de otras tradiciones, todos somos el pueblo de Dios, hermanos al fin, aunque estemos separados. Me invita a participar de la semana de oración por la unidad cristiana, que se celebraría en ese mes de enero, y que comenzaría con un culto en la Catedral. Nos habla del tema central de la reunión, y el canto que se va a usar, y hasta lo canta para nosotros, tiene una voz afinada. Nos agrada mucho su espíritu humilde y su cordialidad. Le digo que nuestra iglesia nunca ha participado, y que muchos miembros tienen prejuicios arraigados que vienen de los tiempos en que católicos y protestantes estaban enfrentados. Pero le prometo que iré a la actividad, aunque no voy a desfilar ni estar en el podio, sino en entre la congregación. El queda satisfecho.

Así esa noche asistí por primera vez a un acto ecuménico en la Catedral de Matanzas. Predicó el Obispo de Matanzas, Pbro. Domínguez, una pieza maestra de oratoria sagrada, imbuido del espíritu del Concilio Vaticano II, exhortaba a caminar por la senda de la unidad, no importa los escollos. Se notaba que estaba imbuido del espíritu del Vaticano II. Ese fue mi inicio en la senda del ecumenismo con la Iglesia Católica, y desde entonces empecé a participar en todas las semanas de oración por la unidad cristiana, fui el predicador en algunas de ellas. Creo que he predicado en todas las iglesias católicas de Matanzas, y me siento feliz de haber contado con la amistad de sus sacerdotes y fieles. Puedo mencionar con gratitud al Padre Marciano, a Jaime Ortega, hoy Arzobispo y Cardenal y a Francisco Campos. Pero en particular el Padre Machado y yo mantuvimos una cálida amistad hasta su fallecimiento. Sin duda, fue el mas querido y mas ecuménico de todos los sacerdotes que han pasado por Matanzas.

Déjame decirte Gabriel, que esta transformación en las relaciones entre católicos y protestantes fue algo realmente portentosa que cambió siglos de hostilidad. Los protestantes éramos considerados por ellos herejes al servicio del diablo, y los protestantes decíamos que los católicos eran idólatras y que no eran cristianos. Puedo afirmarte todavía hoy que hay evangélicos que no consideran a los católicos cristianos. Por supuesto en nuestra América Latina el catolicismo vino a formar parte de la cultura, y toda persona por derecho de nacimiento se consideraba católico, por lo que es comprensible esta desconfianza hacia ese catolicismo cultural. Creo que en los países donde es fuerte la tradición protestante también ocurre lo mismo, muchas personas se llaman así mismas protestantes porque sus antepasados lo fueron, simple tradición.

En nuestro caso, el clima antirreligioso reinante contribuyó al acercamiento, nos estimulaba encontrarnos y animarnos unos a otros. Para mi fue un enriquecimiento de mi espiritualidad, aprendí a aceptar las diferentes maneras de expresar la fe, en lo profundo todos estamos identificados en nuestra dependencia de Dios.

Un laico católico fue un colaborador de los programas de Navidad de nuestra iglesia, y otros en que se presentaban obras de teatro, me refiero a Francisco Coro Marrodán, un profesor de pintura de la escuela de arte, quien por vivir muy cerca de nuestra Iglesia se vinculó a nosotros y se ofreció a ayudar a montar las obras teatrales. Conocía el oficio del teatro y la escenografía y con su ayuda montamos obras que causaron cierto impacto. Desde entonces he apreciado la eficacia del teatro para transmitir mensajes.

El padre Jaime, estuvo en la Catedral de Matanzas, y no hubo tiempo en que hubiera más jóvenes y se realizaran actividades que desbordaban la Catedral. Lo visité varias veces en su casa, lo recuerdo acompañado de su madre, conversamos sobre los tiempos desafiantes que corrían. Me dijo que había algunos de la Iglesia que reclamaban de él posiciones más abiertas respecto a la política revolucionaria, pero que él debía ser pastor de todos y no asumir posiciones políticas partidarias que afectarían su ministerio. Recibí una invitación personal para asistir a su ordenación como Obispo de Pinar del Rio y luego Arzobispo de La Habana. En el culto de nuestra Iglesia aplaudimos cuando supimos de su elección a Cardenal.

Quiero decirte, Gabriel, que el ecumenismo enriqueció mi vida grandemente, especialmente he aprendido mucho de la espiritualidad de otras tradiciones cristianas. En Matanzas tenemos la Orden de los Carmelitas, con un carisma de oración contemplativa, que viene de Teresa de Ávila y San Juan de la Cruz. Varios frailes de esta comunidad han influido en nosotros, como te mencioné, el padre Marciano y en los últimos tiempos hubo un joven español, el Padre Ramón, que hizo toda una época entre los jóvenes matanceros, aún los no católicos. Fundó una revista de espiritualidad, "Llama Viva", y dirigía retiros. Ya se marchó a su tierra, a vivir en una comunidad de oración, pero cuando estuvo aquí, reunía mucha gente en su iglesia a oir sus homilías, sencillas pero profundas sobre una vida cristiana auténtica. El Padre Ramón, tuvo sus adversarios y críticos dentro de su comunidad, porque expresaba sus criterios sobre la vida cristiana en forma un tanto radical. Algunos decían que era más protestante que católico. Realmente sentimos mucho cuando decidió retirarse a la vida de oración en un monasterio en las montañas españolas; todavía nos parece que lo vamos a ver por nuestras calles con su figura delgada, con su mochila a cuesta, sus sandalias de infatigable caminante.

Crece la familia

Hay momentos que quedan indeleblemente grabados en la memoria, como el de aquella mañana del 16 de diciembre de 1966 en que me levanté temprano y fui al templo a orar. Tocaron a la puerta fuertemente, me avisaban los vecinos (no teníamos teléfono en ese entonces) que tenía una llamada de Santa Clara, la noticia por ser esperada, no dejó de producir una emoción única, era el nacimiento de nuestra primera hija, Lisset, tu mamá Gabriel.

Tomé el tren para Santa Clara, y me aparecí en la Clínica con un ramo de flores, a conocer a nuestro esperado bebé. La emoción de cargar en mis brazos a esa criatura tan delicada y tierna, no tiene comparación. Ahí estaba un motivo grande para luchar, defender y vivir. Ahora empezaba una nueva escuela, ser padre, un proyecto de vida para el cual no había recibido aprendizaje. En medio de las alegrías y las felicitaciones de familiares y amigos empezaba la gran tarea, un ser a cuidar día y noche. Gracias al apoyo que recibimos de la abuela Oristela pudimos dar nuestros primeros pasos y estuvimos listos para hacernos cargos de la tarea solos.

Una gran bendición fue que alguien nos vendiera y otro nos prestara el dinero para comprar una vieja lavadora que resolvió el problema de los culeros, no imaginamos que en el invierno los bebés orinaran tanto. Las noches no fueron ya mas para dormir. Tu mamá fue una que llamamos ¨ojidura¨, costaba mucho trabajo que se durmiera, y se despertaba con frecuencia… bueno una prueba para la paciencia. Todos los padres novatos tienen que aprender lo mismo. Es impresionante la transformación que sufre la joven madre, dejando atrás muchas de las diversiones de la juventud, para concentrarse en la nueva tarea.

Pero era mucho más la alegría que nos proporcionaba nuestro bebé que nos hacía olvidar las malas noches. Verla crecer, ir adquiriendo habilidades, sus primeros besos, sus primeros pasos, no se olvidan. Y los problemas de médicos. Una vez el pediatra nos dijo que le parecía que tenía el corazón más grande de lo normal, y nos remitió para un hospital de La Habana adonde fuimos a hacerle algunas pruebas. Que difícil me fue sostenerla, porque en esos momentos su mamá la puso en mis brazos, para que le encontraran una vena del cuello. Afortunadamente la niña era completamente normal.

Seis años más tarde nos llegó la segunda hija, Judith, que nació en La Habana, en el hospital donde trabajaba mi hermana Silvia. La noticia de que era otra hembra, un poco que me decepcionó. Los hombres siempre esperamos un varón, pero poco duró la decepción. Porque te digo francamente que disfrutamos muchísimo nuestras dos hijas. Me encantó como son las niñas, más fáciles de criar que los varones, a mi juicio, y mucho mas cariñosas.

La familia se completò con la llegada de Judith

Ellas significaron mucho en nuestro ministerio. Fueron un puente mas con el mundo cambiante alrededor, nos ayudaron a conectarnos con otros ambientes de la sociedad, abrieron relaciones con nuevas amistades. Posteriormente influyeron en forma muy definitiva, al ayudarnos a abrir nuestra mente, y dejar atrás ciertos convencionalismos. Pero esos son temas que trataré posteriormente. Sigo ahora contándote como era la vida cristiana en aquellos tiempos.

Nuevos aires

A pesar de que el tiempo no era favorable a las iglesias y que los cristianos tenían muchas quejas de discriminación no podía negarse que aquellos tiempos la sociedad cubana estaba en una movilización y transformación como nunca antes en su historia. Existía un proyecto de construcción de un país que dejaba atrás las lacras y vicios del pasado y se abría paso un modelo de sociedad con más justicia, sin miseria, analfabetismo, con oportunidades iguales para estudiar carreras a los hijos de los campesinos y de los obreros. La salud se convertía en un servicio gratuito y al alcance de los que viven en los lugares más remotos. Por otra parte la honda expansiva de un país sacudiendo sus cadenas impactaba en toda América Latina, donde surgían movimientos rebeldes que intentaban seguir el mismo camino. Cuba era un símbolo de dignidad y soberanía para los pueblos latinoamericanos.

Era difícil mantenerse dentro de los muros de la Iglesia sin escuchar la vibración de las emociones en las calles. Los que se sentían afectados o heridos por las nuevas leyes se disponían a irse o sencillamente atrincherarse en barreras de resentimiento y prejuicios.

Los profetas y los pastores están llamados a oir las señales de los tiempos, Dios es Señor de la historia, las cosas no ocurren por generación espontánea. No todos lo que ocurre es por la voluntad de Dios, pero hay tiempos en que es imposible permanecer indiferente a los acontecimientos. Hay que meditar y buscar dirección.

En el período en que soy miembro de la Junta de Misiones de la Convención Bautista, se me invita a dirigir una meditación en una reunión en Yumurí. Escojo dos textos que tratan acerca del tiempo en que el pueblo de Israel se encuentra en el exilio en Babilonia, casi seiscientos años antes de Cristo. El Salmo 137, que dice ¨*Junto a los ríos de Babilonia, nos sentábamos a llorar al acordarnos de Sión. Sobre los sauces de la ciudad colgamos nuestras arpas. Los que nos capturaron, nos pedían que cantáramos. Nuestros opresores nos pedían estar contentos. Decían: ¡Canten algunos de sus cánticos de Sión! ¿Cómo podríamos cantarle al Señor en un país extranjero?* Y más adelante expresa todo el odio que sienten los exiliados, *¡También tu, Babilonia, serás arrasada!... ¡Dichoso el que agarre a tus niños y los estrelle contra las rocas!*

Nada más destructivo, Gabriel, que vivir en el pasado, con nostalgia y amargura, y mucho más si estamos llenos de resentimiento. Así muchos no se adaptaban a la nueva vida, soñando con un pasado que no volvería.

Por otra parte, en ese tiempo se levanta un profeta llamado Jeremías, que se había quedado en la arrasada Jerusalén, y escribe una carta a los cautivos en la que los llama ¨*Así ha dicho el Señor y Dios de Israel a todos los cautivos que permití que fueran llevados de Jerusalén a Babilonia:*

Construyan casas, y habítenlas; planten huertos y coman de sus frutos. Cásense, y tengan hijos e hijas y multiplíquense allá. ¡No se reduzcan en número! Procuren la paz de la ciudad a la que permití que fueran llevados. Rueguen al Señor por ella, porque si ella tiene paz, también tendrán paz ustedes¨ (Jeremías 29. 4-7).

¡Qué te parece! No es verdad que es un mensaje muy apropiado para los cristianos cubanos que fuimos llevados también a una sociedad diferente, sometidos por una ideología contraria, que teníamos la tentación de vivir en la lamentación y la melancolía. Bravo por el profeta Jeremías, por llamar a un cambio de mente, hacia una actitud positiva.

Teníamos que cambiar, salir de la concha, olvidar nuestro orgullo. Entrabamos en un proceso de transformación de la mente, o nos quedábamos a la orilla del camino. Distintos sentimientos tiraban dentro de mí. Pero escuché el sonido de la calle. En la madrugada se situaban camiones en nuestra calle, y escuchábamos el trajín de gentes montando con machetes y sombreros, iban a cortar caña para la zafra azucarera, la principal fuente de riqueza del país. Muchos trabajos enviaban a los voluntarios a estas tareas.

Me sentí contagiado de deseos de ir, me sentía con juventud y energía para unirme a esos contingentes. Fui al Partido y les dije que yo quería contribuir a la zafra y que deseaba pasar unos días con los voluntarios, estaba dispuesto a ir un par de semanas. Reuní a la Iglesia y les expliqué mi deseo. Sentía el deber de compartir con el pueblo, no veía razón para ser excluido de las tareas que todos hacían. Fue muy bueno que los miembros de la iglesia mostraran comprensión y aprobaron mi propósito. Una mañana partí para el campamento que me habían asignado. Era unas barracas de piso de tierra, en la que se alineaban rústicas literas, Me proveyeron de botas, sombrero, guantes y machete.

El campamento estaba compuesto en un 95 % de militantes del Partido, que se habían comprometido por dos años para trabajar en la agricultura. Mi sorpresiva presencia los intrigó, empezaron a especular sobre quien sería el recién llegado. Al fin uno se me acercó tímidamente y me dijo, mira, aquí hay muchas dudas sobre quién tu eres. Algunos están molestos porque dicen que eres un ¨becado de Nixon¨. Así se llamaba a las personas que decidían abandonar el país, perdían sus puestos de trabajo y eran enviados a la agricultura. Yo me reí. Yo soy un pastor, un hombre de buena voluntad que quiere compartir con ustedes, les dije.

En la mañana se me asignó un compañero de pareja para el corte de caña. Esa es la forma de organizar el trabajo, por parejas. La mía resultó ser un veterano de la guerra de liberación, un fornido campesino de la Sierra Maestra, callado, paciente, me enseñó el arte del manejo del machete y como entrar en los enrevesados plantones de caña. Es un trabajo que requiere cierta destreza, que solo en la práctica se adquiere. Me daba vergüenza mis manos suaves no estaban acostumbradas, y mi rendimiento era pobre, pero mi compañero era muy diestro y fuerte, de modo que siempre cumplíamos la tarea. Absolutamente exhausto, pero como dice el libro de Proverbios, ¨dulce es el sueño del trabajador, coma mucho o coma poco¨, dormía como un bendito después de un día agotador.

Nos llevaban el almuerzo al campo, cogíamos nuestras bandejas y nos recostábamos en los bultos de caña a comer y descansar. Unos altoparlantes ponían música. Unos se acercaban a conversar y a indagar sobre mí, todavía les parecía extraña mi presencia entre ellos. De pronto se cambia la música y se empiezan a transmitir noticias. Escucho una noticia que me deja helado, se anuncia que acaban de asesinar al luchador por los derechos civiles de los negros de los Estados Unidos, al pastor Martin Luther King Jr. Bajé la cabeza, oh mi Dios, ¿por qué ocurre?

Algunos comentan en alta voz, miren como son los yanquis, matan a ese pastor, que es de ellos mismos. No, no es cierto, le respondo, tu no sabes quien es Martin Luther King, no es de los imperialistas, ese es un hombre que echó su suerte y luchó por los negros discriminados y marginados, por los pobres. No todos los que viven allá son yanquis imperialistas, hay mucha gente buena que trabajan por la justicia.

Bajo el sol, y rodeado de cañas lloré a Luther King, pero también le di gracias a Dios por la existencia de un hombre como ese. Aunque no tenía mucha información, sabía de sus actividades y de su filosofía de la no violencia. Me sentí extrañamente vinculado con él, y me trajo una sensación de paz sabiéndome también que en alguna manera yo también estaba buscando un camino nuevo en la construcción del Reino de Dios entre los hombres.

Muerte de papá

Lissy tenía nueve meses, muy temprano en la mañana disfrutaba con ella jugando en nuestra cama, cuando siento el toque insistente de la puerta, una llamada en la casa del vecino para decirme una mala noticia, papá sufrió un infarto esa madrugada y falleció. Las experiencias pasadas con la muerte, aunque penosas, no tuvieron el sabor tan amargo y profundo, que sentí cuando me anunciaron que ya no vería más a mi viejo. Por primera vez me di cuenta que solo se sabe lo que este dolor por la muerte que cuando se experimenta en un ser querido. Había tenido sus crisis respiratorias semanas atrás, los pulmones estaban reducidos en su capacidad por el enfisema, resultado de más de 40 años de fumador. Ahora se complicó más con la aparición de asma bronquial. Así fue que inesperadamente, se nos fue a los 64 años aquel hombre que llenó tanto nuestra familia, aquel frondoso tronco de vida y alegría.

Decenas de mensajes telegráficos llegaron de Media Luna, y la funeraria se llenó de amigos, ex compañeros de la política, y amigos nuestros de la iglesia.

Quiero confesarte, que pasé toda una noche llorando. No estaba preparado para aquello. El pastor Nemesio se sintió un poco preocupado conmigo, se supone que un hombre de fe debe tener más control, es verdad. Pero aquello me sirvió para desahogar todo lo que sentía. Al regresar a Matanzas, me sentí muy reconfortado. Llorar es una válvula para descargar el pesar, un alivio para la presión interior. A los hombres les da vergüenza que los vean llorar, piensan que las lágrimas son de las mujeres, y reprimen sus emociones, yo creo que es parte de los estereotipos que nos inculcan de lo que es la hombría.

Nos confortó mucho todo el acompañamiento que tuvimos, y las palabras de aquellos que lo conocieron. Dejó un legado del cual nos sentimos orgullosos sus descendientes. Me alegró que me aceptara en mi vocación pastoral, y me acompañara y siguiera de cerca mis andanzas. De él heredé el interés por la política y por los problemas sociales.

Toma de conciencia

Volviendo al trabajo agrícola. La experiencia en los campos de caña me acercó a los seres humanos que militaban en la revolución. Conocí a jóvenes que habían interrumpido su luna de miel para incorporarse a las labores de la agricultura, que se sacrificaban de verdad por un ideal. Me impresionaron aquellos hombres disciplinados y esforzados, convencidos de que estaban construyendo una nueva sociedad, entre ellos se respiraba una mística muy linda.

Cada año yo separaba el tiempo para ir a las jornadas agrícolas. En una ocasión el jefe de la brigada informó que se había concertado una emulación con un contingente de las fuerzas armadas, para ver quien cortaba más caña. Eso fue tremendo, al terminar la jornada de la tarde, nos trajeron la comida y nos dijeron que como había buena luna había que seguir cortando caña por la noche, tres horas después y ya yo no podía más, el jefe de brigada pasaba por los surcos arengando, ¡un esfuerzo más, si se puede, vamos! A mí se me caía el machete de la mano, con la muñeca abierta, no podía levantarlo, físicamente había llegado al máximo, pero al menos podía permanecer en pie frente al plantón de caña. No recuerdo si ganamos la competencia, no me interesaba, esta gente están locos, pensaba.

Me llegó una invitación para un encuentro de cristianos progresistas en La Habana. Se trataba de conmemorar el primer aniversario de la caída en combate de un sacerdote guerrillero colombiano, Camilo Torres. Dudé un tiempo si asistir o no, era un evento marcadamente político, y al igual que la invitación al acto ecuménico, tuve un poco de miedo. Medité, pero la curiosidad y la atracción de encontrarme con otros cristianos con inquietudes sociales vencieron mis dudas. La actividad estaba convocada y dirigida por Sergio Arce, quien nos entregó un paquete de materiales para discutir en grupos. Fue bueno encontrarse con muchos jóvenes laicos y pastores, en su mayoría evangélicos, también aguijoneados con la misma pregunta, como responder al desafío de un mundo nuevo que se hacía su aparición con mucha fuerza por toda Latinoamerica. Fue muy emotiva escuchar a la anciana madre de Camilo Torres, quien nos habló de la vocación de Camilo, que renunció a ofrecer misa hasta el día en que el pueblo fuera libre de toda explotación. Aprendimos de Camilo que, además de sacerdote, fue un sociólogo educado en Europa y que llegó a la conclusión de que solo echando nuevos cimientos de justicia para toda Colombia y el resto de los países conocerían la justicia social y la prosperidad económica.

El acontecimiento Camilo Torres puso en evidencia el hecho de que había cientos de cristianos involucrados en la lucha guerrillera en todo el continente, la mayoría jóvenes soñadores, que pensaban que se podría repetir lo ocurrido en Cuba, la toma del poder por las armas.

En el 1968 se publicó el libro "Teología de la Liberación", del teólogo peruano Gustavo Gutiérrez, dándole una visibilidad a la corriente de pensamiento cristiano que buscaba acompañar las diferentes modalidades de las prácticas liberadoras. Porque no solo eran los grupos de guerrilleros, sino también sectores campesinos y obreros que de alguna forma despertaban al hecho de ser protagonistas de su historia. En particular un educador brasilero, llamado Paulo Freire, desarrolló una novedosa filosofía educativa, dirigida especialmente a los segmentos humildes de la sociedad, especialmente los campesinos, ofreciendo una herramienta por la cual, de meros receptores de un producto educativo, ellos se convierten en los protagonistas principales. Pero no es solo una herramienta educativa, es una manera de pensar y actuar sobre la realidad, haciendo que esta se pueda analizar críticamente. No se si todo esto te dice algo a ti, pero piensa con cuanto aire de superioridad se ha tratado a los indígenas y a los campesinos. Se les ha manipulado y se les ha hecho creer que lo de ellos es sencillamente aceptar su condición, someterse al orden establecido, y dejar la solución de los problemas a los grupos de poder. Y así claramente, son explotados y mantenidos en la servidumbre. La educación popular es pues, liberadora, en el sentido de despertar a las potencialidades que hay en los grupos y comunidades, para luchar por su dignidad.

Me dirás por qué todo ese discurso de liberación, de qué necesitan liberarse, pues te diré, querido Gabriel, que desde que llegaron los conquistadores europeos a esta parte del mundo no ha sido sino para explotar las riquezas naturales y humanas, para avasallar a los pueblos originarios. No es el tiempo para que te llene la cabeza de historias macabras, pero algún si algún día quieres profundizar en esto, te recomendaría que leyeras "Las Venas Abiertas", del escritor uruguayo Galeano. Te aseguro que vas a quedar impactado por las historias, que no aparecen en los libros ni en los periódicos, pero que es la realidad vivida por los pueblos de América Latina.

Tal era la intensidad de la pasión por la justicia y la liberación en América Latina en esa década, que la propia Iglesia Católica, aliada tradicional del orden establecido, muchas veces defensora de los privilegios de las clases dominantes, despertó a la conciencia de la necesidad de cambios radicales en la sociedad. De modo que en el 1968 se reunieron en Medellín, Colombia, los obispos de todo el continente, discutieron y analizaron la situación de los pobres, y llegaron a pronunciarse a favor de la justicia, declarando que la Iglesia debe estar al lado de los marginados, ser voz de los que no tienen voz, en fin ser defensora de los humildes. Esto le dio impulso a un compromiso muy grande de sacerdotes, religiosas y laicos, que en todas partes se fueron organizando para trabajar a favor de una sociedad que priorizara el bien común y no la ganancia de las grandes corporaciones extranjeras y los grupos privilegiados. Realmente muchos cristianos le echaban la culpa de todos los males al sistema capitalista internacional, y proponían un sistema socialista. Por otra parte los conservadores acusaban a la Iglesia Católica, diciendo que se había vuelto comunista.

Como te decía, estas actividades en la Catedral Metodista del Vedado, en La Habana, reunía a muchos jóvenes y laicos que querían vivir su fe insertados en la sociedad, sentían el vibrar de los tiempos de cambios, del reto a construir un mundo nuevo. Estaban siendo atraídos por el electrizante influjo de la utopía, era un ambiente de soñadores. Me impresionó encontrarme en todas estas actividades y otras convocadas por el Concilio de Iglesias, a un grupo de pastores bautistas del oriente del país, eso me ayudó a dejar cualquier sentimiento de culpa.

En las provincias orientales durante el rectorado de Adolfo Ham, de quien te hablé anteriormente, surgió una generación de pastores con pensamiento renovador. Era un grupo que trató de influir en las iglesias, pero estas no estaban preparadas para una renovación. Tal vez les faltó la pedagogía de Paulo Freire, quien sabe, el asunto es que finalmente rechazaron a Adolfo y se endureció la estructura institucional marginando a estos pastores, y creándose un clima de conflictos. Al menos cuatro de ellos, por la presión ejercida en contra de ellos, se pasaron a la Iglesia Presbiteriana. Uno de los principales blancos de los ataques fue Livio Díaz, pastor en la II Iglesia Bautista de Santiago, quien había estudiado en Suiza y se le acusaba de liberal y modernista, fue ganándose la fama del malo de la película. El realmente era el ideólogo del grupo de pastores más progresista.

También encontré en estas reuniones un grupo de jóvenes bautistas, la mayoría estudiantes universitarios de La Habana, muy abiertos, e interesados en los temas actuales y en la renovación de la Iglesia. Surgió una afinidad natural entre nosotros, y creo que ellos se sintieron apoyados por un pastor de su denominación. Decidimos que debíamos reunirnos y compartir nuestras inquietudes, siempre con mucho temor de ser cuestionados por los pastores o autoridades de la convención. Sabíamos de los problemas de Oriente. La primera reunión la hicimos en la habitación que ocupaba un ingeniero recién graduado, Rubén Rodríguez, en el Hotel Colina. Allí decidimos que debíamos empezar a difundir algunos materiales que nos habían llegado del exterior, particularmente de la Alianza Mundial Bautista, en los que se alentaba a la participación cristiana a favor de la justicia, la paz, los derechos humanos y el ecumenismo. Estos documentos no se conocían en las iglesias bautistas, porque los dirigentes los engavetaban, pensamos que ayudarían a concientizar a las iglesias.

El primer conflicto

Pero el grupo crecía y entonces acudimos a Rafael Cepeda, en ese entonces pastor en la Iglesia presbiteriana de Luyanó, él cual solidariamente nos ofreció un espacio en su templo para reunirnos. Nos sentíamos como conspiradores, yo tenía temor de que otros pastores de la zona me vieran y sospecharan de esas extrañas reuniones. Los sucesos de Oriente habían repercutido negativamente en Occidente, de modo que había una predisposición contra los que pudieran perturbar con ideas extrañas.

Decidimos arriesgarnos a realizar un taller, y yo pedí el Campamento Bautista de Yumurí, e invitamos a Livio a presentar sus conferencias. Habló sobre la relación del cristiano con el mundo. Creo que impresionó su conocimiento bíblico, no hay que olvidar que es una autoridad en Antiguo Testamento, pero también su cultura y habilidad para hacer aplicaciones muy actuales.

Pero a estas alturas ya no era un secreto en el mundo bautista que algo perturbador estaba ocurriendo a partir de Matanzas, la participación en labores agrícolas con el pueblo, las relaciones ecuménicas y con los pastores orientales, sobre todo en el ambiente de los pastores se despertó una inquietud. La clase pastoral es en realidad, y esto a pesar de que los bautistas nos llenamos la boca hablando del gobierno congregacional y de la democracia de nuestras decisiones, es el cuerpo gobernante, el grupo hegemónico que acapara todo el liderazgo y dirección de la denominación. En este sector ya circulaban muchos rumores y comentarios en los que yo era el blanco. Como resultado fue citado a comparecer ante la asociación de pastores, en el campamento de Yumurí. Fue el primer enjuiciamiento público que sufrí, desde entonces cobré conciencia de que tenía una mayoría adversa, pero también un pequeño grupo de buenos amigos que hacía lo posible por defenderme.

Ese día tuve dificultades con el transporte al campamento bautista, estuve esperando en la carretera durante dos horas, y al fin me decidí a ir a pie, son unos ocho kilómetros, una buena caminata. Cuando llegué, era el medio día, mis amigos estaban preocupados, me pusieron al tanto de la situación, que era delicada, se me acusaba de muchas cosas. Que la puerta del templo se cerraba los domingos porque yo me iba para el corte de caña, que invitaba con frecuencia a curas a predicar en el templo, que mis amigos eran los ecuménicos y los presbiterianos, y lo peor es que había traido al connotado hereje bautista Livio Díaz a una actividad de jóvenes en el mismo campamento bautista de Yumurí. En fin el ambiente estaba caldeado.

Me disculpé por la tardanza, escuché los ataques que resultaban tan absurdos que me facilitó destruirlos uno a uno. No había ofendido la tradición bautista con tener relaciones personales con todas esas personas, no era cierto que la iglesia se cerrara los domingos porque yo fuera a la caña, ni que invitara a los curas a predicar. En mi esfuerzo por ser conciliador accedí a prometer que no lo volvería a invitar, el prejuicio contra él era demasiado fuerte.

Al salir de la reunión el pastor Naranjo me dijo, no hay problema contigo, lo único que te perjudica son tus amistades. Mi hermana Clara y su esposo Raúl se preocupaban, y me decían, estamos orando por ti.

El tema del trabajo productivo fue uno que surgía frecuentemente en las discusiones. En una ocasión se discutió acaloradamente si los pastores debían ir o no. Un viejo pastor se levantó en una reunión y dijo con mucha fuerza, "con los enemigos del evangelio y de Dios yo no doy un paso". Otros pastores me expresaban que al participar en los cortes de caña los ponía a ellos en una situación difícil, pues aparecían como personas negativas. Aquellos debates me ponían nervioso, defenderme ante pastores con muchos años y experiencia de trabajo me alteraba, no es mi carácter ser causa de división.

1971

Ese año trajo una victoria para el socialismo en América Latina, en Chile había triunfado en las elecciones un presidente socialista, el Dr. Salvador Allende, un amigo de Cuba, al que pude ver en su visita a Matanzas. En su rostro, con los cachetes enrojecidos por el sol del trópico, se percibía un semblante de hombre noble y bondadoso.

Unos meses mas tardes fuimos invitados al lugar de siempre, en la Iglesia Metodista, a un encuentro con un grupo de sacerdotes que venían de Chile. Era una delegación entusiasmada con el triunfo de Allende, miembros de un grupo de cristianos por el Socialismo. Uno de los más jóvenes, bajito, delgado y de hablar nervioso, pero muy convencido, se llama Pablo Richard, un verdadero teólogo de la liberación, explicaba la coincidencia entre el mensaje de Jesús y los ideales de justicia del socialismo. Fue un encuentro muy emotivo que guardo en mi memoria, y que nos confirmaba en nuestras posiciones progresistas.

Los jóvenes de la convención bautista celebrarían un encuentro en la Iglesia Bautista William Carey, del Vedado, escogieron el título de un tema que querían escuchar "Vigencia del mensaje de Cristo para nuestra acción", primero se lo pidieron a Luis Manuel González Peña, pero éste no quiso enfrascarse en un tema como éste, entonces me lo propusieron a mí. Era una oportunidad especial que no debía desaprovechar.
Quise dar fundamentos bíblicos para la participación cristiana en la construcción de una sociedad mejor.

¿Te acuerdas del redescubrimiento que hicimos en el seminario acerca del tema central del ministerio de Jesús, o sea del Reino de Dios? Pues ese fue el primer punto de mi exposición, el Reino que es la posibilidad de transformación de este mundo en un lugar de justicia, paz y plenitud humana. Creo que es irrebatible la idea de que Dios quiere que este mundo sea diferente. La segunda idea, es la insistencia paulina de que nuestra lucha es "contra principados, potestades, señores de las tinieblas"; conflictos con entidades que están gobernando sobre la voluntad de las personas. Es el espíritu de dominación que se manifestó en tiempos de Pablo en el poder del legalismo judaizante que esclavizaba al pueblo. Según Walter Wink, es el espíritu de las instituciones cuando estas en lugar de estar al servicio de las personas, se convierten ellas mismas en un fin. La institución de la esclavitud, por ejemplo, necesitaba además del látigo, una ideología que hiciera creer en la superioridad de una raza sobre otra.

De modo que este segundo punto es importante en un medio en el cual se predica que nuestra tarea es solo traer a los pecadores a los pies de Cristo. Nuestra misión también tiene que ver con los poderes de dominación que tienen en sus garras las vidas de millones de seres humanos. Por esto el cristiano si tiene que ver con la política, pues a través de ella se puede condenar o liberar a los pueblos. Era muy común en aquellos tiempos la prédica de que el cristianos es apolítico, porque la política siempre es sucia. Ciertamente la politiquería como negocio para ascender o para defender intereses egoístas se convierte en algo repugnante, pero qué bien haremos si dejamos que sean los pillos los únicos que se ocupen de la política. Hace falta cristianos y otras personas honestas que se comprometan a trabajar por la justicia, solo así el mundo puede ser mejor.

Y finalmente, hablé del método de actuación de Jesús, la encarnación. La encarnación implica la participación en la vida y sufrimiento de las gentes, y está motivada por la compasión. La encarnación nos dirige a ser sal de la tierra, metiéndonos en el cuerpo social, participando de lo que otros hacen, no aislándonos en nuestros templos. Les puse el ejemplo de Martin Luther King, de cómo la iglesia negra se involucró en las luchas por la dignidad de la población afro-descendiente. Y me referí a la anécdota del púlpito vacante, cuando Luther King declinó una invitación para hablar en el Consejo Mundial de Iglesias, en Suiza, y en envió su discurso grabado, porque en ese momento estaba dándose un momento crítico en las luchas del pueblo negro, y él no podía faltar.

Finalicé proponiendo tres aspectos de esa vigencia del mensaje de Cristo para la realidad cubana: la presencia plena de los cristianos en el proceso, la conciencia de las realidades sociales y la solidaridad. Luego hubo una lluvia de preguntas y se debatió ampliamente el tema. Posteriormente se publicó mimeografiado este tema; realmente era importante sostener que hay suficiente base bíblica y teológica para la participación cristiana en la sociedad, me he sentido feliz de haber hecho este modesto aporte.

Viaje a la Unión Soviética.

La noticia de que estaba incluido en el grupo de pastores invitados a visitar a la Unión Soviética vino como un regalo del que nunca fui capaz de soñar. La Unión Soviética representaba para la gente en nuestro país lo más grande y maravilloso. El país poderoso, invencible y solidario, que nos estaba ayudando a crear una agricultura altamente tecnificada, y un desarrollo que iba a elevar el nivel de vida. Muchos iban y venían hablando de los adelantos de aquel país, unos viajaban porque recibían becas de estudio y otros como premios por el heroísmo en el trabajo. Estaba de moda estudiar ruso, las películas rusas se exhibían en los cines, y hasta los niños solo veían los muñequitos rusos. En nuestra Iglesia había un anciano que siempre que oraba en alta voz terminaba pidiendo la bendición para la fraterna y poderosa Unión Soviética.

Cuba estaba definitivamente a la sombra de la poderosa y fraterna potencia. Como niños pequeños tratábamos de imitar los métodos aplicados en aquel país, y desgraciadamente se copiaron las peores cosas, pero no te hablaré de eso ahora. Solo quiero recordar con que alegría recibí la noticia de que yo iba a la Unión Soviética, mi primer viaje al exterior. Ya teníamos noticias de que había una gran asociación de iglesias bautistas, llamada ¨La Unión de todos los cristianos evangélicos bautistas de la URSS¨, con más de un millón de creyentes. Sergio Arce fue quien estaba conectado con ellos, ya que eran parte de la Conferencia Cristiana por la Paz, con sede en Praga, de la cual Sergio era uno de los dirigentes. Los había visitado varias veces y fue el intermediario para que surgiera esta invitación a un grupo de siete bautistas y una hermana pentecostal. Estaba el Secretario Ejecutivo de los bautistas orientales, Rafael Gregorich y el vicerrector del Seminario Bautista de Occidente, Raúl Suárez. Los demás éramos pastores, de alguna manera vinculados al Concilio de Iglesias, por supuesto iba Livio, quien fue muy útil por su dominio del inglés. Realmente el grupo estuvo muy unido y reinó un espíritu de alegre camaradería.

Nunca antes fuimos tratados con tantos honores. Tuvimos muchas recepciones con instituciones como la Iglesia Ortodoxa Rusa que, también estaba vinculada con la Conferencia Cristiana por la Paz. Los bautistas eran apreciados, a pesar de que la iglesia ortodoxa se considera la religión tradicional y única de los rusos. Las autoridades del país con las cuales hablamos nos explicaron de la maravillosa unión de repúblicas, que con diferentes lenguas y tradiciones, se habían agrupado voluntariamente para formar la poderosa Unión Soviética. Pudimos recorrer algunas de las regiones asiáticas, Tachikistan y Kazastán, donde éramos recibidos por las autoridades de estas repúblicas y se nos explicaba sobre el desarrollo alcanzado. En Tachikistán visitamos una mezquita, y conversamos con el imán, el cual fue muy cortés. Nos preguntó si en Cuba había musulmanes, le dijimos que no había mezquitas, pero tal vez algún creyente que proceda de otro país. En esa república tampoco nosotros encontramos iglesias cristianas.

Nos gustó el encuentro con la iglesia bautista de Moscú, abarrotada de público. La mayor parte eran mujeres con cubiertas con pañuelos, que mostraban en el rostro de piedad, también las huellas del sufrimiento de la última guerra. Precisamente esta guerra, nos explicaron, muchos prejuicios anticristianos se desvanecieron, ante la conducta ejemplar de estos. Por ejemplo los monasterios ortodoxos proveyeron de pan y refugio a miles de personas. Vimos también jóvenes con uniforme militar asistiendo a los servicios, esto seria inimaginable en la Cuba de entonces.

Los líderes bautistas nos hablaron de la completa libertad de culto que gozaban. No obstante en una iglesia en Leningrado, un creyente se me acercó para pedirme una Biblia, me dijo que en su país era imposible conseguir una, y que no era verdad que hubiera libertad religiosa. Nos impusieron en nuestros trajes un botón con la imagen de Lenin y nos dijeron que en las iglesias se recordaba y honraba su memoria.

La traductora que nos pusieron, y que estuvo todo el tiempo con nosotros, era hija de militares, y era la primera vez que traducía para religiosos. Al ver algunas de las iglesias que visitamos con muchos jóvenes, no pudo dejar de comentar, que lástima, para ella estaban perdidos.

En resumen, encontramos las iglesias visitadas muy vivas y florecientes, aunque formadas en un estilo muy tradicional y conservador, sin organizaciones de jóvenes, sin otra actividad que el culto. Las iglesias, a nuestro entender, no eran un modelo para nosotros en Cuba.

Visitamos, en fin, cooperativas agrícolas, canales de riego, el circo de Moscú, el mausoleo de Lenin, y las tiendas. Estas últimas nos impresionaban las lavadoras que eran casi desconocidas entonces en Cuba. Las grandes tiendas, nos desencantaron, muchas telas y artículos poco atractivos. Algunos del grupo que habían visitado otros paises, nos dijeron que la pobreza de las ofertas era notable, pero nosotros no queríamos desilusionarnos de la Unión Soviética, encontramos tiendas en las que pudimos comprar los célebres relojes rusos marca Poljot.

De regreso, en el Il-62, sentado junto a Luis Villalón, comentábamos que no queríamos la iglesia en Cuba como la que vimos allí. Que necesitábamos organizarnos y trabajar para una renovación en el pensamiento y en la acción de las iglesias. Soñamos y empezamos a pensar en lo bueno que sería tener un campamento con todos los jóvenes laicos y pastores que tuvieran las mismas inquietudes que nosotros.

Al bajarme del avión, sentía un dolorcito en la espalda y un poco de tos. Dos días después estaba en cama con neumonía. Tratando de recordar desde cuando sentía aquel dolorcito, me di cuenta que una noche muy fría durmiendo en un hotel, estaba bajo cero, como yo no acostumbraba a dormir con todo cerrado, abrí la ventana. Al otro dia sentía la pequeña molestia que no le hice caso.

Tuvimos varios encuentros, y especialmente en la Iglesia Bautista de Marianao, donde Raúl era pastor, pasamos un buen tiempo contando nuestras experiencias en la "poderosa e invencible Unión Soviética". Creo que fue significativo confirmar el hecho de que aún en aquel país marxista leninista la fe cristiana se mantenía pujante. En aquel momento en Cuba, eso tenía un sentido alentador.

Santiago de Cuba

Livio era todavía un líder en la Convención Bautista Oriental, me hizo una invitación para presentar un tema en un retiro de pastores. Nos alegramos mi esposa y yo de visitar la hermosa ciudad de Santiago de Cuba, cuna de tanta historia. Algún día, Gabriel, te llevaré a conocerla, te lo prometo.

En verdad fue la ciudad lo único que bello que vimos Lila y yo, pues en ese retiro fui testigo del mas encarnizado conflicto entre los pastores, que sentí pena presenciar. Unos acusaban al grupo de Livio de ¨izquierdista¨, de urdir una conspiración para apoderarse de la dirección de la denominación y conducirla a quien sabe que alianza con el comunismo. Unos a otros no dudaban en sacar a luz conversaciones que habían ocurrido en privado, chismes y diretes sin nombre. Me impresionaba como la pasión, en el fondo por razones ideológicas o políticas podía quebrantar la hermandad que debía existir entre líderes religiosos.

No obstante, después de desahogar tantos resquemores, terminaban el retiro pidiéndose perdón y abrazándose. Pero la lucha seguiría en otros espacios, y la minoría progresista iba perdiendo terreno, el lenguaje conservador era simple y asimilable para las congregaciones que sufrían discriminación del régimen en comparación con el lenguaje progresista que instaba a la participación social, sin importar el trato que recibiéramos. Una de las expresiones más venenosas era que los que coincidían con los intereses sociales de la revolución era por mera conveniencia, un acomodamiento para caerle bien al gobierno y obtener prebendas, como facilidades para viajar y carros.

Este tipo de conflicto, aunque tal vez no tan crudo, se percibía en otras denominaciones. Los episcopales nos contaban de las tensiones con su obispo, que se resistía atrincherado en el conservadurismo. En el propio Concilio de Iglesias, los debates eran intensos, hasta que finalmente prevaleció el sector de izquierda, consolidándose el pastor presbiteriano Raúl Fernández Ceballos como presidente por muchos años. Los bautistas orientales encontraron el pretexto para separarse del Concilio de Iglesia cuando éste emitió una declaración condenando la agresión de Estados Unidos a Vietnam. El Concilio se ha convertido en un ente político, decían.

Otro viaje nos llevó a tierra santiaguera, esta vez si fue muy placentero, a la II Iglesia Bautista de Santiago, donde Livio contaba con un grupo de miembros de mente abierta. Se organizó un retiro con jóvenes, en el que presenté un resumen del libro Teología de la Esperanza, del teólogo brasilero Rubén Alves. Fue la primera vez que trabajamos un teólogo latinoamericano de la liberación con un grupo de jóvenes muy interesante e inquieto, uno de ellos con el curioso nombre del gran filósofo griego, Aristóteles.

Nace un movimiento

Ocurrió que se efectuó un evento en el Seminario Evangélico de Matanzas, al cual asistieron algunos de los jóvenes pastores de Oriente. Casualmente sentados en el parque de Matanzas concebimos la idea de hacer una publicación para los bautistas, que sirviera de instrumento de concientización y educación. El nombre escogido fue ¨El Bautista Informado¨. Salieron dos números con ese nombre, quedamos dirigiéndolo, Joel Rosales, por Oriente, y yo por Occidente. Posteriormente decidimos cambiar el nombre por ¨El correo Bautista¨. Por un tiempo fue mimeografiada, hasta que se pudo hacer una impresión más profesional y de mejor calidad. Mas tarde pasó a ser dirigida por un joven santiaguero con dones literarios. Un día nos llegó la nueva página impresa, con un logo representando una cruz, y en su base una pequeña pestaña en forma de gatillo. Este logo, tomado de no se que publicación o logotipo latinoamericano, era una forma de expresar la solidaridad con las luchas de liberación de América Latina, de los cristianos inspirados en Camilo Torres.

Francamente no me gustó, se puso en forma inconsulta, y a la larga llegó a ser una piedra de tropiezo para muchos así como el blanco para los ataques más virulentos de nuestros adversarios. Considero que fue uno de los tantos errores que cometimos y que nos costó perder el apoyo de la mayoría del pueblo bautista. Los cristianos no tenemos que ser los abanderados de la violencia, aún cuando sea por la justicia. Pero a tenor de aquellos tiempos, o se era revolucionario o no se era.

El encuentro nacional que soñamos en el Il-62, a nuestro regreso de la Unión Soviética, al fin se concretó en el mes de mayo de 1973, en el Campamento Presbiteriano de Santa Clara, conocido como (CANIP). Allí, respaldados por los pastores presbiterianos de la zona, Carlos Camp y Carlos Piedra, y de los Pinos Nuevos, el profesor Obed Gorrín, nos reunimos 9 pastores y 18 jóvenes laicos, en su mayoría universitarios, de las dos convenciones, para tratar el tema de la responsabilidad social del cristiano. Nos sentimos plena y gozosamente libres de expresar nuestros sentimientos e ideales, compartiendo nuestros sueños de un mundo mejor. Fue como la luna de miel de un grupo ansioso de un espacio de renovación. No faltó la música del carismático José Aurelio Paz (Tury), uno de los cantos favoritos fue ¨Jesús, mi compañero¨ que dice….

Jesús mi compañero
Lo veo en el obrero
Con el que a diario construyo
Bajo el mismo sombrero
Unidos en el trabajo
Y gran edificación
De esta patria socialista
Y de esta revolución.

/ES JESUS MI AMIGO Y COMPAÑERO
SU MANO CONSTRUYENDO VA POR ESTE MUNDO NUEVO/

Jesús su voz levanta,
La oigo en todo el pueblo
Que se solidariza
Con los pobres, con aquellos
Que luchan por la justicia,
Porque todos tengan pan,
Para que como nosotros
Gocen de su libertad.

El mundo no se detiene
Jesús marcha a su lado
Con los hombres que construyen
Y cantan con su trabajo.
Y no se asusten señores
Tarados y con recatos
Jesús es mi compañero
Y está en mi sindicato.

Y como se acostumbraba en aquellos tiempos no podía faltar la declaración final, un verdadero manifiesto al pueblo bautista en que expresábamos el derecho a opciones políticas, y a la vez condenábamos la hipocresía de refugiarse en el supuesto apoliticismo. Lo mas importante es que aquella primera reunión de hace 40 años, fue el nacimiento de un movimiento de renovación llamado a hacer historia en el pueblo bautista cubano.

Sin duda que estábamos reivindicando el derecho a ser aceptados como revolucionarios, tanto por la iglesia como por la sociedad. Un camino lleno de espinas, ya que la mente de la mayoría de los miembros de las iglesias estaba condicionada por el trato discriminatorio y hostil a lo religioso de la ideología soviética que nos regía, y por otra parte los revolucionarios no entendían que pudiéramos ser compañeros confiables, así que de uno y otro lado sufríamos incomprensión. Pero la posición que se estaba conformando en la norma en las iglesias evangélicas cubanas era la del apoliticismo, es decir, la política y la religión no tienen por qué tocarse, cada una en su terreno, bien separadas y distantes. Frecuentemente se citaba la expresión de Jesús, "Dad al César lo que es del César, y a Dios lo que es de Dios". Este apoliticismo extremo era interpretado radicalmente de tal manera que hasta los símbolos patrios fueron desterrados de los templos. La bandera cubana, que muchas veces desfilaba junto a la cristiana en los programa para los niños y jovencitos, fue eliminada. El himno nacional dejó de cantarse, y por supuesto cualquier otra celebración patria desapareció por entero. Se evitaba hasta el lenguaje que tuviera similitud con el público, tales palabras como solidaridad, liberación, no se podían mencionar desde el púlpito. Era el repliegue definitivo ante un mundo que parecía dominado por las fuerzas satánicas.

Y nosotros queríamos sensibilizar a la membresía de las iglesias de que no podíamos vivir de espaldas a nuestra historia. Pensabamos que teníamos suficientes razones bíblicas y teológicas para persuadir a las congregaciones para asumir un papel activo en la nueva sociedad que se estaba construyendo. Pero no teníamos sabíamos como hacerlo, de ahí nuestra ingenuidad al pensar que nuestras buenas intenciones eran suficientes.

Expulsados del Templo

El 11 de septiembre de 1973 llegó la noticia del golpe de estado contra el gobierno de Salvador Allende en Chile, su muerte heroica en el Palacio Presidencia de La Moneda, defendiendo las conquistas de su pueblo hizo un gran impacto. Se instauró una dictadura militar que persiguió y asesinó miles de personas.

En Octubre, se efectuaría el Congreso de la Juventud Bautista en Santiago de Cuba, en la Iglesia donde había crecido y se había formado el joven Frank País, y donde fue un miembro muy activo en la música de la Iglesia. Frank fue uno de los líderes principales del movimiento contra la dictadura de Batista, fue asesinado en plena calle a los 24 años de edad. Frank era un símbolo de la juventud más pura de la ciudad, con razón se le llamó el místico de la revolución.

Fuí invitado a presentar una meditación en el tiempo devocional de la mañana. Tomé el texto en el cual Jesús se presentó en la Sinagoga de su Nazaret y se le ofrece la oportunidad de leer las Escrituras, escoge al profeta Isaías, que dice ¨*El espíritu de Dios del Señor está sobre mí. Me ha ungido para proclamar buenas noticias a los pobres. Me ha enviado a proclamar libertad a los cautivos, a dar vista a los ciegos, a poner en libertad a los oprimidos y a proclamar el año de la buena voluntad del Señor*¨ (Lucas 4.18-19).

Todo estaba muy bonito -dije, seguramente estaban complacidos por ver a un paisano como ellos leer en los antiguos libros de los profetas. Pero la cosa se puso caliente cuando empieza a hacer la aplicación del texto al momento presente, creando una ola de rechazo que fue subiendo de tono hasta que se volvió en un rechazo contra él. ¿Qué dijo de escandaloso? ¨*Esta Escritura se cumple hoy delante de ustedes*¨. Mira, para nosotros no es fácil de imaginar cuan insoportables y peligrosas sonarían estas palabras para los campesinos de Nazaret, que habían sufrido los horrores de las legiones romanas, que crucificaron cientos de ellos apenas unos pocos años atrás, por desafiar el poder imperial. Seguramente pensaron que Jesús los estaba incitando a la lucha por la liberación. El terror se apoderó de ellos, lo expulsan de la sinagoga, tan alterados estaban que lo llevaron a empujones hasta un barranco desde donde casi lo asesinan. El miedo a la libertad, el miedo a los cambios, el miedo a los poderosos, la sujeción a los Herodes y los principales judíos que se sometían a ellos, ese era el contexto de Jesús en el que le tocó vivir. Y en medio de un pueblo necesitado de ser liberado de sus propios temores. Su mensaje era peligrosamente liberador, aunque ciertamente, no con uso de la violencia.

Mi tiempo para el devocional era breve, solo dije que actualizar el mensaje de Jesús siempre provoca conflictos, pero que teníamos que ser valientes como él, y proclamar su verdad. Nuestro amigo Elmer, que estaba sentado en la congregación, me contó como él percibió en el público que le rodeaba una reverberación de malestar y rechazo que iba en ascenso, que le hizo pensar en el incidente de Nazaret. Sólo que yo terminé en el justo momento en que la ola iba a convertirse en peligrosa.

Al día siguiente los de nuestro grupo prepararon una declaración para ser leida condenando el golpe de militar de Chile, y pidiendo oración por las víctimas. No sabemos como, pero de alguna manera se filtró que ¨los izquierdistas han preparado algo¨. Realmente no se encontraba el momento apropiado para leer nuestra proclama, y casi al final del evento uno de nuestros jóvenes pide la palabra para leer una propuesta, apenas empieza, es interrumpido por gritos de parte de unos hombres de la Iglesia, que vociferan ¨No lo vamos a permitir, no van a profanar nuestro templo, fuera de aquí¨, y se forma un tumulto en el que somos sacados violentamente del Templo. Al otro día estábamos en la salida repartiendo nuestra declaración de cristianos rechazando la violación de los derechos humanos y de solidaridad con en el hermano pueblo de Chile.

Te preguntarás, ¿Qué lecciones sacábamos de estas experiencias desagradables? ¿Por qué perseverar en algo que levantaba tanta oposición en la familia creyente? Hay una palabra que sirve al dedillo para describir nuestra intención, y esta es la coherencia. Habíamos llegado a la convicción de que las comunidades cristianas tenían que salir de su ostracismo social, dejando atrás los resentimientos por los malos tratos recibidos de la sociedad, pasar por encima de la nostalgia por un pasado que nunca volvería, aceptando el reto de Jesús de amar aún a nuestros enemigos. Sabíamos que el amor es capaz de pulverizar todos los prejuicios. Además, creíamos que la misión de la iglesia es precisamente salir al mundo, no importan cuan hostil éste fuera, porque es en el mundo donde Dios está actuando para sacar adelante su Reino de justicia y paz.

Eran pues, cuestión de principios. Teníamos que ayudar a despertar a la iglesia de su letargo, para que no se quedara rezagada en la marcha de la historia. A esta tarea le llamábamos ¨concientización¨, que no es otra cosa que abrir los ojos al drama humano, sus causas, sus caminos de liberación. Era una tarea ardua, como quien quiere mover un vagón de ferrocarril, no basta una mano, hay que concertar muchas manos. Nosotros sentíamos esa pesadez y resistencia en todos los niveles. Empezamos a llamar a esa resistencia con el término de ¨estructura¨, para así evitar caer en lo personal. Las estructuras de la iglesia, son el espíritu de la institución, solo preocupada en su autopreservación, temerosa de los cambios. Por supuesto que hay personas aferradas a los cargos de dirección, que no se atreven a asumir posturas que pudieran ser cuestionadas. La demagogia es proyectarse en forma tal que a todo el mundo le caiga bien, que gana fácilmente el aplauso general. Estos líderes religiosos solo se preocupan de mantenerse en sus puestos, tienen un buen olfato para percibir por donde anda la opinión de las masas. No se parecen en nada a los profetas de la Biblia, que declaran la voluntad de Dios sin importarles la reacción buena o mala de la gente.

No obstante, algunos jóvenes mas impacientes, no dejaron de caer en la tentación de dirigir cartas públicas hirientes a los dirigentes eclesiásticos; cartas en las que acusaban a estos líderes de ser reaccionarios. Recuerdo una de esas cartas, bastante dura por cierto, en la que se calificaba de ¨cancerberos de oscuras cofradías¨, y otros términos hirientes al presidente de la convención. Por supuesto las cartas públicas no eran modos eficaces de convencer a nadie, sino solo de crear enemigos.

Un nuevo camino

Gabriel, ¿has oído hablar alguna vez de los curas obreros? Fue un movimiento originado en Francia, por parte de algunos sacerdotes que sintieron la necesidad de que la iglesia estuviera presente en medio de la clase trabajadora. Se daban cuenta que la iglesia había perdido credibilidad entre los obreros por estar encerrada en sus templos y con su liturgia ajena al mundo real. Este grupo asumió la vida anónima, humilde, de ser obreros como los demás, viviendo y trabajando en fábricas. No lo hacían con un fin proselitista, creían que simplemente viviendo y orando en la forma simple de un obrero común, serían como una semilla que daría fruto. Era cuestión de vivir el Evangelio.

Yo leí sobre este estilo de vida consagrada a Dios en medio de la dinámica laboral, sentí admiración por ellos. Por otra parte, nuestra teología renovada iba en dirección de una presencia o encarnación en medio de la sociedad. Veía que la iglesia estaba aislada, marginada de la corriente de la historia. Por otra parte me pareció que eso de predicar desde un púlpito que hay que ayudar a transformar este mundo, siendo un trabajador ejemplar, pero sin asumir el sacrificio que esto conlleva era no ser coherente con la prédica.

Lo pensé y oré bastante por esta inquietud que me aguijoneaba, pues quería vivir en integridad. Un día estaba esperando el ómnibus en una parada, cuando un jeep soviético se detiene, el chofer me pregunta que si iba en cierta dirección, le dije que si, y me invita a subir. Me doy cuenta de que maneja el jeep un joven llamado José Antonio Pernas que está casado con una de las muchachas de las familias de la Iglesia. Conversamos, me cuenta que está al frente de la maquinaria agrícola en la región de Matanzas, que comprende numerosas granjas, algunas dedicadas al cultivo de la caña, otras a la ganadería y otras a la producción de viandas y frutas. Está entusiasmado con su tarea. Me agradó su espíritu positivo y su cordialidad y respeto para un pastor, no imaginé en ese momento que éste iba ser mi jefe en el trabajo.

Cuando uno cumple 32 años se pregunta si va a tener el valor de realizar sus sueños o va a dejar transcurrir la vida sin experimentar el riesgo de andar un camino nuevo. ¿No has sentido, Gabriel, la inquietud, el sustico y la duda ante un desafío? Uno se pregunta si dará la talla, si podrá vencer los obstáculos y salir airoso de la experiencia.

La primera tarea fue convencer a la propia iglesia para que permitiera que su pastor compartiera su tiempo con una labor secular. A mi favor estaba que el pastor que me antecedió, Arturo Corugedo, había desempeñado el oficio de reparador de equipos electrónicos, en su casa y en un horario limitado a pocas horas, pero que de alguna manera también era un tiempo compartido. Pero trabajar bajo las nuevas condiciones de nuestro país resultaba novedoso, de hecho no había un solo pastor de la convención haciendo esto. Otro argumento que favorecía era que la Iglesia no me tendría que pagar mas salario, y se podría usar ese dinero en otros menesteres. Este aspecto me hizo sentir mejor, pues algunos miembros se habían mudado de iglesia, manifestando que no iban a dar mas su ofrenda a un pastor amigo de los comunistas, por lo que el presupuesto de la iglesia se disminuyó.

La mayoría de la congregación tuvo fe en mí y confió que la experiencia iba a ser constructiva, de todos modos si no resultaba, se podía tomar como eso, solo una experiencia. Agradezco esa confianza de los líderes de la Primera Iglesia Bautista de Matanzas, sin su comprensión no hubiera podido seguir adelante. Aquí, Gabriel, hagamos una pausa, para comenzar otro tramo de estas memorias.

6

Agricultura y Utopía

¡Esto es inaudito! ¡¿Que hace ese cura presidiendo una asamblea de trabajadores agrícolas?! Temía que en cualquier momento alguno iba a lanzar cuando menos una carcajada burlona. A penas unos meses de mi ingreso en el mundo de los técnicos y operarios agrícolas, me veo empujado a presidir, junto con otros dirigentes del sector una jornada de análisis y evaluación del rendimiento de la maquinaria agrícola, provista ésta en abundancia por los países amigos del campo socialista.

Todo ese desasosiego se lo debo a mi nuevo jefe, José Antonio, que no tenía el mas mínimo prejuicio antirreligioso. No le importaba la crítica, y se conducía como un hombre de convicciones propias, para mí un modelo de auténtico revolucionario. Desde el principio observé el respeto que le tenían todos los miembros del equipo de maquinaria agrícola de la región Matanzas. Podía convocarlos para cualquier tarea, citarlos antes del amanecer de cualquier día para hacer un recorrido por los diferentes planes, que seguramente ninguno iba a llegar tarde. Sabía tratar a los subordinados con la autoridad de un jefe, pero también sabía ser sensible a las necesidades y problemas que podían presentar, escuchándolos y ayudándolos a resolver cualquier situación familiar. Por su estilo afiebradamente perfeccionista, con un idealismo contagioso, sus colaboradores más cercanos lo bautizaron con el apodo del Loco. Te diré que este tipo de loco son los que hacen una diferencia en el mundo. A través de los años he observado su exitosa carrera en todas las empresas que dirigió, obteniendo resultados de relevancia nacional. En este relato yo seguiré mencionándolo con ese apodo, me parece gracioso, pero lo hago con profundo respeto por el significado mas positivo de este término.

Te contaré, Gabriel, como fue mi bautizo en este mundo, completamente nuevo para mí. La primera semana de trabajo no me dio tiempo para reconocer los papeles en mi buró, pues el sindicato convocó a una urgente tarea de tres días en la labor de "sacar yuca". No se parece en nada al corte de caña, sobre todo aquellos troncos de yuca de Ceiba Mocha, en un suelo durísimo, imagínate que requería la fuerza de dos hombres usando un palo de apoyo para desenterrar el racimo de yuca. Después de dos horas estremeciendo el suelo a puro pulmón, estaba listo para renunciar a comer yuca y sustituirla por cualquier otra vianda que no diera tanto trabajo. Sentí fatiga, luego vahídos y mareos, tuve que pedir un time. No pude mantener el ritmo de los demás. Era comprensible, no estaba acostumbrado y los compañeros fueron condescendientes.

Aprendí a hacer todas las tareas que se hacen con todo tipo de cultivo y a regar fertilizantes. Vi los equipos de fumigación y herbicidas que se según escuché se empleaban sin mucho prejuicio, y que por cierto, acabaron con la fauna, incluidas, mariposas, grillos, ranas, y otras amistades vivientes. Afortunadamente la época la química indiscriminada pasó, ya se usa en muy pocos cultivos y con mesura, y han vuelto los bichitos revolotear en los campos.

El grupo de trabajadores bromeaban y hacían chistes para disipar y coger un aire. Se tenían tanta confianza que el tipo de broma que se hacían unos a otros, todas relacionadas con el sexo, usando las palabrotas mas obscenas que se puedan escuchar, me causó cierta incomodidad. Posteriormente se fueron enterando que yo era un pastor, y entonces me decían, disculpe ministro, sabemos que no se debe decir, pero Ud. sabe como somos los cubanos de jodedores. Me fui acostumbrando a escuchar este lenguaje, usado no solo en momentos relajados, sino también en los de tensión y en las en las reuniones con los jefes.

Trabajé con otros dirigentes que para enfatizar y recalcar algo no podían hacerlo sin una palabrota. Me fui dando cuenta que esta forma vulgar de hablar de un director, estaba muy generalizada, y era una manera de reafirmar un estilo autoritario de mando. Posteriormente, debido a los cargos que ocupé tuve que asistir a reuniones en la dirección provincial, y en ocasiones a otras de más alto rango en La Habana, percibiendo con claridad desde esta altura la pirámide de mandos en que estaba construido nuestro sistema económico. Supongo que en todo el mundo socialista hasta ahora sea sido parecido, con un gusto especial por el lenguaje militar, de brigada, pelotón, contingente, campamentos etc. Con una raíz basada en el autoritarismo, y un fruto resultante el miedo a caerse del cargo.

Hablando de dirigentes y jefes, nuestro sindicato de trabajadores agrícolas tenía un secretario provincial, al cual tuve que ver en varias ocasiones. Se llamaba Luis, pero los trabajadores lo apodaron Luis Muela. Aquí se dice dar muela, al que habla mucho y también se dice dar ¨teque¨. Pues este señor, que conmigo se portó amigable, tenía esta fama de parlanchín, politiquero, no le caía muy bien a muchos compañeros, porque no representaba la voz de los trabajadores, sino solamente la política que le ¨bajaban¨ desde las esferas superiores y que él interpretaba en forma autoritaria. Parece que se granjeó algunos enemigos, pues un día nos enteramos que se había fugado en una lancha hacia la Florida, y por cierto me contaron que uno de los que habían sufrido sus extremismos se lo topó en las calles de Miami resultando una señora golpiza. Así pasa con los que no son auténticos, y solo son muela.

Y hablando de Luises, tuvimos otro dirigente, diferente a Muela, a este se le apodó Luis Abeja, porque era el jefe de la producción de miel de abeja de la agrupación. Todavía me lo encuentro en las calles de Matanzas, y me da alegría saludarlo, se conserva con mucha fortaleza, con su color rojizo. El desempeñaba el importante papel de ideológico del Partido. Recuerdo a Luis Abeja hablándonos de la importancia de la participación de Cuba en la guerra que libraba Angola contra las bandas mercenarias y contra el gobierno racista de Sudáfrica. Hablaba con palabras sencillas y cargadas de convicción política de la necesidad de voluntarios para esa lucha. Su rostro se tornaba mas colorado aún cuando la emoción le brotaba al hablar del próximo y definitivo triunfo del socialismo. ¨Estamos en la etapa final del capitalismo- decía, Vietnam está derrotando a los americanos, a pesar de que están usando todo su poderío, sus bombas de napalm y todo eso. Es verdad que en América Latina ha habido un retroceso, con los gobiernos militares que asesinan a los pueblos, pero ya verán como finalmente triunfamos. El campo socialista está ayudando a los pueblos africanos a liberarse del colonialismo y miren ustedes, las monarquías están cayendo, como en Etiopía, donde nosotros también hemos ido a ayudar. Compañeros, es importante que Cuba así como nosotros recibimos ayuda del campo socialista la brindemos a otros pueblos¨.

Varios compañeros dieron un paso al frente para ir a pelear a Angola, entre ellos José Antonio y el propio Luis.

Me gustó de mi nuevo trabajo que no era sentado en un buró llenando papeles. Todas las semanas teníamos que salir por los distintos planes a inspeccionar la maquinaria agrícola. Para mí fue una revelación conocer, en cada granja que visitábamos, la inmensa cantidad de equipos con que se contaba. Podíamos recorrer los parqueos de tractores alineados por marcas, los distintos tipos de arados, las cosechadoras, los equipos de fumigación, las ¨novias¨ (especie de talleres móviles para ir a los campos a reparar los equipos rotos), los talleres e instalaciones de mantenimiento de toda esta maquinaria. Todos los años llegaban nuevos envíos de los países socialistas, especialmente de la poderosa y fraternal Unión Soviética, que no solo enviaba equipos, también el petróleo, además de ofrecer viajes de entrenamiento a los técnicos. Teníamos un técnico en la provincia, precisamente apodado El Soviético. Todo aquello era parte del inmenso proyecto de hacer a Cuba un país con agricultura de un país desarrollado. Con decirte, que había un tipo de tractor, marca Zetor, que los operadores habían adaptado para correr a cierta velocidad, que lo usaban más como taxi que en labores de la tierra. No creo que haya habido un país en el mundo con más maquinaria agrícola por kilómetro cuadrado que el nuestro.

Una vez regresábamos de un activo de maquinaria en Colón, el loco conversaba animadamente conmigo en el jeep. Al pasar cerca de Jovellanos, me dijo señalando a una plantación de cítrico que se perdía en la distancia, ¨Mira, ves esas plantaciones de cítricos, eso cubre todo el sur de la provincia de Matanzas, la mayor plantación de cítricos de América Latina. Ahí el comandante Félix Duque ha hecho producir terrenos cubiertos de rocas y malezas; a dinamita y coraje ha hecho que la tierra se vuelva un jardín de naranja, mandarina y toronja. Se ha construido una fábrica para procesar este cítrico¨. ¿Y quién cosechará tanta fruta, si la población campesina en esa zona debe ser reducida? –inquirí. ¨Todo está bien planeado, se han construido cuarenta grandes y modernas escuelas secundarias para miles de muchachos que se traen del oriente del país, para que estudien y trabajen, así se educarán mejor¨. Efectivamente, pude ver a lo lejos en la planicie las siluetas, que me parecieron buques navegando en medio de un océano verde, de las flamantes escuelas.

El loco rebozaba de entusiasmo al aproximarnos a nuestra ciudad, y señalarme el segundo prodigio de la provincia, el plan ganadero de Llanuza. ¨Estas son las tierras que han sido compactadas y convertidas en cuartones¨, me explica. Observo las hermosas vacas lecheras procedentes de Canadá. Me explica que se recibe pienso de la República Democrática de Alemania, a cambio nosotros le enviamos melaza, un subproducto de la caña de azúcar. ¨Fíjate allá se pueden ver los edificios modernos de la comunidad de Triunvirato, ahí viven los campesinos que estaban dispersos en estas tierras¨. El campo de Cuba ha cambiado, ya los hijos de los campesinos son operarios de modernos equipos, técnicos o profesionales.

Estamos entrando en la ciudad, la conversación ha continuado en torno a los avances del socialismo en el mundo. ¨Ves Paco, cada año avanzamos un poco más, en África, en el Asia, el socialismo se está imponiendo en todo el mundo, tal como Marx lo predijo¨. Se hace un silencio, el jeep hace una parada para dejar al último de los compañeros que nos acompañan. Quedamos solos José Antonio y yo, entonces en la atmósfera de mayor confianza, me dirige una pregunta. ¿Me puedes explicar, Paco, para qué sirve la Iglesia?

La pregunta me situó a la defensiva. El me acababa de dar un recorrido que mostraba su socialismo triunfante. Estaba convencido de que lograríamos realizar la soñada utopía de una Cuba nueva, sin pobreza, analfabetismo, ni los otros males del subdesarrollo. Cada año, cada nuevo proyecto en ejecución nos aproximaba a la meta. Para esto trabajaba el loco abnegadamente todos los días, y los fines de semana los dedicaba a superarse en la Universidad, quería ser un ingeniero pecuario.

Yo en cambio representaba a una institución que escasamente sobrevivía en un ambiente hirviente de cambios; la Iglesia replegada en su refugio sin una clara razón social, y además sometida a la crítica de ser el rezago de un pasado agonizante. ¿Qué le iba a responder a un comunista honesto y consecuente? Callé un instante, luego fui extrayendo trabajosamente mis palabras, ¨Mira José Antonio -se me ocurrió decirle, no hay sociedad perfecta. La humanidad siempre es vulnerable al egoísmo, a los vicios del poder, a la corrupción. La Iglesia será siempre una señal de vida y un remedio para esa debilidad humana. Yo comprendo tu optimismo, pero no olvides la naturaleza humana siempre expuesta a sus propios errores¨.

No creo que la respuesta haya resultado convincente para él, y ni siquiera yo mismo me sentí satisfecho. Debía pensar en eso un poco más, porque no debía ser justificación de la existencia de la iglesia la sola fragilidad humana, como si se tratara de un andador o un bastón para un discapacitado. ¿Por qué íbamos a situarnos como iglesia solo en la retaguardia de la marcha humana? ¿Por qué ser solo el recordatorio de su fragilidad?

Sabes Gabriel, me fui a casa bajo el influjo de la nostalgia. La nostalgia por una utopía que estuvo en las raíces mismas del cristianismo que predicamos, y que ahora se adueñaba de los espíritus de esta generación de revolucionarios. Porque la utopía es esa visión de un mundo diferente, un horizonte que mueve a la transformación del presente, hacia una sociedad lo más perfecta posible. Nunca se alcanzará la utopía, es como una luz en un carro que alumbra hacia el camino a recorrer, siempre nuevo siempre retador. Para Jesús la utopía era ese Reino que vino a traernos, con señales prodigiosas todas a favor de la redención humana. Por esto sufrió la cruz, porque el imperio romano no podía tolerar semejante sueño de justicia y paz. No es extraño que a unos les pareciera locura o tropezadero, el sueño de un mundo diferente siempre ha sido tildado de locura (I Corintios 1.23).

Ese año que empecé a trabajar, el 1974, fue importante por dos razones, una el inicio de la participación cubana en la guerra de Angola. Por los centros de trabajo se reclutaban los voluntarios para ir ayudar al gobierno de la recién liberada colonia portuguesa, lidereada por el Dr. Agustino Neto, que estaba siendo amenazada por la racista Sudáfrica y por bandas enemigas. La segunda razón fue que se empezó a discutir la propuesta de la primera Constitución Socialista de nuestro país.

Luis Abeja convocó a discutir la propuesta de Constitución, nosotros sentíamos expectación, porque nuestro país había vivido por quince años sin una constitución reconocida. Se iba a discutir el proyecto de la primera constitución de un estado marxista leninista en América Latina. Cuando leyó la primera parte la introducción, sentí una gran decepción, que por ser un recién llegado a ese mundo, no me atreví a expresar. Se trataba de una larga introducción en la que se describían las luchas históricas que había desarrollado nuestro pueblo por su liberación y dignidad, pero al llegar al tiempo de la revolución, se hace un elogio tan exagerado a la poderosa y fraterna Unión Soviética, como si le debiéramos a ella todo lo que habíamos alcanzado en estos años. Ciertamente, no es que no fuera verdad el apoyo grande que significó en la economía y en la seguridad nacional, pero no me parecía que la Constitución fuera el lugar para tan exaltada alabanza. Hoy somos más críticos y nos damos cuenta de que estar a la sombra de la Unión Soviética también era estar a la sombra de los métodos de autoritarismo estalinista. Por supuesto que otros aspectos ideológicos materialistas de la constitución dejaban un sabor amargo. El fundamento del estado cubano era ahora la concepción materialista y atea del universo, en la que se garantizaba, es verdad, la libertad de culto, pero en la desventajosa situación de ir en contra de la corriente favorecida oficialmente. Se parecía mas a una tolerancia benévola que a un derecho humano fundamental.

La discusión de la Constitución ocurrió sin apenas intervenciones de los trabajadores, la unanimidad era la norma, y este vicio de la unanimidad lo consideraban una virtud y una muestra de la unidad de nuestro pueblo, y no de una actitud propia de rebaños que no piensan, como me ha ido pareciendo, y que tiene como resultado final el vacío ideológico. Lamentablemente vinieron los cambios de estructuras, y desaparecía la región INRA, para dar paso a empresas mas independientes, y el Loco fue designado a dirigir en la pecuaria, yo me quedé por un tiempo mas en la Granja de Cultivos Varios, hasta que Gladis, miembro y amiga querida de nuestra iglesia, me gestionó trabajar donde ella, en la Dirección Provincial de Acopio, ubicada en la calle de atrás de la Iglesia, y me cambié de trabajo, para un escalón superior en la escala burocrática, siendo jefe de precios de la provincia. Nuevos jefes, nuevos aprendizajes, nuevos compañeros. Raid él se llamaba el director, muy locuaz, ejercía su liderazgo con autoridad y puedo decir que también era sensible a los problemas de los obreros.

El primer televisor

Cambiando de tema, te contaré Gabriel, como fue que logramos comprar el primer televisor en nuestra casa, para que tengas una idea de cómo era nuestra vida en aquellos tiempos. Se pidieron voluntarios para trabajar en la construcción de un nuevo taller de maquinaria, y me ofrecí, no quería quedarme rezagado. Mi tarea fue carretillar concreto, durante varios días, en jornadas bastante fuertes. Unos días después se anuncio que llegó una asignación de televisores para los trabajadores destacados. No pensé que, dado el poco tiempo llevaba en el trabajo pudiera tener la oportunidad alcanzar ese privilegio, pero los compañeros me dijeron, no pierdes nada en solicitarlo. Así lo hice, y a los pocos días vino la lista de los trabajadores beneficiados, yo estaba al final, pero estaba. Compramos uno de aquellos televisores rusos en blanco y negro, que pesaban tanto que se necesitaban dos hombres fuertes para cargarlos. Pero fue una gran alegría para nuestra familia, ya nuestras hijas no tenían que ir a casa del vecino a ver sus muñequitos.

La mayoría de los equipos electrodomésticos, excepto ventiladores y radios, se adquirían por los centros de trabajo. Las asambleas de trabajadores a veces se caldeaban cuando solo venían pocos artículos y había varios que los solicitaban, como por ejemplo una bicicleta. Las discusiones sobre quien tenía más mérito en ocasiones enemistaron a las personas. También se recibían tickets para comer en un restaurant o unos días en la playa. Significaba esto que quien no estuviera trabajando en una empresa se quedaba al margen de tales beneficios.

Era una sociedad muy simple. Todos tenían los mismos derechos, porque por la libreta de racionamiento se asignaban todos los artículos necesarios, aunque tal vez no de la mejor calidad. Recuerdo las cuchillas de afeitar soviéticas, bautizadas como ¨lágrimas de hombre¨, por lo ardiente que dejaban la cara. En algunas ocasiones, aún con el derecho de la tarjeta, había que hacer colas, frecuentemente de una noche para adquirir, por ejemplo sábanas o toallas. Tu abuela Lila tenía siempre, como decimos, la chispa y la disposición para las colas imprescindibles. Gracias a ella que en ocasiones organizaba las colas para que no hubiera peleas, recibimos lo que nos tocaba. Los juguetes por el Día de los Niños, fue otra de las batallas, los mejores juguetes se adquirían por las libretas que resultaban ganadoras en un sorteo, pero algo siempre quedaba para los de menos suerte.

Todo, absolutamente todo estaba distribuido por las tarjetas de racionamiento. El tubo de pasta dental del mes, los jabones, en fin todo lo necesario para el aseo. Por supuesto, la misma clase de producto para todo el mundo, no se pasaba trabajo escogiendo, y había que ser ahorrativo, tenía que alcanzar para el mes, podrás imaginarte como se exprimían los tubos de pasta.

Teníamos carne cada 9 días, y pescado con bastante frecuencia. Afortunadamente la flamante flota pesquera cumplía su plan de pesca en los mares del norte, y no nos faltaban la merluza o chicharro, en ocasiones los calamares en abundancia. No podíamos decir que se pasara hambre, aunque tal vez no comíamos lo que deseábamos, el aburrimiento por la misma dieta se expresaba en chistes, que siempre han sido una válvula para atemperar la presión. Hubiéramos preferido no comer tanto chícharo, pero era lo que se conseguía en el mercado internacional con precios bajos. El pollo era vendido vivo y matarlos y desplumarlos en casa, esa era labor que me tocaba, así como preparar los pescados.

Vivíamos muy modestamente, pero lo imprescindible no faltaba. El padre de Lila tenía dos vacas lecheras, y cada cierto tiempo nos enviaba leche condensada que él mismo hacía y otros alimentos. Las cajas que recibíamos periódicamente de su generosidad nos ayudaron mucho en la casa.

De este período puedo decirte una cosa. A pesar del referido aburrimiento, sentíamos que todo el mundo vivía igual, nadie carecía de lo indispensable, no teníamos personas mendigando en las calles, ni niños que no recibieran su leche y tuvieran sus escuelas. No había ambición por el dinero; sabíamos que lo esencial estaba garantizado y el dinero del salario alcanzaba. Es verdad que nos quejábamos mucho de la monotonía de lo disponible para el consumo, pero soñábamos que íbamos a mejorar. No teníamos contacto directo con el mundo, porque no venían turistas, y apenas alguna visita familiar de la comunidad de Miami.

Una de las primeras cosas que hizo Lila fue aprender a coser en un taller cercano. Teníamos dos niñas en pleno crecimiento, y si queríamos verlas bien vestida, pues no había otra alternativa, toda su ropita era hecha en casa. Una vieja máquina de coser Singer, de principios de siglo, se la pudimos comprar a un buen amigo. Así fuimos campeando los tiempos de austeridad nacional, en el difícil camino de construir el socialismo. Yo agradezco a la mujer que tengo, porque supo enfrentar todas las situaciones, y a las niñas no les faltó nada, su preocupación por su educación fue lo máximo, hizo que se prepararan para la escuela de Arte provincial, para ellas la mejor opción educativa.

El Pastorado

¿Cómo pude desenvolverme como pastor obrero? Pues te imaginarás como el tiempo había que aprovecharlo. Mientras el Loco fue mi jefe no tuve problemas para alguna que otra ausencia para reuniones fuera de la provincia, fue extremadamente condescendiente en ese aspecto. Aunque a veces se me trocaban los papeles. Recuerdo una vez que el Loco estaba revisando un informe y me llama, Paco, qué es esto que pusiste aquí, ¨área de pastores¨, no, ¡es área de pastoreo! En otras sentía el impulso de comenzar el culto de la Iglesia, como en las asambleas, con el consabido ¨bien compañeros¨.

Lo que más me afectaba fue el poco tiempo disponible para estudiar. Eso si lo sentía hondamente, pues quien no estudia y se supera se va quedando vacío de ideas. Muchas veces las ideas de los sermones las iba colectando en el diario vivir, y luego el sábado dedicaba un tiempo para redondearlo, aunque para decirte la verdad a veces me amanecía el domingo sin tener muy claro lo que iba a predicar. Te confieso que si algo guardo recuerdos no muy gratos es de las ocasiones en que me presenté ante la congregación sin estar debidamente preparado.

Todavía hoy pido perdón a Dios, por las ocasiones en que llené el tiempo del sermón con anécdotas insustanciales, que seguramente dejaron a la gente tan vacía como yo mismo me encontraba. Los pastores tienen la presión de ¨tener que predicar¨, a veces sin tener algo que predicar, o más necesitado de que se le predique. Pero Dios sabe que me he sentido responsable de esas personas que vienen el culto con sus necesidades, problemas, ansiedades, deseando una palabra que ilumine e inspire sus vidas. Esos días vacíos, me causaron un dolor, que todavía hoy no se ha borrado.

Pero puedo decirte, que guardo en un cajón cientos de sermones que sí me hicieron sentir feliz. De verdad nunca me paré en el púlpito sin algo escrito, aunque no lo lea todo, pues no me gusta improvisar. En realidad me gusta predicar, creo que es una de las acciones más productivas que se pueden realizar. Es una forma muy valiosa de servir a la gente, cuando se hace con el corazón puesto en la tarea, cuando se busca que sea una palabra inspirada y verdadera, y no uno una manipulación emocional. Porque seguramente has visto hasta en la televisión de tu país los showman, los predicadores que son más artistas en un escenario, manipulando sentimientos, distrayendo con historietas fantásticas, con el objetivo de conmover y manipular a la gente. No eso no, eso es una deshonra del púlpito, una vergüenza y una plaga que nos está llegando a nuestra tierra.

¿Las cosas que menos me gustaban del pastorado? Pues ya sabes, que despedir duelo, fue siempre mi mayor dificultad, y tantas veces que lo he tenido que hacer. La otra cosa que me causaba desagrado, era el escuchar quejas del supuesto mal comportamiento de algún miembro de la Iglesia. En nuestra formación conservadora, el principal pecado tiene que ver con el tema del sexo. Cuando me venían con un chisme, con un comentario respecto al "mal testimonio", y esperaban que como pastor tuviera que tomar cartas en el asunto, resultaba algo realmente engorroso. Una vez una persona me viene con la historia de que vio a una joven líder de la Iglesia en la playa con su novio, solos, y dice la chismosa, se besaban. Como se trataba de una joven con liderazgo yo me veía en la obligación de llamarla. Que horrible error el mío cuando le mencioné el asunto, esa muchacha se avergonzó de tal manera que dejó de asistir a la Iglesia.

Otras situaciones parecidas en que se debía aplicar la disciplina de la Iglesia, chequeando y vigilando la vida privada de las personas acusadas de alguna conducta impropia, en el afán de que la Iglesia solo debe estar compuesta solo de personas perfectas, nunca produjeron buenos frutos. A estas alturas me doy cuenta que la mayoría de las veces se trata de una pérdida de tiempo, las personas viven en un proceso de crecimiento, en el cual van dando pasos, y a veces tropiezos, y si tienen dentro de sus corazones el deseo de ser mejores, de vivir con dignidad y respeto a los demás, se van a levantar, sin que sea necesario levantar el dedo acusador.

Creo que hay mucho fariseísmo en nuestras iglesias, y una obsesión por el tema del sexo, que hace olvidar otros temas que tienen que ver con la justicia y la misericordia, que si son centrales en la Biblia. No es que todo esté permitido, pero si que la escala de valores que se usa para juzgar a otros está viciada por nuestros prejuicios, hipocresías y sobre todo falta de amor.

Cuando pasaron los años y gané en experiencia y claridad espiritual, fui creciendo en la comprensión de la actitud pastoral respecto a la llamada disciplina de la Iglesia. Te contaré lo que pasó posteriormente, y con esto me salgo un poco del orden cronológico que llevo en esta narración. Se trataba de una joven miembro de la Iglesia que quedó embarazada sin estar casada. Los diáconos de la Iglesia me plantearon que yo debía de hablar con la muchacha y sugerirle que se casara, misión que fui disciplinadamente a cumplir. La joven, cuando le hablo de un posible matrimonio, me dice con una gran honestidad, no, no vamos a casarnos obligados por el hecho de que estoy embarazada, nos casaremos cuando tengamos plena convicción de que es lo que deseamos para nuestras vidas, y nuestras familias nos apoyan. Yo me sentí impresionado por su honestidad y le expresé mi respeto por tal decisión, y que me sentiría muy feliz de presentar a su venidero bebé en el Templo, la recibiría como a una nieta, y terminé dándole un abrazo.

Cuando relaté a los diáconos la entrevista, les dije que esa muchacha tenía un gran valor, y que lo que debíamos de hacer es apoyarla como hizo su familia, y darle todo nuestro amor. Hubo algunos diáconos que expresaron que esta nueva ética los confundía y que se sentían como dinosaurios. Otros diáconos más jóvenes expresaron su apoyo a mi propuesta y se logró que el problema quedara resuelto. Otras situaciones se fueron presentando en el futuro, complejas también.

En esos tiempos me sentí muy afortunado de contar con un cuerpo de diáconos formado por personas muy buenas y de mucho prestigio, de una trayectoria ejemplar en sus vidas familiar y laboral. Generalmente me apoyaron y en los momentos críticos que pasó la Iglesia en sus relaciones con la denominación fueron fieles baluartes. Pero te voy a contar uno de los momentos de tensión y más difíciles que tuve con los queridos diáconos. Resulta que se acostumbraba que las personas que iban a ser bautizadas, después de recibir las clases de requisito para la membresía, se sometieran a la aprobación del cuerpo de diáconos. En esta ocasión me aprueban a casi todo el grupo, excepto a dos, se arguye que uno anda con homosexuales y el otro que se comenta que lo es. Aquella decisión había que presentarla a la congregación, que es quien decide finalmente.

Desde que los diáconos tomaron la decisión de excluir a esas dos personas, me sobrecogió una preocupación que no me dejaba dormir. Me imaginaba explicando a la congregación por qué dos hermanos que han estado participando de la vida de la Iglesia, que son apreciados por muchos no podían bautizarse por la supuesta condición homosexual de los mismos. Lo menos que podía esperarse es que hubiera una gran pelea que sin duda causaría heridas profundas. Estuve orando y meditando varios días hasta que decidí convocar a una reunión de diáconos con los miembros que a mi criterio eran los más esclarecidos, la gente mejor preparada de la congregación.

La reunión fue larga y se habló con entera sinceridad, yo simplemente serví de mediador, dejé que cada parte se expresara. Los diáconos expusieron sus puntos de vista, basados en los comentarios de la calle y el descrédito que pudiera causar a una iglesia recibir personas tildadas de homosexualismo. La otra parte basó su defensa en el carácter que debe tener una iglesia que no se guía por los chismes de la calle, sino por la sinceridad, el testimonio de vida que observan en las personas. Que los referidos candidatos, si en verdad tenían como amigos a homosexuales, o eran en ellos mismos homosexuales, no eran promiscuos, ni de una vida desordenada, que ellos los conocían bien y que la iglesia debe ser una familia incluyente, ya que Jesús no excluiría a ninguna persona. En fin, no puedo memorizar todos los argumentos, pero lo cierto es que los diáconos tuvieron que dar su brazo a torcer. Ciertamente hubo alguno que se molestó mucho, y dijo que no iría mas a una reunión de diáconos, pues sus decisiones se revocaban luego. Pero yo me sentí tranquilo, porque evitamos, tal vez una división seria dentro de la comunidad. Y la Iglesia fue creciendo en ese espíritu de inclusión, no de rechazo a persona alguna que sinceramente busque a Dios.

Como te decía, en esta parte del mundo las iglesias evangélicas tienden a ser muy moralistas, en ese sentido estrecho de defender una serie de normas de conducta de manera inflexible. Es cierto que sin normas de conducta a que atenernos no es posible que la vida social se desenvuelva. Pero cuando esas normas no toman en cuenta las variadas circunstancias en que la vida se da, y se aplican indiscriminadamente, en lugar de ayudar, pudiéramos causar más daño del que pretendemos evitar. Hay situaciones en que es muy confuso establecer los límites entre el bien y el mal, y es mejor que sea el tiempo arregle las cosas, probablemente en este mundo siempre habrá que muchas decisiones que caen en ese terreno de lo incierto.

Mira, te voy poner este ejemplo, quizás el último, para que veas, como la gente de Iglesia actuamos enjuiciando la vida privada de las personas. ¿Te acuerdas de aquel caso pastoral, el más difícil que se me presentó en los inicios de mi pastorado en Matanzas, del hombre joven que murió de leucemia? Pues, le dejó a la viuda una grandísima tarea, dos niños pequeños, y uno de ellos, el varón con un temperamento hiperquinético, de los que es difícil, muy difícil de controlar. No sé qué diagnóstico darían los sicólogos, pero el recuerdo que tengo de él es que indudablemente requería un tratamiento especial o volvería loca a la madre. Pues al cabo de un año de viudez, aparece un personaje en la familia, un hombre muy noble, callado, pero de una fortaleza física y un carácter firme que empezó a visitar y a ayudar a repasar las clases y controlar a aquel muchacho. En fin este señor terminó mudándose para la casa y asumiendo el rol de padre y esposo, que faltaba. Eso fue una bendición, el muchacho logró entrar en camino, pudo vencer los estudios en la escuela, y posteriormente entrar en la escuela de arte y hacerse un músico excelente. Yo dudo que sin ese padre adoptivo pudiera haberse encaminado tan exitosamente. Pero los diáconos de la Iglesia comenzaron a preguntar si no se iban a casar, que si el hombre ya estaba casado con su esposa hacía años en el extranjero, etc., etc. Casarse implicaba que la viuda perdería la pensión que le dejó su esposo, y por otra parte iniciar un proceso de divorcio del hombre que tenía su esposa legal, aunque hacía años que no se relacionaban. En fin que cuando me encargan con la tarea de plantear la necesidad de legalizar el matrimonio, la señora me dice que no van a casarse por el momento. Los diáconos entonces deciden que no puede seguir siendo miembro de la Iglesia. Y me vuelve a tocar la triste tarea de comunicar esta decisión, cosa que me perturbó bastante, y me hizo dudar de nuestro afán de arreglarles la vida a los demás, a nuestro modo, por supuesto.

Así nos perdimos la posibilidad de acompañar pastoralmente a esta familia, aunque los lazos de afecto y el respeto que me guardaron se mantuvieron siempre, indudablemente que la Iglesia perdió una familia, unos niños a quienes educar en la fe, en fin seguimos nuestras normas, pero perdimos mucho mas.

El tiempo ha pasado y hemos aprendido las lecciones de la vida. Otras situaciones complejas se presentaron y los diáconos y yo fuimos aprendiendo a defender la vida, a defender lo mejor para las personas, por encima de los códigos morales. No es que todo está permitido, pero que lo esencial es acompañar a las personas para que ellas hagan las mejores y más sabias decisiones en sus vidas. Claro que hay cosas que no se pueden permitir. Un cristiano no puede abusar ni violentar la dignidad de otro, no puede comportarse contra la decencia y las buenas costumbres, no puede hacer nada en oculto para beneficio egoísta de su persona. El amor es y seguirá siendo, la norma suprema de un cristiano, y punto final a estas disquisiciones.

COEBAC

Volviendo al hilo de nuestra narración, nos situamos de nuevo en el año 1974. Un día nos sorprende la visita de Livio en Matanzas. Ha venido a decirme que el grupo de bautistas progresistas de Oriente se reunieron en Holguín y decidieron darle forma organizada al movimiento, creando lo que llamaron Coordinación Obrero Estudiantil Bautista de Cuba (COEBAC). El objetivo era tener una presencia visible de bautistas en el mundo ecuménico, ya que la Convención de Oriente se había retirado del Consejo de Iglesias, a raíz de una declaración que condenaba la guerra de los norteamericanos en Vietnam, por considerar que el Consejo se estaba politizando. Pero además, ya era hora de que todos los hermanos y hermanas progresistas dispersos por el país tuvieran una organización que los ayudara a fortalecerse teológica y bíblicamente. Ya había llegado la hora de hacernos sentir, de confirmar a aquellos que no querían vivir en una dicotomía, una división esquizofrénica entre el mundo de la iglesia y la realidad social. Sabíamos de muchos bautistas que eran destacados en sus centros de trabajo, asumían posiciones de avanzada ideológica, pero que al entrar en la iglesia se les hacía olvidar todo lo que eran en la semana y vivían otra vida; en resumen, no conectaba su fe con su diario vivir. La COEBAC surgía para decirles que no estaban siendo infieles a Jesucristo, que por el contrario, es en la vida diaria donde se demuestra nuestro auténtico discipulado.

La COEBAC surgió como un sueño hermoso, para aglutinar a una minoría dispersa a lo largo de la isla, pero una minoría consciente de tener una voz profética y un mensaje claro a las iglesias bautistas del país. Como debes saber, Gabriel, en Cuba había entonces tres asociaciones bautistas, los occidentales, los orientales y los bautistas libres. La COEBAC llegó para ser la organización que reuniría gente de todas ellas.

No le dio mucho trabajo a Livio convencerme. Acepté ser uno de los cinco secretarios que dirigirían la organización. Había que cubrir varios frentes, de acuerdo a las diversas tareas a realizar. Se necesitaba otro más de la región occidental para que hubiera un mayor equilibrio, y salí a consultar a los jóvenes de La Habana con los que me reunía, pero recibieron con frialdad y desconfianza la propuesta. Les parecía que no era necesario crear una organización, me dijeron que solo serviría para escalar posiciones de poder y privilegios. Que estaban notando que los cargos ecuménicos estaban siendo utilizados para beneficios personales, como viajes al extranjero, etc. En fin, hubo que apelar a un joven, Dúban, que provenía de la iglesia luterana y recientemente se había hecho bautista, para invitarlo a asumir el cargo que faltaba. Así se echó a andar la organización, sin otros recursos ajenos a nuestros bolsillos, con muchos deseos de hacer cosas. Los Campamentos sobre la responsabilidad social del cristiano se planearon para cada año hacerse en un lugar diferente: Santa Clara nuevamente, Santiago de Cuba, La Habana Matanzas. Y que maravilla, otros bautistas de la región pronto sintieron deseos de conocer que estaba pasando en la Cuba revolucionaria, y vino de México uno de los biblistas mas importante del mundo protestante latinoamericano, Jorge Pixley. El se encantó con el proyecto, y brindó el seminario de México para la formación de líderes.

Cada año aumentaba la asistencia a los campamentos, era tan atrayente el ambiente de libertad, creatividad, juventud que el que asistía una vez no se perdía el siguiente y traía a otros. Al mismo tiempo estaba ocurriendo algo interesante en la Convención Bautista Occidental. Un joven presidente, Heberto Becerra, propugnaba una relación más constructiva con las autoridades del país. En el Seminario Bautista de La Habana Naranjo y Raúl ejercían una influencia positiva y apoyaban que los estudiantes, al igual que todos los otros estudiantes del país, participaran en jornadas productivas en la agricultura. El trabajo voluntario, era un signo de buena voluntad y de sensibilidad humana.

La publicación "El Correo Bautista", vino a convertirse en el órgano oficial en se publicaban artículos escritos por nosotros o por autores de otros países. No salía con regularidad, pues todo nuestro trabajo era voluntario y enfrentando múltiples limitaciones. Pero logramos una publicación que sin duda llenó una necesidad de orientación y profundización en el pensamiento progresista.

Por otra parte en la Iglesia de Raúl, Marianao, se estaba dando un proceso de transformación a partir del diálogo pastoral de Raúl con los jóvenes universitarios y profesionales que asistían a la Iglesia. Empezaron a participar en los campamentos de la COEBAC, y un día recibimos la sorpresa de que se ofrecía en el 1978 la Iglesia Ebenezer de Marianao para ser la sede de uno de los Campamentos. Fue un evento que marcó un hito en la historia de la COEBAC. Además de una nutrida participación de jóvenes, llegó una delegación de jóvenes bautistas de Suecia. Fue la primera vez que recibíamos un grupo tan numeroso, unos veinte jóvenes y muchachas nórdicos, entusiastas y muy interesados en conocer la realidad de nuestro país. Fue muy bonito oírlos cantar "El pueblo unido jamás será vencido", que fue una consigna que nos llegó de Latinoamerica.

Tuvimos algunos contratiempos, porque ellos no vinieron oficialmente, es decir las autoridades no quisieron dar permisos oficiales, sino que entraron con visa de turistas, y eso en aquellos tiempos significaba que cualquier contacto con instituciones estatales se hacía más complicado y a veces imposible. Del programa elaborado hubo que suspender muchos encuentros planeados, y pasamos tanta vergüenza cada vez que teníamos que decirles que no se podía ir a tal o mas cual lugar. En Matanzas, por ejemplo quería que tuvieran un encuentro con el Poder Popular, para conocer nuestro sistema político, y por supuesto, no pudo ser. Aquella visita que fue tan estimulante para la COEBAC, por otra parte nos dejó un sabor amargo, al experimentar que nuestro país fuera tan cerrado y desconfiado del mundo exterior, ¿es que no se daban cuenta de la contribución que hacíamos a una conciencia social entre los bautistas?

Ese año de 1978 marcó el crecimiento del movimiento a un nivel de masividad que nunca soñamos. A la incorporación de la Iglesia Ebenezer de Marianao le siguió la W. Carey del Vedado, lo que significó un la incorporación de mucha gente valiosa de La Habana, que eran líderes en la obra bautista occidental. Hasta ese momento Naranjo y Estela, Raúl y Clarita su esposa, Adalberto y Ena, estos últimos de la Iglesia del Reparto

Mañana, eran líderes dentro de la denominación, aunque ya sometidos a una crítica, que con su incorporación a la COEBAC se hizo más acerva. Indudablemente la polarización en la obra bautista occidental se incrementó, con acusaciones dirigidas a la militancia de la COEBAC, de estar envueltos en política.

Como te dije, tuvimos un presidente en la Convención que se llamó Heberto Becerra, quien trabajó por el mejoramiento en las relaciones de la Convención con el Estado. En este sentido apoyó al Seminario para que los estudiantes tuvieran la experiencia de participar en el trabajo voluntario de un par de semanas al año en la zafra. Esto fue lo primero que los adversarios usaron como bandera, y lograron que la Asamblea de la Convención desautorizara esta práctica. El propio Becerra fue atacado, y en las próximas elecciones fue sustituido por un presidente de corte derechista. Este fue el inicio de una campaña bien dirigida para desacreditar primero y eliminar después a todas las personas que hubieran manifestado un pensamiento que consideraran favorable o de apoyo al sistema social vigente. Constantemente se predicaba sobre los que "se unen al mundo", "le hacen el juego al diablo", "pervierten el evangelio mezclándolo con política", etc. Los nombres de los "rojos", ya circulaban en listas negras, y el seminario fue depurado de tales influencias perversas. Los profesores del seminario tenían ahora que ser sometidos a la Asamblea de la Convención, por supuesto, Raúl y Naranjo quedaron fuera. No faltaron hombres de dignidad, como Cirilo Alemán, quien renunció a ser Rector del Seminario, antes que ser cómplice de tal vileza. Bueno estas cosas son difíciles de entender, a tantos años de distancia, pero aquellos tiempos estaban marcados por las luchas ideológicas en todo nuestro país, y las iglesias no estaban exentas.

Pero la COEBAC cada día ganaba más simpatizantes. Y ahora incluido en el liderazgo personas como Raúl fue extendiendo más su influencia.

Raúl Suárez y Adalberto Cuéllar, son invitados a realizar un semestre de estudios de posgrado en el Seminario Bautista de México. Allí entran profundizan en los estudios de la teología de liberación y se pertrechan de herramientas teológicas que les ayudarán a confirmarse en sus posiciones, el estudio es necesario para un esclarecimiento de la visión.

Los años 1979-80 fueron muy significativos para mi, pasé la mayor parte de ese tiempo en tierras extrañas, nuevas experiencias que merecen un capítulo aparte, por hoy es suficiente.

7

Centro América

Viajar al extranjero, querido Gabriel, salir del país para respirar otros aires y conocer otras tierras siempre ha sido un sueño que despierta todo un mundo de fantasía para los que vivimos encerrados en una isla. Era como liberarnos por un tiempo de la rutina y la monotonía sin colores ni maravillas; es increíble cuanta fuerza de atracción tiene este misterio del mundo de "afuera". Hubo numerosos cubanos que fueron premiados con un viaje a los países amigos del campo socialista, en los intercambios turísticos, con que se premiaba a los trabajadores destacados, pero nada despertaba más emoción que viajar a un país capitalista.

De modo que cuando a principios del 1979 Lila y yo recibimos una invitación para ir a Costa Rica por dos meses nos produjo un tremendo alegrón. Costa Rica, la pequeña suiza de América, ¿cómo sería en realidad? Un amigo que había estado allí nos dijo cosas muy agradables, sobre su clima, su gente amable y educada, su belleza natural.

La invitación era para participar en uno de los cursos internacionales que ofrece una institución llamada Departamento Ecuménico de Investigaciones, DEI. Durante dos meses tendríamos la oportunidad de compartir con teólogos y cientistas sociales de primera línea, además podríamos aprovechar y extender la estadía en Costa Rica para tomar algunos cursos en el prestigioso Seminario Bíblico Latinoamericano. El permiso de salida del país lo daba en aquel entonces la Oficina de Atención a Asuntos Religiosos del Partico Comunista, y solo yo fui aprobado; no se nos dio una explicación de por qué a Lila no se lo dieron.

Como a la una de la madrugada aterrizó mi avión en San José, nervioso busqué a la persona que se suponía me iba a esperar, la cual no apareció por ninguna parte, y yo sin un centavo en el bolsillo, me refiero a dólares, ya que no era legal para un cubano poseer divisa extranjera. Afortunadamente recibí asistencia para hacer una llamada telefónica que me dio la pista para salir del aprieto. Era mi estreno en un mundo nuevo, el mundo capitalista, en el que hay que tener los ojos bien abiertos para abrirse paso sin tropiezos.

A la mañana ya estaba rodeado de los compañeros del curso. Era un grupo muy heterogéneo, formado por sacerdotes, monjas y seglares católicos, todos y todas con un compromiso social y político. Eran ecuatorianos, colombianos, venezolanos, mejicanos, salvadoreños, hondureños, panameños y una monja americana. Los únicos protestantes éramos una pareja de franceses de la iglesia reformada, una joven dominicana y yo. De inmediato experimenté la curiosidad y simpatía con que se me recibía por ser cubano, y para algunos era la primera vez tener contacto con un "cubano de Cuba". Constantemente me hacían preguntas sobre la vida en mi país, puesto las únicas informaciones que les llegaba era que Cuba era la antesala del infierno, sino el infierno mismo.

El DEI estaba dirigido por el célebre teólogo Hugo Assman, brasilero exilado en Costa Rica, por demás un apasionado defensor de Cuba, quien compartió con nosotros todo el tiempo, y nos abrió las puertas de su hogar, en el que recibimos la hospitalidad de su incomparable compañera Mel. Hugo fue en un tiempo sacerdote, habiendo hecho estudios en Roma; escribió uno de los textos más importantes de la teología de liberación. Hablaba en las clases en un tono coloquial, casi íntimo, analizando la coyuntura latinoamericana con agudeza. Bajo su dirección el DEI publicaba importantes textos que tienen que ver con la relación entre religión, política y economía mundial. Los textos que pusieron en nuestras manos, me sumergieron en un mundo de conceptos y categorías nuevas, con un lenguaje muy especializado que no fue fácil entender plenamente.

Uno de los tanques pensantes del DEI, Franz Hinkelammert, con su abundante barba que me recordaba a Marx, nos dejaba mudos de fascinación ante la profundidad de sus análisis económicos y filosóficos Con pocas palabras, mirándonos fijamente, como hurgando en nosotros una reacción, un día Franz nos preguntó, "¿Saben cuál es en esencia la diferencia entre el capitalismo y el socialismo?" Todos callamos, hasta que le escuchamos decir, "el precio". Continuó, "En uno se controla el precio, se dirige la economía planificando el precio, en el otro es la libertad de los precios, no de acuerdo a la necesidad, sino a los intereses del mercado, para maximizar la ganancia de las corporaciones". Como siempre, quedamos en pensativo silencio.

El encanto del DEI era que nos ponía en contacto con un grupo significativo de teólogos de la izquierda latinoamericana, con una visión común, aunque cada uno con su particularidad. Compartían la misma preocupación, no precisamente por el ateísmo reinante en mi isla en ese momento, sino decían ellos, por la idolatría del mercado mundial, el fetiche del dinero, los mecanismos ideológicos para justificar las injustas leyes del mundo financiero. El lenguaje religioso ha sido secuestrado, nos decían, por esa élite dominante al hablar de "leyes casi divinas, sacrificios necesarios, sometimiento al fatalismo económico, etc.". Por cierto uno de los textos más importantes se titula "La lucha de los dioses", en referencia a los poderes de dominación ideológica que se disputan la conciencia de los seres humanos.

Te hubiera gustado conocer a Raúl Vidales, el mejicano de barba finamente recortada, bajito, simpático, explicando su libro que escribiera acerca del "cristianismo anti burgués". Este joven teólogo, hace una crítica de la Iglesia que sirve de instrumento ideológico de las clases dominantes y propone un modelo de Iglesia al servicio de los pobres. Sabes, Gabriel, en esta parte del mundo el poder que tiene la religiosidad popular es muy grande, quien tenga a su favor esa energía triunfa. Vidales murió de apenas cincuenta años, cuando estaba en la plenitud de su creatividad, una gran pérdida para la teología latinoamericana.

También tuvimos el privilegio de compartir con Julio de Santa Ana, un pastor uruguayo, intelectual al estilo de la refinada ilustración europea que, combinada con la mansedumbre y espiritualidad evangélica, propiciaba un clima de sosegada reflexión. Nos habló de su libro acerca de la relación de la iglesia y los pobres a través de los siglos. Es interesante leer la historia desde la perspectiva de los humildes. Otro protestante que tuvimos fue el costarricense Victorio Araya, enérgico inquieto y jaranero, se ganó la simpatía del grupo, que lo elegimos nuestro tutor, para sorpresa suya ya que se suponía que escogeríamos a una de las "vacas sagradas". Era también profesor del Seminario Bíblico, y con él tomé un curso sobre la evangelización en la teología de la liberación.

Costa Rica era en ese entonces refugio de muchos que tuvieron que salir de sus países por la dura represión de los regímenes llamados de "Seguridad Nacional". Gobiernos militares que torturaban y desaparecían a todos los que promovían un cambio revolucionario. Así fue como llegaron algunos de esos grandes pensadores a colaborar en el DEI; entre ellos el sacerdote chileno Pablo Richard; un brillante biblista y buen comunicador, muy apasionado de la teología de la liberación. En fin personas muy coherentes con sus ideales y con su compromiso, que despertaron mi respeto y admiración. Recuerdo a Pablo en el primer grupo de cristianos chilenos que visitaron Cuba, después de la victoria del socialista Salvador Allende. Su hablar rápido, y su típica expresión chilena que calzaba constantemente con un ¿no es cierto? La pasión de Pablo es la llamada iglesia popular, la que se encarna en los sectores pobres y marginados de la sociedad, que construye su fe y esperanza a partir de la fe vivida en el compromiso militante. El Libro de Los Hechos de los apóstoles, el preferido de Pablo es la mejor expresión de ese cristianismo que es más movimiento que institución, mas proyecto de liberación que código moralista. Pablo es y sigue siendo un sacerdote fiel a la tradición de la iglesia, pero al mismo tiempo proponente de una perspectiva diferente a la jerárquica. Todavía sigue en Costa Rica y es muy respetado.

En este ambiente de diversidad ecuménica, pude tener una información de primera mano sobre la situación de América Latina, quedando muy impresionado por la represión horrible que sufrían algunos países. Me era difícil entender como el simple hecho de visitar a Cuba podía ser un motivo de ser perseguidos hasta la muerte. Como el caso de un joven bautista salvadoreño que conocí en Matanzas, y que al regresar a su país fue apresado y se le encontraron en el bolsillo unas monedas de Cuba, nunca más se supo de él. Los sufrimientos de los campesinos colombianos desplazados de sus tierras por los conflictos del gobierno y la guerrilla lo supe a través de una monja colombiana, Graciela, que vive en la selva del Caquetá.

Pero lo que más me impresionó lo escuché de labios de un sacerdote vasco (región de España), trabajando en el Salvador, el padre Plácido, que nos contó de la persecución que estaba sufriendo la iglesia católica salvadoreña, en especial los sacerdotes y seglares que hacían trabajo social con los campesinos. Me impresionó sobremanera la historia de Rutilio Grande un sacerdote que regresaba en su jeep de una apartada región, y fue esperado en el camino por el ejército que lo ametralló con una calibre 30. Ese martirio fue el que conmovió al que hasta entonces era un obispo conservador y tradicionalista, Oscar Arnulfo Romero, y le transformó de tal manera que se llegó a convertir en el apóstol de la justicia, en el héroe defensor de los pobres, la voz profética que denunciaba desde el púlpito de su catedral y trasmitido por radio todos los crímenes cometidos por las autoridades. La Biblia, querido Gabriel, se convirtió en el Salvador, en una prueba de que eras una persona subversiva. Plácido nos contaba que eran ya numerosos los sacerdotes, los catequistas y montas asesinados. A mí me parecía increíble, en un país que se consideraba cristiano, y tanto que se hablaba entonces de la persecución que sufrían los religiosos en Cuba.

Un día Placido se nos apareció con una gran noticia, seríamos visitados nada menos que por el Arzobispo de San Salvador, Monseñor Romero, que se encontraba de visita en Costa Rica. No podrás imaginarte, Gabriel, la emoción de tener tan cerca, poder saludar a un personaje de tanto valor. Llegó una mañana Plácido con una persona de mediana estatura, tez bronceada, mirada serena y hablar pausado, un hombre humilde y sencillo, el mismo Monseñor Romero que exigía al presidente Carter no mandara más armas al ejército asesino del Salvador. Pude presentarme y expresarle en nombre de los cristianos cubanos nuestro afecto y solidaridad. En el grupo se le expresó la preocupación de todos por su seguridad personal. Nos dijo que había sido amenazado varias veces pero que no le preocupaba eso, que su vida estaba en las manos de Dios. Supimos por Plácido que la única precaución que tomó fue prescindir de su chofer para que en caso de que ocurriera el atentado no muriera un padre de familia. Nunca antes he tenido la impresión sobrecogedora de encontrarme frente a un verdadero santo cristiano, como lo sentí ante este gran hombre.

No pasó un año desde aquel encuentro cuando mientras oficiaba misa, al levantar el cáliz, la bala disparada por un experto y asesino tirador le partía el corazón. Desde entonces en nuestra iglesia en Matanzas se comenzó a recordar la fecha de su martirio con un culto en su memoria y de intercesión por el pueblo salvadoreño; y en el Continente se le reconoce como San Romero de América. La era de los mártires no se ha cerrado, ni terminó con Monseñor Romero. Sabes que poco tiempo después los asesinos irrumpieron una noche en la Universidad Católica, y se dirigieron a la casa donde dormían los 6 sacerdotes jesuitas y los acribillaron, horroroso crimen, y todavía no estoy seguro que se haya hecho justicia.

Para cambiar el tono de este relato quisiera hablarte un poco más de la figura central del DEI, de Hugo Assman. Se decía de él que era militante comprometido con la política partidista, no pude tener confirmación de esto, pero si pude constatar su defensa incondicional de Cuba, adonde había ido varias veces, e incluso ofreciendo conferencias en el Comité Central del Partido. Yo también defendía apasionadamente ante los demás condiscípulos del DEI nuestro sistema social; pero con Hugo no era necesario este lenguaje apologético, al contrario me sentía en la confianza de compartir algunas inquietudes y preocupaciones sobre los puntos vulnerables de nuestra realidad cubana.

Me invitó a comer en su casa lo cual me hizo sentir halagado por su deferencia hacia mi persona. El ambiente era propicio para el diálogo y sobre nuestras respectivas visiones de la situación de nuestro país. No pude menos que expresarle mis preocupaciones respecto al modelo de sistema político, que me parecía estaba influenciado demasiado por el estilo soviético, en cuanto al autoritarismo controlador, al pensamiento único, que se reflejaba en la forma "unánime" de tomar los acuerdos en las reuniones populares. Me parecía que el maniqueísmo de dividir el mundo entre buenos y malos, los que están a favor y los que están en contra, y ver en toda opinión independiente un peligro de diversionismo ideológico dirigido desde el Norte, lo único que lograba era paralizar el fluir normal del pensamiento. Me preocupaba que una generación nueva, que no había conocido el capitalismo y no tenía por tanto puntos de comparación, escuchando solo discursos dogmáticos, repetitivos, cerrados al diálogo abierto, solo preparaba el terreno para el vacío ideológico. Toda idea que se expresa sin oportunidad de ser contradicha, por imposición, crea en los jóvenes un terreno propicio para el rechazo, y esto unido a la abstinencia de ciertos disfrutes que ofrece la sociedad de consumo, van estimulando la imaginación evasiva hacia un "salir afuera", porque solo en ese afuera se realizan los sueños individuales. No importa que la sociedad garantice la salud, el trabajo, el estudio gratuitamente, hay sueños personales, que trascienden las necesidades inmediatas. Esto lo conversé con Hugo, pero notaba que no le daba demasiada importancia, veía a Cuba todavía desde la perspectiva idealista, desde una América Latina envuelta en una lucha feroz por construir un mundo diferente al capitalista, y del cual solo Cuba era el referente, hablábamos pues, de dos Cubas diferentes, y a esa Cuba símbolo se le podían perdonar muchos defectos.

De modo que dentro de mí se daban esas contradicciones. Por una parte me enorgullecía de pertenecer al único país del hemisferio occidental que construía una sociedad donde la prioridad estaba dada por la solución de las necesidades del pueblo, salud, educación y trabajo, y en el que la niñez podía desarrollarse protegida y feliz. Por otra parte, mi mente ya acostumbrada a la disidencia dentro de mi propia denominación bautista, se sentía muy incómoda con este estancamiento y rigidez ideológica.

Un personaje inolvidable al hablar del DEI de aquellos tiempos, lo fue sin duda el colombiano José Duque, salido también del Seminario Bíblico, se estrenaba como coordinador del DEI, llenando muchos espacios y sobre todo haciéndonos sentir más el calor humano con su cordialidad y franca amistad.

Caminando por San José

Después de tanta conversación seria, un poco de frivolidad es permitida, y a ti seguramente te habrá picado la curiosidad por saber el impacto que me hizo la sociedad capitalista. Pues te diré que estaba continuamente maravillado, desde la primera Coca Cola que probé comiendo en un restaurant chino, hasta la hora de ir a comprarme algunos productos necesarios, como un jabón y pasta dental. ¿Por cuál marca decidirme ante una estantería llena de toda una diversidad de ofertas?; en Cuba solo conocía una un único jabón de baño desnudo de envoltura, marca Perla, y un tubo de pasta dental en envase metálico sin etiqueta, no pasamos trabajo eligiendo. ¿Para qué esta infinita variedad en el mercado, me pregunté? Las tiendas y supermercados a los que me llevaron me dejaban aturdido por su inmensidad, con jardines interiores, fuentes, un paraíso para quedarse horas. Los precios variaban de un lugar a otro, los vendedores me perseguían, nada de eso en mi país.

San José es bella, con un clima de meseta, siempre fresco, en el que los imprescindibles ventiladores nuestros están de sobra. Una bella naturaleza, donde no faltan paisajes volcánicos ni espléndidas playas. La educación de la gente me llamó la atención favorablemente, así como la manera atenta de brindar información en la calle cuando preguntaba por una dirección. Un país sin ejército, con una democracia estable y educación y salud gratuita, me causó una impresión muy positiva.

Pero no todo es bello en Costa Rica, como en cualquier país latinoamericano donde la pobreza viene de mucho tiempo atrás, allí me encontré muchos niños en la calle sin ir a la escuela, y sin el cuidado requerido, a veces los encontré respirando de una lata, que contiene residuos tóxicos y que hace el efecto de la droga. También madres que utilizan a los niños para pedir limosna. La situación de la mujer es otro tema. En aquel momento me hablaron del problema de la prostitución, que en San José solamente se censaban unas veinte mil mujeres en este oficio, actuando en cierta área en que se toleraban, por su puesto en el ambiente de cantinas y bares oscuros. Me dijeron, y eso no es para darle crédito absoluto, que fueron inmigrantes cubanos los que crearon mafias para controlar esta actividad, lo que se llama la trata de blancas. Que pena que sean nuestros compatriotas los que se hayan ganado esta triste reputación. Yo me sentía orgulloso de decir que en Cuba no existía ni la prostitución ni la droga, para ese entonces yo no mentía, pero lo que no sospeché es que llegado el tiempo de gran crisis económica de los años noventa, la prostitución saltó a nuestras calles, parques, hoteles, en una forma tan escandalosa y pública que una de las atracciones del turismo vino a ser esta oferta. Aunque ciertamente, no la explotación organizada como en otros lugares, pero si vergonzosa, ya hablaremos en su momento de este tema.

Otra de las formas del delito organizado que me impresionó fue la especialización en robos en casas. Me llamó la atención en enrejamiento de las casas, los sistemas de alarma puestos, etc, y sobre todo, las noticias diarias de las espectaculares entradas por techos, puertas traseras y delanteras, para llevarse todos los equipos electrodomésticos. Otra mafia muy especializada, esta vez no de los cubanos.

Mis guías, voluntarios y espontáneos, me señalaron otro de los problemas sociales en Costa Rica, el alto índice de alcoholismo, cosa que pude constatar al ver amanecer tirados en las aceras numerosos borrachos que allí pasaban su resaca, y al observar que casi todas las esquinas de San José la ocupaba una taberna.

No te hablo más de cosas negativas, porque eso haría pensar a mis amigos costarricenses que solo fui a ver las cosas malas, que en definitiva existen en todos los países. El recuerdo mayor de Costa Rica es de cosas buenas, de su pueblo culto y amigable.

En la Iglesia Bautista Central

Como bautista al fin me acerqué a la Iglesia Bautista Central, ubicada en una esquina estratégica; toqué en la puerta donde estaba la casa pastoral y fui muy bien recibido por el pastor y su esposa; tras varias otras visitas recibí una invitación a cenar. En otra visita me preguntaron si aceptaría predicar, lo cual acepté gustoso. ¿Qué tema trataría? En esos días me habían impresionado mucho lo visto en los periódicos las noticias de la guerra en Nicaragua, y fotos de la atrocidad que hicieron los somocistas a un niño llamado Alejandro Velázquez, al cual luego de dispararle una ráfaga de tiros arrollaron con el jeep su cuerpo inerme. Esto unido a las imágenes de los niños en las calles de San José, hizo que me decidiera a hablar del tema de la niñez.

Los evangelios narran la preferencia de Jesús por los niños y las mujeres, especialmente cuando colocó a un niño en el centro del grupo y dijo que para entrar en su reino había que volverse como un niño, y aquello de "Dejad los niños venir a mí, y no se lo impidáis", que recordamos de memoria. En fin armé mi sermón con todos los argumentos para tratar de despertar la conciencia de la congregación respecto a la niñez. Ese día me sentía muy bien anímicamente porque realmente el tema y la fundamentación bíblica me resultaban muy sólidos. Desarrollé las ideas con mucha seguridad y convicción, y al final, como climax de mi disertación, con mucha emoción señalé el contraste tan grande de un país como Cuba, con una filosofía atea, había logrado para la niñez que todos los niños del campo y la ciudad fueran a la escuela sin necesidad de salir a la calle a buscarse el pan, así como otros importantes logros en áreas como la salud y la educación a en tanto que en el resto de los países de América no se respetaba la dignidad de los niños y niñas, siendo asesinados como Alejandro el nica o víctimas de otras violencias y discriminaciones. Toda esa descarga la hice con fuerza y emoción. Al final, una mujer de aspecto pobre y humilde se me acercó muy emocionada, para decirme que estaba muy contenta de todo lo que dije, que la afirmaba en su admiración por

Cuba. Esto me sirvió de estímulo, porque el resto de la congregación no me expresó aprobación o desaprobación.

Aunque yo sentía en mi interior muy satisfecho, pensando que había hecho una predicación que llamamos profética, sobre los problemas sociales, ahora pienso que fui muy agresivo para aquel contexto, y probablemente la congregación se portó muy educadamente al no expresar su desacuerdo. Realmente a la altura de tantos años, creo Gabriel, que me conduje como un perfecto idiota. Sí, porque tienes que tener en cuenta que una congregación formada por personas de la clase media centroamericana, normalmente la información que tenían en sus mentes es de que Cuba estaba gobernada por un tirano comunista, un cruel dictador que no dejaba a la gente expresarse, ni hacer oposición, que perseguía a los cristianos en tal forma que difícilmente habría iglesias. En fin un cubano viniendo de ese país y hablando bien del mismo no sería para esta gente otra cosa que un agente comunista tratando de esparcir su ideología.

Por favor, cómo no me percaté de mi falta de delicadeza, siendo extranjero, señalarles los males de su país. Pero en aquel momento no me daba cuenta de cuan erróneo era el método que yo había usado. De esto me di cuenta un año más tarde, estando yo en Nicaragua, y siendo invitado a predicar en una Iglesia, creo que en Matagalpa. En esa nueva ocasión estaba más afectado aún porque durante una comida en un modesto restaurant, vi a varios niños esperando que terminara de comer para abalanzarse sobre mis sobras. De modo que el tema de la niñez volvió a ser el asunto de mi predicación. Cuando finalicé, una mujer de la congregación se puso en pie muy molesta, para decirme que yo no tenía derecho a sacar a luz las manchas de su país cuando en el mío había tantas cosas malas que señalar. El pastor tuvo que intervenir para llamar al orden. Yo tuve que excusarme, diciéndole que no era mi propósito herir la sensibilidad sino llamar la atención sobre la necesidad de que los cristianos atendamos al llamado de Jesús en cuanto a la compasión hacia los pequeños. Así se aprende en la vida, hijo.

Esta experiencia me abrió los ojos respecto a la ineficacia de una presentación de temas controversiales desde el púlpito. Para ayudar a la gente a abrirse a ideas nuevas, es necesario una pedagogía distinta, más en forma de diálogo, de conversación entre personas situadas en el mismo nivel, con la posibilidad de expresar ideas discrepantes. En ese momento yo no conocía la herramienta conocida como Educación Popular, del brasilero Pablo Freire, que es una alternativa al verticalismo de y autoritarismo en la educación. Por cierto, ahora recuerdo que una vez me invitaron a una iglesia en uno de los barrios humildes de San José, en una comunidad pequeña, en la que el pastor, que era un estudiante del Seminario, después de una plática, daba la oportunidad de opinar sobre el tema presentado. Me informaron pues, de esta costumbre, y realmente me sentí muy cómodo con el diálogo que se generó en un clima muy participativo. Estas cosas teníamos que aprender si queríamos influir en la visión de nuestro pueblo evangélico.

En el Seminario Bíblico

Mucho había cambiado el Seminario Bíblico desde que mi pastor Domingo Fernández hiciera sus estudios. Ya no existía nada del fundamentalismo estrecho que lo caracterizó en aquellos viejos tiempos cuando los misioneros lo establecieron como un faro de luz para toda América Latina, con una visión interdenominacional, misionera y de piedad conservadora. Los nuevos tiempos en América Latina habían traído una renovación integral. Profesores de muy alta calificación, doctores en Biblia y Teología conformaban un claustro de primera categoría, sin nada que envidiar a los similares de países desarrollados.

El Rector, el puertorriqueño Carmelo Álvarez, me recibió con una gran solidaridad y cariño, ofreciéndome todas las facilidades, era uno de los primeros cubanos de Cuba que llegaban al recinto. Mis gastos estarían totalmente cubiertos, me sentí como un niño mimado. Y por el poco tiempo que iba a estar, matricule solo dos asignaturas, Teología Contemporánea, con el Dr. Juan Stam y Teología Latinoamericana, con el Dr. Victorio Araya. Te diré que ambos profesores fueron me dieron un decidido apoyo.

Primero te diré cuan emocionante fue encontrarme con el alumnado, conformado por estudiantes de casi toda América Latina hispana, desde Paraguay hasta Nicaragua. Me parecía algo increíble ver en ellos el rostro de una iglesia evangélica enraizada en nuestra cultura, con una teología liberadora, con una visión clara de ser iglesia latinoamericana. Ese primer encuentro, fue en los espacios de sus dormitorios, donde alrededor de una guitarra nos reunimos para un devocional, donde recibí una cálida bienvenida, y te digo la verdad que no me fue fácil hablar de la emoción que experimenté. Isaías Pecho, el peruano, animaba con su música de sabor andino, otras canciones caribeñas se cantaron, me sentí muy bien. Allí estaban los nicaragüenses, los nicas como se les llama, hablando y orando intensamente por la situación de su país, en los estertores finales del régimen criminal de Somoza.

La comunidad de colombianos era fuerte y activa. Uno de ellos se me presentó con entradas para el Teatro Nacional, para un concierto de Mercedes Sosa. En aquel grandioso teatro el ambiente de fervor revolucionario inspirado por la guerra de liberación de Nicaragua, las canciones de la Mercedes, con su poderosa voz andina, fueron acompañadas por un público militante y entusiasta, era fiesta de latinoamericanidad. Al final del concierto el amigo colombiano me tomó por el brazo y me llevó por los vericuetos del Teatro, como si fuera por su casa, hasta encontrarnos frente a frente nada menos que con la célebre cantante, me sentí sobrecogido de emoción. Fui presentado como un cubano admirador de Silvio y Pablo; ella muy afable y sencilla me preguntó por mi país y su gente. Fue tan repentino todo, que no supe que decirle, solo expresarle mi aprecio por sus canciones y el deseo de verla un día cantando en mi tierra.

El hogar de un matrimonio colombiano, estudiantes del seminario se convirtió en un refugio muy especial. Uriel y María, vinieron a ser amigos muy queridos, cuya casa era un lugar de encuentros y tertulias riquísimas. Allí conocí a unos colombianos que estaban involucrados en la lucha contra Somoza, me invitaron un día a visitar una de sus casas de seguridad, donde esperaban el momento para incorporarse a la lucha guerrillera. Me pidieron hablarles de Cuba a esos jóvenes militantes, pero me di cuenta que ellos eran liderados por unos avezados ideólogos con un largo camino político recorrido, a los cuales yo poca cosa podía aportar. Pero el simple hecho de ser cubano, ya les inspiraba de alguna manera. Luego me enteré que formaban una brigada llamada Simón Bolívar, y que deseaban mantener más contactos conmigo. Lo que yo ignoraba era que la ideología de estos guerrilleros era el trotskismo, que predicaba la revolución continua, algo que para mí era totalmente extraño, yo no tenía formación en esta diversidad de corrientes revolucionarias. Más tarde te contaré lo que sucedió en Nicaragua con esta Brigada.

No quisiera dejar de mencionar los buenos amigos y amigas que hice en el seminario, cada uno era como una ventana a una realidad latinoamericana distinta. Con el paraguayo ruso descendiente, Roberto Zub me aficioné a tomar el mate y dialogar en las noches, así como su novia nicaragüense Isolina. El guatemalteco Carlos Lainfiesta, hace poco me encontré con él aquí en Matanzas, es todo un obispo episcopal en su país, y tantos otros con los que compartí meses muy enriquecedores. No puedo olvidar al pentecostal Gamaliel, actualmente presidente de su denominación y un ferviente partidario de Chávez, en Venezuela.

De manera muy especial el profesor de Teología Contemporánea, Juan Stam fue una de las mayores influencias que tuve en Costa Rica. Juan, reúne cualidades difíciles de encontrar en un intelectual. Porque sucede con frecuencia que en los círculos académicos se suele ser muy crítico, muy intelectualista pero distante de la gente sencilla. Si, es fácil en esos ambientes ser radical, pero a un nivel teórico, distanciados de la gente sencilla de las iglesias, que muchas veces no entienden su lenguaje teórico. Juan Stam, en cambio sin dejar de ser un estudioso eminente, respetable teólogo y biblista, con un doctorado en Suiza, discípulo de Karl Barth, unía a estos méritos su cualidad de auténtico y fervoroso evangélico, de predicador sencillo y gran comunicador, alegre y amistoso, todo una belleza de persona. Me cautivó desde el principio su coherencia, y su amistad fue una bendición en mi vida, porque inyectaba nuevo brío a mi vocación pastoral. Mis lecturas de teología contemporánea se concentraron en Jurgen Moltmann, sus libros de Teología de la Esperanza y el Dios Crucificado eran entonces un boom en el ambiente teológico.

En su vieja camioneta salimos a repartir comida entre la numerosa población de refugiados nicaragüense, cargando a veces racimos de plátano que cultivaba en su pequeña finca. Pensé, ese tipo de hombre es el que necesitamos en Cuba, seguramente lo vamos a invitar para la COEBAC. Juan me hablaba de su amistad con Ernesto Cardenal, el poeta sacerdote y revolucionario nicaragüense. En ese tiempo Juan iba mucho a Nicaragua en una moto, a brindar cursos y conferencias en seminarios e iglesias. Nicaragua y el Salvador eran sus amores. Con él pude visitar a una de las familias de la comunidad de Solentiname, la que fundara Cardenal, y que fueron los autores del famoso Evangelio de Solentiname, reflexiones bíblicas hechas por los sencillos pescadores a los cuales servía Cardenal. Este experimento de lectura del evangelio que se hacía en Solentiname fue el mejor ejemplo de lo que se conoce como Lectura Popular de la Biblia, y que hoy estamos haciendo en algunos círculos de nuestro país.

La llegada de un visitante proveniente de Nicaragua atrajo al pequeño grupo de nicas y a mí, por suerte, me incluyeron a un encuentro con el recién llegado, ansiosos de saber acerca de las últimas noticas de la guerra. Me gustaría poderte describir bien al personaje, pues me llamó la atención, se trataba de un pastor bautista, poseído de magnetismo especial, su estilo de intelectual trasnochador, un con voz callada y serena, una mirada penetrante, a pesar de su juventud se reflejaba a un místico poseído por un ideal. Su nombre Miguel Torres, su presencia en Costa Rica cumplía objetivos relacionados con la guerra, que no se podían declarar. Pero su preocupación por los desterrados era manifiesta, alguna ayuda les traía, otro mensaje llevaría para los familiares. Estaba seguro de que a la guerra le faltaba poco para terminar. Me sentí de conocer a un pastor involucrado en la lucha de su pueblo, como otros sacerdotes católicos ya lo estaban. Tras el final de la guerra le volví a ver en Managua, indudablemente era el pastor más comprometido con la revolución sandinista, sin embargo no optó por posiciones o cargos en el gobierno, se puso al servicio del movimiento ecuménico y juvenil, del cual fue líder. Pero, lamentablemente su relación con el la comunidad evangélica empezó a deteriorarse, su radicalismo político no era asimilable por la mentalidad conservadora, y él prefirió mantenerse anclado en el pequeño grupo juvenil de vanguardia. No lo juzgo, pero me dio cuenta que perdió eficacia en la transmisión de su mensaje. Todavía pienso en lo que su mirada me transmitió en Costa Rica, la felicidad de un hombre que vive entregado a un sueño de libertad para su pueblo.

La caravana hacia Nicaragua

Unas semanas después nos despierta la noticia de que, ante el empuje de las guerrillas sandinistas, al tirano Somoza no le ha quedado más alternativa que salir huyendo del país. El pueblo oprimido al fin ha alcanzando el triunfo tras largos años de luchas y sacrificios. Los himnos y canciones revolucionarias se oían por doquier, y en le TV podíamos disfrutar del espectáculo de la entrada victoriosa de los guerrilleros, con sus legendarios comandantes a la cabeza. Muchos de los guerrilleros se veían tan jovencitos, orgullosos de haber derribado una dinastía que duró más de 40 años, y que ensangrentó el país. El Seminario estaba de fiesta, los estudiantes nicas estaban deseosos de retornar a su patria. Como era de suponerse la situación en Nicaragua no era de completa paz, los partidarios de Somoza, especialmente los sicarios, poseían armas y se escondían distintos lugares, tratando de no caer en manos de la justicia.

En San José muchos refugiados regresaban a su tierra. Otros simpatizantes de la revolución no querían perderse esos días de tanta alegría y buscaban la manera de entrar en el país. Yo estaba deseoso también de hacer lo mismo, al fin a los quince días del triunfo me entero de que la iglesia católica organizó una caravana con ayuda humanitaria, naturalmente me alisté en la empresa. Fue emocionante llegar a la frontera, y presentar mi pasaporte ante las nuevas autoridades, que poco sabían de trámites aduanales, simplemente pusieron un cuño y adelante. Del techo fronterizo colgaba un cajón de limpiabotas, con un letrero que decía “este no será más el símbolo de nuestra niñez”. Te diré que en América Latina, los muchachos con un cajón a cuesta, salen por parques y otros lugares a limpiar zapatos por unas moneditas. Me alegró mucho ver esto, pensé es la primera señal de una revolución verdadera, el sueño de redención de la niñez, me recordó mi sermón en la Iglesia Bautista.

Realmente no tenía dirección adonde dirigirme, pero parece que mi ángel no se olvidó, y un hombrecito que descubrí en la frontera, todo sudoroso, y que también se dirigía hacia el mismo destino, resultó ser Víctor Mercado, el secretario para América Latina de las iglesias bautistas americanas. Fue una gran alegría encontrarnos, y recibir la información de la dirección del matrimonio cubano de Ena Maristany y Mario Casanella, en ese momento misioneros bautistas y líderes de la Iglesia allí. Fue en el pueblo de Masatepe, donde sorprendí a los Casanella, que conocía bien desde Cuba, ya que su hijo menor Mayito, ya fallecido, fue alumno mío en la Escuela Dominical de la Iglesia del Vedado, cuando lo traían a la Habana para su tratamiento. Además Mario fue Director del Colegio Internacional del Cristo, donde estudiaron todas mis hermanas, y mis padres.

Mario y Ena salieron de Cuba unos años atrás, tuvieron una razón muy poderosa, sus dos hijos varones sufrían una enfermedad congénita de la sangre, que los obligaba a mantenerse con un régimen muy especial de vida y de alimentación, que en Cuba les era muy difícil. Ambos muchachos murieron rondando los 20 años de edad. Los Casanella sufrieron esta dolorosa experiencia con mucha fe, y pudieron sobrevivir gracias a la entrega a la misión de sus vidas. Nunca los vi amargados, y en Nicaragua ambos eran muy queridos y su palabra era ley.

Puedo decirte que me recibieron con una hospitalidad muy generosa; por cierto recuerdo que Ena me llevó a conocer Managua recién liberada, aún con la alteración que deja una guerra. Ocurrió que estábamos en los bajos de la Catedral, que no era otra cosa que un casco hueco, oscuro, desde el terremoto del 1976, era como un edificio fantasmal. Me hablaba Ena, cuando sentimos un tiroteo cercano, los sandinistas apuntaban hacia lo alto, desde lo más alto de una de las torres de la iglesia disparaban los sicarios. Nosotros tuvimos que salir velozmente del lugar, con suerte no fuimos alcanzados por la balacera. Realmente en ese momento no tuvimos conciencia del peligro en que estábamos.

Me llevaron a conocer iglesias y a hablar en reuniones de pastores. El CEPAD, Comité Evangélico Pro Ayuda al Desarrollo, es una entidad muy influyente entre el pueblo evangélico, surgió como respuesta de ayuda humanitaria al desastre del terremoto, y ahora tenía un enfoque hacia el desarrollo y las relaciones entre las iglesias. El CEPAD, tenía convocada una reunión con los pastores de la ciudad, creo que habría unos 200 pastores de diferentes denominaciones. Mario me llevó a esta reunión y me presentó ante un público asombrado, con la mirada yo diría que casi incrédula, era la primera vez que tenían en frente a un cubano que vive en Cuba; algunos expresaron que se les había dicho que no había iglesias en Cuba, otros comentaron bajito sobre mi ropa (lo supe después), pensando en el uniforme que se suponía usaban los cubanos. Tuve la oportunidad de hablarles, y de exhortarles a no tener miedo a los nuevos tiempos que comenzaban en Nicaragua, que vivieran la fe en la seguridad que Dios es el que preside la historia, que debemos ser los primeros en servir… y otras palabras mas. Posteriormente tuve una reunión con la Directiva del Cepad. Que impresión mas inspiradora conocer al Dr. Gustavo Parajón, su presidente, pastor de la Primera Iglesia Bautista, un hombre sencillo y humilde, pero con una capacidad de liderazgo increíble. También al profesor Aguirre, cerebro organizador, a Benjamín Cortés, con su mística evangélica que ha hecho grandes cosas como la primera universidad evangélica del país, a Sixto Ulloa, dinámico y osado, representando muchas veces a los evangélicos ante las autoridades, y otros que harían esta lista larga. Allí se planteó la invitación a algunos pastores cubanos para que vinieran a la próxima Asamblea del CEPAD. También coincidieron en la importancia de un relacionamiento de ambos países.

Me llevaron al Seminario Bautista, situado en el área conocida como Los Escombros, donde estaba el centro de la ciudad abatida, como te dije por un terremoto. Rodeada de ese ambiente desolador, sin embargo no estaba lejos de los principales lugares, del lago de Managua, del Teatro Nacional, y otros importantes edificios que soportaron el terremoto de 1972.

Me ofrecieron hospedaje, pareció la mejor opción. En la tarde salí a caminar y llegué hasta el moderno hotel Intercontinental (Hoy tiene otro nombre). Así anduve entretenido, aprovechando la conversación con todo el que me encontraba, sin darme cuenta de que se hacía de noche, y que estaba impuesto el estado de queda. Quiere esto decir que no se puede salir a la calle después de cierta hora, y de hecho todavía andaban vehículos de los sicarios tiroteando a mansalva. A aquellos ex soldados de Somoza pasaron a ser con el correr del tiempo "los contra", que hicieron la guerra desde las montañas contra el nuevo régimen sandinista, y que fueron armados y apoyados por el gobierno de los Estados Unidos, siendo su presidente Ronald Reagan, dando mucho que hacer por largos años. En estos primeros días de la caída del tirano, aprovechaban las noches para salir en carros y tirotear las posiciones de los sandinistas.

Así pues, me sorprende la noche, totalmente oscura. El Seminario estaba a apenas 5 cuadras, pero, ¿cómo llegar hasta allí? Bueno pues, a caminar me dije. Salí al encuentro de la primera posta, y la explicación a los "compas" (así se llamaban los combatientes sandinistas entre sí), "yo soy un cubano de Cuba, que voy a tal y tal lugar", les enseñaba el pasaporte, y esperar la decisión del jefe, que después de pensarlo, asignó a un compa para que me llevara hasta la próxima posta. Y así fui atravesando los parajes oscuros, las señales de aviso, los altos, hasta que, dos horas después, estaba tocando fuertemente en la puerta del Seminario, respiré profundo cuando me abrieron el portón.

En el Seminario fui atendido esmeradamente por su Rector, Jerjes Ruiz, un joven teólogo graduado del Seminario Bíblico, con quien me entendí perfectamente bien. Fue mi anfitrión por el resto del fin de semana. Visité Masaya, y especialmente el legendario barrio indígena de Monimbó, que escribió páginas de heroísmo enfrentando al ejército de Somoza. Una hermosa hamaca tejida me regaló el suegro de Jerjes, el señor Serrato. Todo me resultaba interesante, las barricadas hechas con los adoquines de las calles aún estaban levantadas, el sitio donde estuvo levantada la estatua ecuestre del primer Somoza, echada a bajo por el pueblo. Estaba frente al estadio Somoza. Meses atrás, me dijo Jerjes, Somoza dio el estadio para que el argentino Luis Palau hiciera una campaña de evangelización. En medio de una salvaje represión y derramamiento de sangre, el evangelista predicando un evangelio que nada decía de la situación, del sufrimiento y de la tragedia que se vivía. Este es el tipo de evangelización muy común en ciertos sectores de América Latina, enfocada en la moral individualista, en la próxima venida de Jesucristo a la tierra y en el fin del mundo.

Caminaba con Jerjes alrededor del pequeño lago formado en lo profundo del cráter del volcán Tiscapa, muy céntrico, hablando de sueños para el futuro de las iglesias ante los nuevos tiempos. Yo le refería de lo que hacíamos en Cuba la generación joven en la COEBAC, para prepararnos para un testimonio a la altura del compromiso social que se espera de nosotros. Coincidimos en la importancia de hacer un puente de relación entre nuestros hermanos de iglesia, para animarnos y apoyarnos mutuamente. De esa conversación surgió el sueño de que viniera a acompañarles por un año en esos primeros tiempos de revolución, ayudando de alguna forma en el seminario. Mi corazón saltó de alegría, veía abrirse un espacio para los cristianos cubanos ser evangelizados por el fascinante nuevo contexto de cambios que el Espíritu de Dios estaba abriendo en Centroamérica y ofrecer nuestro pequeño granito de arena de contribución.

El fin de semana en Managua llegaba a su fin, uno de los más productivos de mi vida. La caravana salió de regreso el lunes para su recorrido de 8 horas atravesando un paisaje increíblemente bello de lagos y volcanes.

Mientras contemplaba el magnífico paisaje mi mente revivía los acontecimientos ocurridos el fin de semana, el encuentro con los pastores evangélicos, la impresión tan favorable del equipo de líderes del CEPAD, tan capaces y visionarios, el Seminario Bautista, con su postura teológica tan abierta a los nuevos tiempos. Me sentía muy afortunado de la suerte de haber comenzado una relación que pudiera ser muy provechosa para nuestro país. Cuanto aire fresco traería a nuestra Cuba, la recién nacida revolución nicaragüense, en la que los cristianos ocupan posiciones protagónicas; de hecho varios sacerdotes católicos llegaron a ser ministros en el nuevo gobierno. ¿Cómo influiría este hecho en nuestros líderes para ayudarles a superar la estrechez sectaria del modelo soviético que se implantó en nuestro país? Era la primera revolución triunfante por las armas, después de 20 años de la cubana, en el marco de una América Latina gobernada por regímenes de seguridad nacional, que aislaron a nuestro país. Esto tenía una significación no pequeña.

Las canciones e himnos revolucionarios resonaban aún en mis oídos, aquella dedicada al mártir y primer líder del Frente Sandinista "Comandante Carlos, Carlos Fonseca, Tayacán vencedor de la muerte, novio de la patria rojinegra, Nicaragua entera te grita Presente", del popular grupo de los de Palacagüina, los Mejía Godoy, que con la riqueza rítmica de las marimbas y guitarras despertaban los más puros sentimientos. La mística de aquella revolución joven era impresionante, la idea de que una comandancia de nueve hombres constituían el mando colectivo de la revolución, contando con hombres de la altura ética de Tomás Borges, todo esto me llenaba de optimismo.

Mira, te contaré una anécdota, de Tomás. Entraba en un edificio en el mismo momento en que sacaban esposados a varios sicarios de Somoza. De pronto Tomás se encuentra frente a frente al hombre que lo había torturado varias veces mientras guardaba prisión. El hombre bajó la cabeza atemorizado, y Borges se le acerca y le dice, "mírame, tu me torturaste, ¿Te acuerdas?, pero yo te perdono, tu también fuiste una víctima, por tanto yo no te odio".

Pero una imagen en particular quedó grabada en mi mente de un modo particular. Mientras caminaba en los parques cerca del Lago, vi a un niño jugando solo. Me le acerqué, y él viró su cara para mirar al extraño. Quedé atónito, su rostro estaba desfigurado por cicatrices como de quemaduras, quedé mudo. ¿En qué momento de la guerra y que explosión habrá dañado este niño? Los niños, siempre ellos, al principio y al final de esta jornada. Las marcas de una guerra durarán por muchos años y serán un recordatorio, para que nunca más se imponga una tiranía sobre un pueblo.

La temperatura empezaba a refrescarse, el paisaje indicaba que estábamos ya en la meseta de Costa Rica, mi corazón iba henchido de esperanza y de multitud de sueños. Ah, se me olvidaba, tan pronto puse los pies en el seminario escribí un artículo relatando las experiencias de esta visita. Ahora, Gabriel, tengo la tarea de encontrar la revista que lo publicó, porque no tuve la curiosidad de guardarme una copia, viejo defecto de tu abuelo.

La década de los 80

Se cerraba una década, y con los 80 se avizoraba un nuevo horizonte globalmente, la América Latina iría saliendo de los duros años de sangrientas dictaduras, y el fracaso de los gobiernos militares era evidente, poco a poco la democracia se extendería por cada uno de los países. En la Unión Soviética surgirían aires de renovación, lidereados por Gorbachov, con el fin de superar el viejo orden salinista, tarea que sabemos que se frustró, llegó demasiado tarde, y desde arriba. El campo socialista no tenía ya capacidad de reaccionar con la nueva propuesta, el triunfo de Occidente era indetenible. Fue una década muy intensa en la arena internacional.

En nuestro país la revolución nicaragüense trajo un aire de renovado optimismo. Los Mejía Godoy fueron invitados a traer su música y su mensaje. Se recibía una influencia positiva del ambiente revolucionario con una apertura a la mística cristiana. Nicaragua ahora necesitaba de toda la ayuda solidaria que se le pudiera dar. Un puente aéreo se estableció para enviar todo tipo de ayuda, médica, humanitaria, maestros para ayudar en la alfabetización. Hasta se donó un central azucarero. A esto no estaba ajena la nueva mentalidad revolucionaria en la que lo religioso juega un papel importante.

A mi regreso a Matanzas le informé a Lila de la posibilidad de pasar un año en Nicaragua, para cual habría que hacer varios arreglos. No era siquiera soñable que pudiéramos llevar a las niñas con nosotros, por tan solo un año sería un trastorno para sus estudios, ni se respiraba aún un ambiente de tranquilidad en Nicaragua. Judy podía ir para Santa Clara con sus abuelos y la tía Chave, y Lisset continuaría en la Escuela de Arte, ahora como becada. Los fines de semana los pasaría en casa de nuestra querida Elia, en el valle del Yumurí. La más sacrificada fue Lissy, estaba cumpliendo 14 años, una edad, empezando la adolescencia, cuando más necesitaba de nosotros. Esto siempre me ha quedado en la mente, asaltándome la duda de si lo que hicimos fue lo mejor, y aunque la separación fue mitigada por el apoyo de varias buenas amistadas en Matanzas, que le brindaron su hogar, como Marta García, madre de una de las mejores amigas de Lissy. Aún en la Escuela de Arte, cuando de alguna manera se expresaron los prejuicios antirreligiosos, que pudieron hacerla sentirse mal, fue el funcionario del Partido, llamado Segundo Armengol, ya fallecido, a quien debo reconocer como un hombre de una gran apertura hacia los creyentes, y en ante el alumnado le echó el brazo por encima a Lissy y dijo palabras de elogio porque sus padres estaban cumpliendo en Nicaragua una buena tarea de ayudar a los cristianos de ese país.

La Iglesia, generosamente me dio la licencia sin sueldo. En esos tiempos ya existía una fuerte presión y crítica de parte del pastorado de la Convención Bautista, que se convirtió en acercamiento a la presión sobre los miembros de la iglesia de Matanzas. Por esto fue muy oportuno que nuestro compañero de seminario, y muy querido amigo, Manuel, que a la sazón no tenía una iglesia a su cargo, se ofreciera para acompañar pastoralmente nuestra Iglesia durante este año. Manuel, con su carisma particular, se ganó la simpatía de la congregación. Hacía viajes los fines de semana desde La Habana, y los miembros de la Iglesia se distribuyeron el trabajo restante. En la empresa también me dieron una licencia sin sueldo. El apoyo para las hijas sería de lo que pudiéramos enviar desde Nicaragua.

Debes saber que Manuel en ese momento no estaba trabajando como pastor, sino en una brigada de la construcción, ¿por qué? Pues porque en aquellos tiempos los bautistas occidentales no le perdonaban a un pastor que se divorciara, sin importar los motivos, lo echaban inmediatamente del pastorado. La salida de nuestro amigo de las filas pastorales fue un suceso muy lamentable, dada la popularidad y afecto que gozaba en el pueblo bautista.

De Nuevo en Nicaragua

Cuando arribamos aquel 24 de Marzo del 1980, Lilian y yo a Managua, nos encontramos un escenario electrizante. Ocurrió ese día, que mientras ofrecía misa en San Salvador, el querido Arzobispo Oscar Arnulfo Romero, su corazón de pastor amante era el blanco de un experto francotirador. La noticia conmovió al mundo cristiano que conocía de su heroica defensa de las víctimas de la opresión. Su muerte, igual que la de Martin Luther King Jr fue presagiada, pero no por eso menos sentida. Un año antes tuve el privilegio de estrechar su mano en San José, su mirada bondadosa y serena no se apartó de mi recuerdo.

Apenas dejamos las maletas en el Seminario nos unimos al grupo para asistir a la misa campal en una plaza no lejos del seminario. Nunca había visto cosa igual, una multitud de miles de personas que con fervor militante y devoción cristiana, cantaban canciones de victoria, con los ritmos de los de Palacagüina, oyéndose consignas revolucionaria, frente a un altar rodeado de curas que al finalizar y quitarse las vestiduras de misa, mostraban las ropas de los militantes sandinistas. Algo sencillamente impresionante, que explica que hoy, más de treinta años después, el presidente nicaragüense en un discurso de Aniversario, Daniel Ortega, definiera a la revolución que liderea primeramente, de cristiana.

La invitación por la que estábamos en Nicaragua fue para colaborar en el Seminario Bautista. Fue un reto alto para mí que en esos momentos llevaba seis años desempeñándome como pastor-obrero, como es de suponerse, alejado de las actividades académicas. Era una oportunidad de retomar los estudios, iniciados en Costa Rica, y de aventurarme en la enseñanza. Recuerdas que te dije que tuve una formación bastante buena en el campo del Nuevo Testamento. No así con el Antiguo Testamento, del cual tenía un conocimiento algo superficial. Sin embargo sentí el reto de buscar en la tradición hebrea de los profetas la materia de enseñanza. Para una situación revolucionaria, nada mejor que inspirarnos en esos heraldos de la justicia, campeones defensores de los oprimidos. Reconozco que fui un poco temerario, careciendo de una buena base. No obstante me zambullí lo más profundo que pude en los autores clásicos como Von Rad y otros, haciendo un gran esfuerzo para actualizarme yo mismo primero. Por mucho que me esforcé, el tiempo disponible era corto, y no dejo de reconocer que sudé la gota gorda en algunas clases. Otra asignatura de Nuevo Testamento me resultaron más cómodas de dar.

Ocho meses desde el triunfo sandinista y en Managua todavía se oía a pólvora. Una de las primeras noches, un intenso tiroteo se escuchó en las inmediaciones del Seminario, ya nosotros estábamos en la cama, instintivamente saltamos para el piso. Nos dijeron que era habitual este tipo de suceso. También nos aconsejaron sobre los terremotos. Managua está construida sobre una gran faya que irremediablemente provoca terremotos y temblores. Debíamos dejar nuestra puerta del cuarto entreabierta, porque al moverse el piso quedan trabadas, y uno prisionero en la habitación. Debíamos tener la ropa indispensable a la mano para salir rápido al exterior. Otra prevención que era necesario tener en cuenta era referente a la malaria, endémica en todo el país, no se podía dejar de tomar las pastillas. La época de lluvia, conocida también como el invierno, porque la temperatura refresca, nos sorprendió la las paredes de nuestro apartamento literalmente cubiertas de mosquitos.

El Administrador, Francisco Juárez, conocido por El Chico Juárez y su esposa Lesbia, fue de extremadamente amables con nosotros. No menos puedo decir de los empleados Panchito y Eusebio. Desde entonces fuimos conocidos como Don y Doña Rodés.

El Chico Juárez era más que administrador, era también el responsable de del programa de extensión del Seminario. Con él salimos en el microbús hacia el norte, muy cerca de la frontera con Honduras, a Ocotal, donde funcionaba uno de esos programas de extensión. Hasta allí llegaban los sábados, humildes pastores rurales a recibir la superación teológica que nunca tuvieron la oportunidad de recibir en un seminario. Eran pastores campesinos curtidos por el sol, de las montañas y aldeas aisladas, algunos veíamos con la evidencia de haber sufrido la malaria. Pero todos deseosos de superarse. Creo que el nivel de escolaridad no superaba el tercer grado. Lila les dio clases de gramática, educación cristiana y música. El Chico Juárez y yo compartíamos clases de teología y biblia. Nos sentimos muy bien con esta gente sencilla, pero poseedora de una sabiduría especial.

Hablando en una conferencia de pastores evangèlicos de Nicaragua

Nos dimos cuenta de que en Nicaragua existían dos clases de pastores, diferentes por su formación, su nivel de vida y el tamaño de las iglesias que servían. En los pueblos grandes conocimos pastores preparados, dedicados todo el tiempo su ministerio, viviendo muy diferente a estos otros del Ocotal. La Convención no podía ofrecer mucha ayuda a estos humildes hermanos, en aquellos tiempos, creo que el servicio gratuito del Hospital Bautista para ellos y sus familiares, fue lo único que se logró.

Gran parte del alumnado del seminario a la sazón regresaba de la campaña nacional de alfabetización. Venían con sus pelambres, sus ropas cargadas de collares de semillas de las montañas, enriquecidas sus vidas con la experiencia de vivir con los más pobres campesinos y con el espíritu más revolucionario que nunca. Algunos de ellos me dijeron: Profesor, en todas las universidades se están organizando las milicias. ¿Ud. no cree que aquí debamos también hacer lo mismo? Mi respuesta inmediata, Ni que ustedes estuvieran locos. Imagínense ustedes metiendo armas para hacer ejercicios en este lugar. No, no, el papel de ustedes dentro de este proceso es acompañar a las iglesias, ser guías y orientadores. Las armas de ustedes son de otro tipo, son las armas espirituales, de las que Pablo menciona en Efesios 5. La batalla por crear conciencia social, por educar bien a las congregaciones es muy importante. Ustedes no pueden hacer nada que los distancie de sus hermanos de la iglesia, que no lo verían bien. Olvídense de eso.

Creo que nuestra humilde contribución a partir de la experiencia cubana, era precisamente ayudarlos evitar los errores de asumir posiciones extremas, con el consiguiente desgarramiento dentro de las comunidades de fe. La Convención Bautista de Nicaragua jugaba un papel de liderazgo importante en el arcoíris de las denominaciones protestantes nicaragüenses, la mayoría de corte pentecostal. El Dr. Parajón, con una reconocida trayectoria en la vida nacional, el Cepad, fundado por él y otros líderes bautistas, no se manifestaba tan políticamente, eran más mesurados y pastorales. Posteriormente supe que el Dr. Parajón se convirtió en una figura clave en los diálogos de paz que se desarrollaron. Y finalmente la Alianza Mundial Bautista le extendió un galardón por la defensa de los derechos humanos.

Te contaré que entre mis alumnos estaba un pastor de San Juan del Sur, el hno. Villagra. Villagra comenzó las clases con mucha aprehensión sobre nuestra persona, ¿qué podía aportarle un cubano de la Cuba comunista? Era evidente su desconfianza e inquietud en las clases. Pero a medida que pasaban los meses se fue danto cuenta, que más que un profesor, tenía delante a un pastor, verdaderamente comprometido con la Iglesia. Nos sentimos muy felices cuando al final del curso escuchamos su testimonio, no solo en cuanto al cambio de actitud hacia nuestra persona, sino en cuanto al proceso histórico y al papel de los cristiano en él. Villagra ha mantenido un pastorado activo y con mucho fruto, no se si ya se ha jubilado.

Teníamos el tiempo bastante ocupado, Lila dando clases de mecanografía y música. También dirigía un coro en una Iglesia. Frecuentemente éramos invitados a predicar y dar talleres en las iglesias. El Cepad nos invitó a un Taller en un lugar llamado Waslala, muy intrincado, al que se iba saliendo desde la ciudad de Matagalpa. Allí tomamos un jeep, que subiendo y bajando lomas, cruzando arroyos y a veces teniendo que bajarnos para empujar, llegamos un lugar rodeado de montes y selvas, llamado Waslala. Improvisamos un campamento en una capilla, en la cual dormimos todos, los invitados y los campesinos en unos rústicos bancos. Podrás imaginarte que no fue muy confortable. Tu abuela, siempre tan sensible a los olores, sintió un estremecimiento cuando un campesino que estaba cerca se quitó las botas.

Nos hablaron de un hospital de campaña en el que trabajaban médicos cubanos. Por supuesto que no podíamos dejar de visitarlo. Bajo unos toldos en medio de un terreno fangoso, se acumulaban pequeñas camastros y se improvisaba un hospital de campaña. Ante nuestra vista falleció un bebé al que las medicinas llegaron demasiado tarde. Nos sentimos orgullosos de nuestros compatriotas médicos. Al día siguiente tuvimos la reunión con el grupo de pastores que venían de aquellas montañas cercanas. Les oímos de sus problemas y necesidades. Lo más impresionante y que quedó en mi memoria fue que uno de los pastores me dice que en su comunidad no había médicos ni medicinas, y que después de tratar con los medicamentos naturales las familias los traían a la capilla para orar por ellos. Nos dijo de la impotencia al ver morir tantos niños, que no había una semana en que no tuviera que oficiar en un funeral. Ese era para él el mayor problema, y qué mayor problema puede haber me pregunté yo. ¿Qué decirles? Dios está obrando para que el futuro de ustedes sea diferente. Seguramente que esto va a cambiar, estén seguros de esto. Nos fuimos de Waspan absolutamente impresionados por la precaria que resulta la vida humana en este tercer mundo nuestro.

En Nicaragua nos relacionamos con el Centro Valdivieso, dirigido por el padre Uriel, el territorio de los católicos más progresistas, lugar al que peregrinaban teólogos de todo el mundo. Allí conocí a Frey Betto, dominico del Brasil, que había estado en prisión por tres años y era el asesor de las comunidades de base del Brasil. Aproveché para hacerle una entrevista para el Correo Bautista, en ese momento no me imaginaba cuan estrecha iba a ser su relación con Cuba.

Rio Coco Arriba

Ahora te voy a contar, Gabriel querido, de la aventura más emocionante que tuve en Nicaragua, el viaje al corazón de la Mosquitia, Rio Coco arriba, en el mundo de los aborígenes llamados misquitos. El pueblo originario que habita a lo largo de la franja oriental de Nicaragua, y que incluye también parte de Honduras. Te diré que la cultura misquita no se parece a la maya, que fue el imperio más desarrollado, de la meseta central de Centro América. Como sabes los mayas han dejado innumerables monumentos de piedra que todavía hoy van siendo descubiertos en la selva, fueron en verdad grandes constructores de ciudades, templos y pirámides, también en el deporte nos legaron una especie de futbol.

Pero la cultura misquita no se dedicó a la construcción monumentaria. Ellos están vinculados con Suramérica, son un desprendimiento del imperio Chibcha, con su centro en lo que hoy es Colombia, famoso no por sus obras constructivas de piedra, sino por su artesanía, la elaboración de metales y especialmente el oro. Por cierto los conquistadores españoles enloquecieron al oír la leyenda del Dorado, la laguna en la cual los aborígenes arrojaban en sus ceremonias religiosas grandes cantidades de oro. Cuantos españoles murieron buscando el Dorado, y cuantos aborígenes padecieron torturas y muerte de estos voraces conquistadores

Algunos grupos chibchas se trasladaron por la costa subiendo y asentándose en las proximidades de los ríos, fueron construyendo pueblos de pescadores y agricultores, con una identidad muy acentuada, en cuanto a lengua y costumbres. Los llamados misquitos, eran realmente un pueblo pacífico y tranquilo. En el siglo XVIII los ingleses se asentaron en la costa y establecieron relaciones con ellos. Con los ingleses desembarcaron misioneros moravos que empezaron a evangelizar a los misquitos, en forma tan efectiva, que hoy el 80% de ellos son cristianos de fe morava.

El CEPAD me invitó a desarrollar un taller sobre evangelización. Salimos, un pastor pentecostal y yo en un viejo avión, veterano de la II Guerra Mundial, que renqueando fue alcanzando altura, y bravíamente atravesó una tormenta que de vez en cuando estremecía aquella quejumbrosa estructura. Son aviones muy seguros, me decían, con dos potentes motores, se le ha llegado a apagar uno, pero sin problema ha podido llegar a su destino con el otro funcionando. Era necesario hacer el viaje en avión porque no existía aún una carretera que uniera la costa atlántica con la capital, en la parte del Pacífico. Arribar a Puerto Cabezas, es como llegar a otro mundo muy diferente al resto de Nicaragua. Un pueblo con una mezcla de culturas, en la que prevalece un ambiente caribeño, con la música y la lengua inglesa. Y al mismo tiempo conviviendo con misquitos, sumos y ladinos. Una babel en miniatura. El cura anglicano sobrevivía gracias a un dancing light, de cuyos ingresos se sostenía.

Sabes, Gabriel, que de Puerto Cabeza partió la expedición que intentó invadir nuestro país por Bahía de Cochinos, ya conoces esa historia.

De Puerto Cabezas, nos trasladamos en un jeep hasta Waspán, un poblado indígena a orillas del Rio Coco. Waspán está formado por humildes casas de madera, levantadas sobre troncos más de un metro y medio sobre la tierra, debido a las crecidas del rio. Después de visitar algunos pastores, nos asignaron una de aquellas casuchas, que estaba sin habitar hace tiempo. No teníamos más camas que unas humildes esteras de paja sobre varillas de madera, pero estábamos tan cansados que nos pareció el mejor hotel. Esa noche cayó un buen aguacero.

Y ahora te voy a contar el incidente ocurrido en aquel lugar. He tenido dudas si narrarte algo en lo que tu abuelo te pudiera desencantar, pero es mejor que sepas todo, y te des cuenta de que no soy un santo. No se te acuerdas que te conté que en mi trabajo secular estaba bajo la jefatura de un dirigente que usaba con frecuencia malas palabras, de la factura más gruesa. Eso lo oía diariamente, y de alguna manera se van quedando en el sustrato del inconsciente, hasta que un día pues....

Pues, sin más tapujos, te cuento lo que pasó aquel amanecer en Paspan Amaneció un sol radiante, luego de una noche lluviosa. El pastor pentecostal, y otro pastor que se nos unió nos levantamos llenos de inspiración y de espíritu misionero. El pastor y yo alabamos a Dios por el día tan hermoso, cuando nos paramos en la salida para tomar la escalera de la cabaña, cuando súbitamente la escalera cede a nuestro peso y de pronto nos vemos de patas arriba inmersos en un inmenso pantano. Y aquí es cuando sale de mi boca una palabrota de la cual hasta hoy siento una gran vergüenza, como si el director de la empresa hubiera hablado por mi boca, yo exclamo: cojooonesss. Afortunadamente creo que mi colega no oyó la palabrota, o si la oyó fue discreto en no mencionarlo.

Chorreando lodo fuimos hasta un barril de agua en el cual nos sumergimos, para librarnos de aquel lodo. Arreglado el asunto, y siendo el medio día nos dirigimos a la orilla del rio a tomar un "pipante", o canoa de gran tamaño, propulsada por un motor, en la cual iríamos a hacer nuestro viaje. El Rio Coco es la frontera con Honduras, de modo que algunas veces estábamos más cerca de Honduras que de Nicaragua. Fueron largas horas de viaje, con ligeras paradas en las aldeas para recoger los pastores que iban a nuestro taller. Un bote a gran velocidad viene en dirección contraria, se intercambian palabra con nuestros guías, y sabemos que llevan a una mujer que ha sido mordida por una serpiente coral. Nos cuentan de las serpientes, coral, otra llamada "tres pasos", por la rapidez del efecto mortal del veneno. Los "sunos" conocen la yerba para curar de las picadas, pero no han querido compartir el secreto. La posición incómoda en el pipante ocasiona un malestar en la espalda que se va acrecentando, hasta que sentimos el alivio de una próxima parada.

Nos coge la noche y desembarcamos en una aldea. Somos guiados hasta una capilla moraba, al poco rato empiezan a llegar aldeanas con platos, mezcla de plátano con otras viandas, que degustamos, compartiendo varios del mismo plato. Luego cada uno escoge su rincón de la capilla, para pasar la noche. Realmente el cuerpo, después de las largas horas en el pipante, agradece poder descansar la espalda. Se van apagando las pocas velas, y vemos que los rayos luminosos de la luna entran por las rendijas de las paredes. Casi me duermo cuando me sobresalto ante cierto movimiento que percibo en el piso alrededor de mí. Enciendo un fósforo, y descubro que por las rendijas están entran cucarachas; por todos lados estoy rodeado de cientos de ellas. De nada vale sacudir, espantarlas, siguen saliendo, interminables. Me pongo de pie y camino por la capilla, por todos lados es lo mismo, pero la gente está durmiendo, acostumbrada tal vez, a la compañía de estos insectos. Al fin el sueño me rinde y acabo la noche en un rincón, tapándome la cara y dejando que las intrusas curioseen a sus anchas a los visitantes.

Al fin, a la mañana siguiente, tras dos horas de navegación arribamos a la aldea en donde se iría a celebrar el Taller. Un toro fue sacrificado para alimentar a los cien pastores misquitos allí reunidos, que completaba la dieta el plátano y la manteca de coco. Era muy acogedora la congregación, que pacientemente escuchaba al pastor cubano traducido a su lengua natal. Compartía con nosotros un líder indígena que aprovechó la reunión para dirigir un apasionado discurso a favor de la defensa de los intereses y valores de los aborígenes. Me impresionó la agudeza con que hacía pensar en la necesaria unidad para enfrentar la imposición de los blancos. No percibí entonces, que los "blancos" no excluía al nuevo gobierno sandinista, con el cual se iría a desarrollar una disputa que duraría más de una década.

Otra sorpresa me aguardaba en aquel apartado lugar de la geografía nicaragüense. Me invitaron a visitar a unos maestros a unos pocos kilómetros de la aldea, en una humilde escuela de madera en medio del monte nos encontramos con dos maestros cubanos que se alegraron mucho de nuestra visita. Nos relataron de la tensión en que vivían, dado que las bandas de contras andaban durante la noche por la zona tratando de amedrentarlos, muchas veces tocaban a la puerta de la escuela. Ellos contaban con un fusil y una pistola, que seguramente eran inútiles para enfrentar un combate contra guerreros entrenados y bien armados. Me quedé impresionado del valor de estos compatriotas. Posteriormente la prensa dio a conocer del martirio de maestros cubanos (no precisamente los que conocí) en las montañas nicaragüense.

Una mañana me encontré con una serpiente coral muerta en la puerta de mi cuarto. No se quien la macheteó ni a que hora, pero agradecí que no llegó a entrar a mi habitación.

El regreso a Waspán fue mucho rápido porque navegamos a favor de la corriente, solo que un torrencial aguacero nos empapó. Al desembarcar en el humilde muelle un soldado pedía la identificación de cada uno. Cuando vió mi pasaporte, me informó que debía ir con él al cuartel. Allí el jefe del puesto comenzó un interrogatorio, se sorprendió que en mi pasaporte constaba una visita a Honduras, refugio natural de los contra. De nada valió la intervención del hermano del CEPAD, yo resultaba un sospechoso del que solamente las autoridades de Managua podían decidir. De modo que quedé detenido por cuatro horas, hasta que llegó la orden de libertad.

Regresamos a Managua en un helicóptero militar, usado frecuentemente para el transporte desde Puerto Cabezas.

Del cosmos al fondo de la miseria

Otro hecho, además de los heroicos maestros, hizo que sintiéramos profundo orgullo de ser cubano. Nos trajeron un afiche en que aparecía el primer cosmonauta latinoamericano en una nave espacial soviética, Arnaldo Tamayo, un mulato guantanamero se constituía en la noticia del momento que puso a Cuba en los titulares de los diarios del mundo entero. Estando lejos del país se siente mucho más el orgullo por estos triunfos; Cuba en el cosmos, quién lo hubiera pensado, si no fuera por la revolución social. Colocamos el bello afiche en un lugar bien visible de nuestra sala.

Sin embargo otros acontecimientos de ese año hicieron que nos bajáramos del espacio sideral y aterrizáremos en realidades vergonzosas que estaban ocurriendo en nuestra tierra. Ocurrió que un año o dos antes las puertas del intercambio de las familias en la emigración se abrieron para el encuentro de familiar; por primera vez en casi veinte años los que salieron a vivir en Miami pudieron hacer una visita a sus seres queridos en la Isla, y la mayoría había logrado un bienestar económico muy por encima de la austeridad común del pueblo cubano. Las fotos a color de las casas, autos, tiendas, etc impresionaban vivamente, despertando sueños e ilusiones de una tierra prometida al alcance de la mano.

Era de esperarse que una oleada creciente de personas empezara a pedir la baja en sus centros de trabajo e iniciaran el trámite para la emigración. Parece que fue tan contagiosa la fiebre de viajar que en algunos sectores del poder político se reaccionó con miedo y preocupación. Lo cierto que se empezaron a efectuar los actos de repudio contra los que manifestaban la intención de abandonar el país. Los términos más vejaminosos fueron usados: traidores, vendepatrias, escoria y otros por el estilo. Esto iba caldeando el ambiente, y los actos de repudio eran una prueba de ser buenos revolucionarios, pero lo que sucedió no fue para llenar de orgullo a nadie. En los centros de trabajo se repartieron files de huevos, y cuando las personas iban a buscar su carta de baja, les esperaba una descarga de huevos junto con insultos y groserías. Una brutal e insensible chusma se fue apoderando de las calles, apoderándose de las infelices gentes que eran arrastradas con golpes, escupidas, y no se cuantas afrentas mas.

Me contaron que en la barriada de Pueblo Nuevo, a un infeliz le colgaron una lata de zanchocho (restos de comida usada para alimentar cerdos), y le iban dando golpes a la lata para llenar su cuerpo de la pestilente comida. Otro músico que tocaba el piano en un hotel lo metieron en un barril y lo fueron rodando por las calles dándole golpes que seguramente le afectaron sus oidos.

La calle Milanés, que desciende hasta el centro de la ciudad, se convirtió en el via crucis en que la turba a empujones y golpes y gritos de insultos paseaba en vergonzoso desfile a los cubanos y cubanas por el simple hecho de querer emigrar.

En los barrios donde se identificaba una vivienda de un aspirante a emigrar se colocaban carteles, si era mujer se le ponía aquí vive una prostituta, y si era hombre se ponía la palabra maricón. Supe la historia de uno de estos desdichados, que fue a vivir a Miami. Tuvo éxito económico y pudo realizar sus sueños de viajar en cruceros por los destinos turísticos del Caribe. Un amigo que lo visitó cuenta que éste le mostro un mapa en la pared donde aparecían los lugares visitados, pero se impresionó como el lugar ocupado por la Isla de Cuba estaba cubierto con papel precinta, porque –fue la respuesta- para él ese país no existía ya más. Que triste que se llegue a renunciar a la tierra que lo vió nacer.

En fin, al regresar de Nicaragua escuché tantas historias tristes de atropellos, vejaciones y violencia que me pregunté como es posible en este pueblo, educado en la ética del hombre nuevo, capaz de enviar maestros y médicos a cualquier parte del mundo que lo necesita, descender tan bajo. De dónde salieron esas turbas y que bajos sentimientos se expresaron, todavía me lo pregunto. Creo que en algún momento que todavía no avizoro el país tendrá que pedir perdón por tanto atropello. Fueron una minoría, es verdad, pero es cierto que se sucedieron cosas de cuyas heridas hay mucha gente que todavía no ha sanado.

Tiempo de regresar

El año y medio en Centro América llegaba a su fin. Quedaron con nosotros las experiencias inolvidables de este tiempo de aprendizaje, de conocer tanta gente valiosa, de nuevas amistades que enriquecieron nuestra vida. Volvíamos a nuestra tierra y nuestra iglesia, con nuevas visiones, y con una fe inquebrantable en que, a pesar de los yerros humanos, la utopía de un mundo nuevo no estaba derrotada, de alguna manera la ola de la historia rompía los diques, y en este nuevo tiempo la revolución nicaragüense hacía renacer la esperanza de un mañana mas alegre para los humildes. Cargamos con nuestros libros de teología de la liberación, la hamaca de los indios de Monimbó, y las guayaberas bellamente tejidas, que vinieron a ser el nuevo estilo de vestir en el púlpito. Nicaragua y Cuba estaban más conectadas que nunca, el puente aéreo traería muchos de ellos y ellas a nuestra Patria, así como mucha gente de Iglesia pudo viajar en los intercambios que se iniciaron. Esa inyección de entusiasmo fortaleció al movimiento progresista entre los bautistas cubanos, mucha gente de iglesia pudo viajar a Nicaragua a compartir experiencias de trabajos voluntarios, y visitar las iglesias.

8

La noche oscura del conflicto

Una fiesta de quince en la cultura cubana, mi querido Gabriel, es un acontecimiento esperado y celebrado por todo lo alto, por supuesto, dependiendo de las posibilidades económicas. Últimamente se ha notado un florecer de la profesión de fotógrafo de quince; se han sofisticado de tal manera que las fotos se han convertido en el mayor interés de las quinceañeras. He visto familias de ingresos limitadísimos, que viven, te diría en la pobreza más dramática, que sin embargo, en vista de la proximidad de este soñado cumpleaños, no se sabe de dónde han venido recursos, si te digo que importantes, para que la niña aparezca fotografiada con los vestidos más lujosos de París, en los ambientes refinados de hoteles de cinco estrellas, o en los carros descapotados que solo los turistas disfrutan. Puede carecerse de fiesta, de cake y todo lo demás, pero las fotos fantasiosas no pueden faltar. Si me preguntas el porqué de este fenómeno te diré que habría que indagar en el espacio ignoto donde habitan los sueños. Es como el cuento de la cenicienta, que sale por una noche mágica de la rústica cocina al lujoso salón del baile. Es que sencillamente hay un tiempo en que los sueños valen más que cualquier cosa material. Nadie calcula lo que cabe en una cabecita quinceañera.

Y para qué, dirás, te cuento esto. Como te he manifestado, nosotros éramos una familia que vivía, si no en la pobreza, en el límite donde no es permisible soñar en grandezas, sin embargo te diré que, aunque humilde, tu mamá tuvo su fiestecita de quince, que como verás, sin quererlo tuvo resonancia.

Te he contado cómo nos ayudaba el padre de Lila, tu bisabuelo, para poder subsistir modestamente. Por ejemplo, rescató un antiguo refrigerador Westinghouse, que había sido herencia de generaciones anteriores, que enfriaba maravillosamente, aunque la puerta se cerraba con un extraño mecanismo, más parecido a la puerta de un avión que de refrigerador, producto de la creatividad cubana de esos años. No nos podíamos quejar. No nos faltaba lo necesario, pero vivíamos humildemente, no voy a entrar en más detalles, porque parecería una queja, cosa que nunca nos pasó por la mente, sin duda éramos felices. Así que la proximidad de los quince de tu mamá no nos quitó el sueño, haríamos solo lo posible a nuestro alcance. Afortunadamente Lissy nunca nos pidió nada especial. Nuestro amigo Pepe Suárez sirvió de fotógrafo para sacarle algunas fotos en los jardines del seminario, con una ropita que Lila le pudo arreglar. De Santa Clara vino la tía Chavela, y a última hora se organizó un "motivito", para que compartiera alguna música con sus amigos de la escuela.

Llegadas las ocho de la noche de ese día, empezaron a llegar sus compañeritos, tímidamente primero, luego entraban por la puerta como una estampida indetenible. La música en el patio de nuestra casa era la del gusto de los adolescentes del momento, propia para dar brincos y saltos, extremadamente alta, que me daba miedo mirar las viejas pareces del edificio. Por suerte esa noche se estrenaba en la televisión la película La Guerra de las Galaxias de Spilberg, y yo maliciosamente comenté con los muchachos que a las once de la noche comenzaba la esperada película, Eso funcionó a la perfección, faltaban 10 minutos para la hora indicada para que la estampida, ahora en retroceso devolviera la tranquilidad habitual a nuestra casa. Nos quedamos apenas los amigos más íntimos, entre ellos Francisco y un joven de una iglesia bautista vecina. Así terminaron los esperados quince, hubo alegría, amigos, e importante, pocos gastos. Pero como te dije, esos quince pasarían a los anales de la historia bautista. Para que lo puedas entender es necesario que le demos una mirada a la atmósfera imperante en el mundo bautista cubano de principios de la década del 80.

El movimiento de la COEBAC, había crecido desde la incorporación de importantes iglesias, como la de Marianao, El Jordán de Guanabacoa, William Carey, del Vedado, y los simpatizantes que cada día se incorporaban de otras iglesias desbordaban así todas las expectativas. Las jornadas de trabajo voluntario en la agricultura, con la participación de grupos de nicaragüenses, y aún de Estados Unidos, como también la celebración de los campamentos sobre la responsabilidad social del cristiano, con una masividad impresionante, empezó a ser tomado en cuenta por el sector de la iglesia que no entendía una postura progresista que actuaba al margen de las estructuras establecidas.

Nosotros no dejamos nunca de participar de las actividades de la Convención, asistíamos disciplinadamente a la asamblea anual, tratamos de ser amistosos con todos. Pero el liderazgo de la Convención había caído en manos de un grupo de pastores de una extrema derecha. Se comenzó eliminando la participación en eventos de los que pensaran diferente a ellos. Luego se desarrolló una línea de ataques desde el púlpito usando un lenguaje supuestamente bíblico, con énfasis en los tiempos de tribulación apocalíptica, en que habría quienes se apartarían del buen camino, con textos de la Biblia, como aquel que dice "*Pero el Espíritu dice claramente que, en los últimos tiempos algunos apostatarán de la fe y escucharán a espíritus engañadores y a doctrinas de demonios*" (I Timoteo 4.1), o " *Entre el pueblo hubo también falsos profetas, como también habrá entre ustedes falsos maestros que con disimula introducirán herejías destructivas…*" (II Pedro 2.1). Estos eran los textos usados en las reuniones de pastores y en las asambleas de la Convención, con un discurso cargado de insinuaciones, acusaciones veladas y advertencias, de modo de crear un clima de desconfianza, se atizaba una encubierta hostilidad hacia los que asumíamos el reto de vivir de acuerdo a los dictados de nuestra conciencia. Finalmente se enfocó el ataque en la COEBAC. Los argumentos más eficaces los sacaban de la cruz con el detallito en su base que parecía un gatillo. Un pastor dijo," fíjense, es la colita del diablo que se esconde detrás de la cruz". Se acordó en la Asamblea de la Convención investigar a todos los pastores que estaban afiliados a la COEBAC y demandarles que renunciaran a su pertenencia. Esto, como comprenderás, es una flagrante violación del cacareado principio bautista de la libertad de conciencia, del cual tanto se habla.

Durante el tiempo que estuvimos en Nicaragua, supimos que se acercaron a algunos líderes de nuestra Iglesia de Matanzas, con intrigas para desprestigiarme y como se dice, serrucharme el piso. Se decía que yo cerraba el templo los domingos para irme a cortar caña, que participaba en la vida ecuménica con los católicos, a los cuales acogía en nuestra iglesia, que predicaba política desde el púlpito, en fin la imagen que se fue formando para muchos bautistas creo que vine a representar al mismísimo Satanás. La mala fama recorría templos y misiones por todo el país. Por esto no puedo menos que dejar constancia de la actitud digna y leal del diácono y presidente de nuestra Iglesia, el ingeniero Luis Rodríguez, que no permitió que las conspiraciones tuvieran el más mínimo éxito. Sabía que en el fondo era un problema de diferencias ideológicas, no precisamente de fe. Pero la derecha bautista maniobraba inteligentemente, necesitaban otras causas menos referidas a la ideología para iniciar un asalto final, si, porque ya se hablaba de extirpar una gangrena que estaba afectando el cuerpo de denominación bautista, y la única forma de extirpar la gangrena es cortando el miembro enfermo.

Y es aquí donde la fiesta de quince les vino como anillo al dedo. La primera mención la hizo un pastor en una reunión. Paco, me pregunta misteriosamente, ¿es verdad que en los quince de tu hija se bailó? Unos días más tarde ya estaba una comisión del departamento ministerial en mi casa para reprenderme por aquel pecado y pedir que hiciera una manifestación pública de arrepentimiento. ¿Arrepentirme?, ¿Por qué?, si en mi casa no hubo ninguna inmoralidad, si nosotros estamos muy orgullosos de nuestras hijas, que son buenas cristianas, y gozan de prestigio en la escuela. No, pero fíjate, si no te arrepientes va a tener consecuencias serias. Finalmente quisiéramos pedirte que podamos tener una reunión con la Iglesia de Matanzas.

Por supuesto, no me negué a tener una reunión con toda la congregación. Fue una noche entre semana, a la que pudieron llegar unos treinta miembros, y de la parte de ellos, el presidente de la Convención, el Secretario, el Presidente de los pastores y algún otro mas si mal no recuerdo. Les di la bienvenida y les di el tiempo que quisieran para exponer sus puntos de vista. Comenzó el presidente de los pastores con una disertación sobre el baile en la Biblia, en la que dijo, aunque aparecen danzas, siempre eran separados los hombres y las mujeres, y eran danzas sagradas celebrando algún hecho o milagro notable. Continuó diciendo que el baile de parejas siempre implica un acercamiento demasiado estrecho y provocador, que sin duda desencadena una excitación de los más bajos instintos sexuales. El baile, dijo, es permitir que una pareja haga lo que sin música sería inmoral. En fin, el baile es sucio, provocador, y solo puede traer daños espirituales en nuestros jóvenes. El Presidente de la Convención se paró para afirmar que hacer un baile en una casa pastoral era todavía mucho peor, y que no se recordaba cosa semejante en la historia de los bautistas cubanos. Que yo había sido exhortado al arrepentimiento público y que me había negado, que por lo tanto le sugerían a la Iglesia que pidiera mi renuncia como pastor.

Estas últimas palabras fue el detonante para que empezaran a pararse uno por uno los miembros de la Iglesia. Primeramente Luis Rodríguez le dijo al Presidente cuanto desencanto le había traído escuchar sus palabras, viniendo de un hombre tan querido y admirado, un hombre de una cultura y una espiritualidad que siempre les había inspirado. Ahora, veían a un hombre distinto, inquisidor, dominado por prejuicios y juguete de intereses bastardos. Siguieron otros y otros que es imposible recordar, pero claramente les dijeron, si han venido a pedir la renuncia de nuestro pastor, les decimos que pierden su tiempo, nosotros conocemos bien al pastor y su familia, son personas muy decentes y respetadas en la comunidad, nada inmoral ocurrió en la fiesta de quince. Los visitantes volvieron a tomar la palabra para advertir que una actitud terca de parte de la Iglesia iba a traer sus consecuencias. Esto sonó como una amenaza.

Felo, quien era un hombre sencillo, un trabajador del calzado, luego obrero de una fábrica, no tenía muchas letras, pero si fue un hombre de hablar claro y franco. Les dijo, mire, vamos a quitarnos la careta, todos sabemos como a nuestro pastor lo difaman por ahí, diciendo que es comunista, ecuménico y liberal. Nosotros sabemos que es una campaña montada porque él hace trabajo voluntario y comparte con todos en la sociedad, eso les molesta, y esa es la verdadera razón de estar ustedes aquí, lo de la fiestecita es un pretexto. Y nosotros lo queremos y lo apoyamos, por lo tanto ya saben, no pierdan mas el tiempo, nosotros no vamos a cambiar. Y no aceptamos amenazas.

Esa noche hablaron también los jóvenes, no faltó nadie que no se parara a expresar su apoyo al pastor. De modo que la gran comitiva de honorables personalidades se tuvo que marchar sin lograr siquiera una persona de su parte. Yo me sentí francamente impresionado por la dignidad de nuestra Iglesia que no se dejó amedrentar por estos altos dirigentes eclesiales. Una iglesia que honra la tradición bautista de gobierno congregacional, y que no acepta imposiciones de jerarquía alguna; me sentí orgulloso de ser su pastor, y más que orgulloso, siempre les estaré agradecido por esta muestra de lealtad, sin duda les debo el haber permanecido en el ministerio pastoral.

Yumurí

Si hay un lugar que para los bautistas es lo más parecido a un santuario es el Campamento de Yumurí. La singular belleza del ambiente campestre, en un extremo del espléndido valle, limitado por elevaciones de terreno rocoso, escoltado por abundantes palmares, propicia la persistencia de una naturaleza virgen, que invita a la tranquilidad, hace desaparecer el stress y se convierte así en el mejor escenario para la meditación y la oración. Los bautistas occidentales gustan llamar a este lugar "nuestro pedacito de cielo en la tierra". Fue allí, como creo ya te dije, sentí arder mi pecho juvenil con el llamado a dedicar mi vida al servicio de Dios y su reino. Allí sellamos la amistad adolescentes que nos sentíamos identificados con los mismos santos ideales. Cuantos recuerdos agradables evoca de tiempos no solo de experiencias místicas, sino de alegría por los ratos de diversión y deporte que también disfrutamos.

Pues a este lugar fui convocado una noche, de no recuerdo que mes, del 1982, para comparecer ante el cuerpo pastoral de la Convención Bautista. Algunos de mis familiares me rogaron que fuera flexible, que fuera lo más humilde posible para evitar el peor desenlace. Yo fui con la esperanza de que, aclarado en todos los detalles el asuntillo de los quince, habría un momento de reconciliación y nuevo comienzo. No obstante me sentía de cómo años atrás, en Aguada de Pasajeros, ante un tribunal que me juzgaría. Con la diferencia de que ahora eran mis propios compañeros de ministerio los que levantarían el dedo acusador. De nuevo, y en contra de mi temperamento tímido, venía a ser el centro de una controversia, que, presentía, no terminaba con mi caso, sino que solo era el prólogo de la gran batalla contra los que representamos una renovada visión de lo que debe ser la misión de la iglesia en Cuba.

Desde el principio de la reunión, en la que habría tal vez unos 60 pastores y misioneras, se notó el aire de tensión que reinaba. Hablaron los que acusaban. Un baile en una casa pastoral era una ofensa imperdonable y una afrenta a los principios y la moral cristiana. Uno que siempre ha hecho gala de ser bautista desde la punta de los pies hasta el último pelo de la cabeza, afirmó que en la historia bautista no se recuerda jamás que el baile fuera practicado en ninguna de sus formas, era algo ajeno a las prácticas de la denominación. No puedo quejarme de los buenos abogados que se pararon en mi defensa, sobre todo recuerdo a Juan Naranjo, que con su poderosa voz y argumentos pareció conmover a la audiencia. Terminó su alegato afirmando que aquel suceso seguramente no se iba a repetir, por lo tanto lo mejor era olvidar. Otros compañeros de lucha, como Raúl, Adalberto y otros se esforzaron por inclinar la balanza a mi favor. Un pastor mayor me susurraba que como muestra de mi buena voluntad de llegar a un arreglo renunciara al pastorado de Matanzas y me pusiera a la disposición de cualquier nombramiento para otra iglesia.

Escribí una breve nota diciendo que aunque no aceptaba que en mi casa hubiera ocurrido un acto inmoral, si reconocía que estaba en contra de la práctica de las iglesias cubanas, pedía disculpas y me comprometía que aquello no volviera a suceder. Pero de inmediato se puso en pie uno de los más airados oponentes y señalándome con el dedo, dijo con furia, tú Paco, eres un inmoral. Yo sentí que la sangre me ardía por todo mi cuerpo, pero una vez más aguanté callado y bajé la cabeza en silencio. El que presidía llamó al orden y propuso que se sometiera a votación. Alguien propuso de inmediato mi expulsión de la asociación de ministros. Uno advirtió que si se me expulsaba probablemente las autoridades podrían tomar alguna represalia. Inmediatamente rechacé aquella advertencia, y dije que ese temor no debía influir en la asamblea, y que cualquiera que fuera la decisión yo sería el primero en oponerme a que alguien fuera de la Iglesia interviniera.

La votación, con la excepción de 11 pastores que votaron a mi favor, fue adversa por mayoría, yo quedaba expulsado del pastorado bautista occidental. La maquinaria inquisidora se echó a andar inflexible y macabra. Esa noche la "lista negra", de los que votaron a mi favor, aún de los que se abstuvieron, quedó conformada. Todos los que se abstuvieron fueron llamados a contar, no se permitía posiciones intermedias, o con unos o con otros. Los meses y años próximos fueron las de repetidas purgas, uno a uno fueron juzgados los once que mantuvieron con firmeza sus posiciones. El Seminario eliminó de su facultad personas de una trayectoria y liderazgo bautista que escribieron páginas de historia, como el evangelista Antonio Hernández Loyola, Juan Naranjo y Raúl Suárez. De una manera digna hay que señalar la renuncia al rectorado del pastor Cirilo Alemán, quien no estuvo dispuesto a sumarse a esta campaña de expulsiones. Era una verdadera cacería de brujas, inaudita en los anales bautistas.

Desde la carretera adonde fui a esperar un ómnibus contemplaba el "pedacito de cielo" del que fui expulsado sin derecho a apelación. Las glorietas, las palmas, los dormitorios, los salones que habían sido mi casa por más de 20 años ahora eran tierra prohibida. La gran familia bautista, con la que crecí, jugué, compartí sueños misioneros, me rechazaba y me cortaba como un miembro enfermo que daña al resto del cuerpo. Es natural que me sintiera deprimido, confundido, sin saber cuál sería el futuro. En otros lugares inhóspitos cuando la tribu expulsa uno de sus miembros es lo mismo que matarlo, y de veras es un sabor amargo de muerte, una sensación difícil de describir. No me extraña que años después una canción latinoamericana cantada por Mercedes Sosa me estremeciera profundamente, y me conmueve cada vez que la oigo, por esto te la transcribo,

Cuantas veces me mataron,
cuantas veces me morí
sin embargo estoy aquí, resucitando.
Gracias doy a la desgracia
y a la mano con puñal
porque me mató tan mal
y seguí cantando.
Estribillo:
Cantando al sol como la cigarra
después de un año bajo la tierra
Igual que el sobreviviente
que viene de la guerra.

Tantas veces me borraron
Tantas desparecí
A mi propio entierro fui
sola esta llorando
Hice un nudo en el pañuelo
Pero me olvide después
Pues no era la única vez
Y seguí cantando.

Cuantas veces te mataron cuantas resucitarás
Cuantas noches pasarás desesperando
Y a la hora del naufragio y la de la oscuridad
Alguien te rescatará para seguir cantando.

Retornaba a mi familia con la noticia de que ya no era un pastor de la Convención Bautista Occidental. En casa me encontré con una sorpresa. Mi esposa tuvo la intuición de lo que iba a suceder, y sin que yo lo supiera hizo una reservación para al amanecer del día siguiente irnos a un lugar turístico al sur de la provincia, a Guamá a pasar unas breves vacaciones. Guamá, Gabriel, es un lugar de la Ciénaga de Zapata que debes visitar; se llega a través un canal que atraviesa manglares absolutamente naturales, un ambiente selvático. Durante veinte minutos estas contemplando una fauna que nunca verás en otros lugares, hasta llegar al conjunto de islitas en la que se ha construido una aldea aborigen. Hay estatuas de los primitivos pobladores en sus actividades normales de pesca y caza. A las cabañas rústicas construidas sobre el agua se accede por puentes de madera. En fin la naturaleza me devolvía con otro paisaje lo que perdí en Yumurí. La pasamos bien, aunque escasos de dinero, menos de lo necesario para un disfrute pleno, pero nos las arreglamos para pasar dos días de olvido y sanación.

Guamá fue una brillante idea, una buena terapia para borrar de la mente el impacto sombrío de la experiencia de Yumurí. Regresamos con el espíritu en paz para comenzar una etapa diferente en la vida. La gente de la Iglesia asumió con entereza el desafío de apoyar a un pastor expulsado. Gente maravillosa que nos alentaron en esos momentos difíciles; de una manera especial quiero recordar a Gladis Fernández, la esposa de Luis, quien me conoce desde la adolescencia, y siempre fue una amiga comprensiva, que sabe escuchar y sabe dar consejos con una sabiduría profunda, y a la vez con un sentido del humor que hace que los problemas se reduzcan a una dimensión mucho menor de lo que los veníamos antes. Bendito sea ese don sanador que algunas personas tienen para suscitar una carcajada en los momentos en que la sombra de la tristeza se asoma en nuestra mente.

Nuevos aires

Perdimos nuestro lugar en la familia bautista occidental, pero habíamos estado ganando espacio en otra familia que nos aceptaba como éramos, la familia del mundo ecuménico, y los hermanos y hermanas vinculados con la COEBAC. Una red de apoyo solidario se hizo sentir a lo largo de la isla, gente que compartía una visión renovada de la misión de la iglesia, amigos y amigas que afirman la vida con optimismo y confianza.

No recuerdo bien cuando la COEBAC fue admitida como miembro pleno del Consejo de Iglesias, lo cual abrió las puertas para que pastores de nuestro grupo pudieran acceder a posiciones de liderazgo. Tal fue el caso de Raúl Suárez, quien en esa década fue elegido Secretario Ejecutivo. A él le tocó jugar un papel importante en el mejoramiento de las relaciones entre las iglesias y el estado. Teníamos también relaciones con hermanos y hermanos de la Teología Negra de Estados Unidos, que comenzaron a venir y tener encuentros con la COEBAC, y ocasionalmente nos invitaron a sus eventos.

En el 1984 sucedió algo que tuvo un impacto a nivel nacional. A uno de estos encuentros vino el pastor y político negro Jessy Jackson, en ese entonces Senador en el Congreso. Jessy Jackon fue recibido por Fidel Castro, y ocurrió que invitó al comandante Fidel a un culto organizado por la Coebac y el Consejo de Iglesias en la Iglesia Metodista de K y 25, en el Vedado. Recuerdo como agentes de la seguridad tomaron posiciones en los techos de la vecindad, mientras el templo se llenaba de líderes religiosos de diversas iglesias. Fue muy emocionante ver por primera vez a Fidel entrar en un templo evangélico, sentarse en el altar y recibir el aplauso de la congregación; creo que él estaba un poco sorprendido por la entusiasta acogida. Habló Jessy y una de las palabras que repitió en su discurso, fue endure (resista), Fidel, endure. En realidad que otra cosa hemos estado haciendo durante décadas, sino resistir y resistir. Habló también el comandante acerca de Martin Luther King, como ejemplo cristiano y defensor de los derechos de su pueblo. Fue un culto alegre e inspirador, presagio de tiempos nuevos para la iglesia cubana.

Esa noche esperábamos en la terminal de ómnibus para regresar a Matanzas, cuando en el televisor del salón de espera aparece en el noticiero de las ocho las imágenes y la noticia del culto en la iglesia metodista, la cámara recorría todo el magnífico templo, enfocando de manera especial la cruz. Me pareció algo insólito, era la primera vez en los más de veinte años de revolución que las cámaras de la TV transmitían un culto; tal era la invisibilización que padecíamos los religiosos en Cuba. ¿Estábamos en los albores de una nueva época de acercamiento entre la revolución y la religión? Esta década vería otros acontecimientos en esta dirección.

Eran tiempos en que se percibía un ambiente de cambios, una ebullición de ideas y de criterios dispares. Especialmente entre la gente joven se hablaba mucho acerca de la perestroika y la glassnot en la Unión Soviética, promovida por el nuevo líder del Partido Comunista, Michael Gorvachov. Se comentaban y discutían las reformas tendientes a una mayor participación de los trabajadores en las decisiones, la creación de cooperativas, la libertad de expresión. Se pensaba que una renovación del socialismo lo sacaría definitivamente de la herencia que había dejado el estalinismo. Un socialismo más humano y transparente, con más apertura a los derechos humanos, menos controlador y autoritario. La revista Selecciones de Moscú, era leída con avidez. Pero no todos tenían una opinión favorable a lo que sucedía en la Unión Soviética, algunos tenían opiniones opuestas.

En Matanzas estaba surgiendo una generación joven de escritores, poetas, artistas y músicos con mucha conciencia de grupo, lo que se convertía en deseos de reunirse y de compartir. Músicos de la nueva trova, artistas y poetas con un lenguaje novedoso le dieron a las noches de nuestra ciudad un encanto especial. Nuestra hija Lisset, que estudió chelo, se conectó con este ambiente y de alguna manera nuestra familia y hasta nuestra iglesia fue vinculándose con una juventud inquieta y provocativa. Y por supuesto una juventud que no dejaba de ser crítica de la realidad socio política de nuestro país, que miraba con entusiasmo lo que ocurría en la URSS.

Una noche se apareció Lisset en nuestra casa con una pareja de amigos venidos desde Santa Clara, los escritores Arístides Vega y Bertha Caluff. Su manera de vestir nos llamó la atención, ropa hecha por ellos mismos, no sé como describirles, pero nada de lo que usaban era común. Me pregunté si no eran unos gitanillos. Habían dejado su ciudad natal para probar suerte en la nuestra, atraídos por este ambiente intelectual. Arístides y Bertha se quedaron a dormir esa noche en nuestra casa, y posteriormente comenzaron una vida trashumante, hospedándose alquilados en los lugares mas modestos, de la barriada de La Marina. Desde el principio me llamó la atención la autenticidad que notaba en esta pareja, especialmente la manera de expresarse Arístides, de un hablar franco y desenfadado. Les comencé a visitar, me conmovió verlos hacer collares de conchas para lograr su subsistencia, le veía escribir en una antigua maquina tan seguro de que estaba construyendo su novela. Nuestra amistad comenzó a crecer en la medida en que me sentía atraído por aquella gente tan segura de sí misma, de modo que les visitaba con regularidad, y ellos me recibían sin importarles quien yo era; me encantaba compartir con ellos. En ciertas ocasiones Arístides me sacaba los colores a la cara, cuando en alguna actividad de la Casa del Escritor, y me veía llegar, decía en alta voz: aquí está la Iglesia Bautista.

También había venido desde Holguín el poeta Alfredo Zaldívar, quien pronto se convertiría en el alma de todo este grupo, siendo el fundador de la Casa del Escritor, posteriormente de la Editorial Vigía, célebre editorial por la facturación manual y con materiales reciclados de libros y revistas con indudable calidad artística. Otros jóvenes con inquietudes intelectuales eran atraídos por este ambiente de renovación cultural matancero, me abstengo de nombrarte personas que dejaron un poco de su mística poesía en nuestro ambiente. Te diré la verdad, yo sentía un poco de frustración al no poder comprender mucha de la poesía que estos jóvenes escribían. Su lenguaje me resultaba desconcertante. En cierta forma una sensación parecida a la que he sentido ante un cuadro abstracto, que recibe el aplauso de la crítica, pero a mí no me dice nada, porque no encuentro ninguna semejanza con el mundo simple que nos rodea. Algunos me decían, es que se necesita cierto entrenamiento, cierta sensibilidad para percibir su mensaje, su música interna. Esta era la tendencia poética de aquella generación. Evidentemente no era el lenguaje preferido por los medios oficiales del país, adictos a otros bardos cantores de las hazañas del pueblo constructor del socialismo.

Violencia

No resulta extraño que desde la sombra algunos empezaran a mirar con recelo y desconfianza este ambiente de una juventud inquieta e irreverente. La poesía que se leía en las reuniones un tanto oscura les empezó a levantar sospechas de desviaciones ideológicas. Las críticas que de vez en cuando se dejaban escuchar sobre la burocracia autoritaria y el fundamentalismo ideológico imperante les perturbaba el sueño. Esta es la explicación de lo que una noche sucedió en la Librería El Pensamiento, de la calle Medio.

Se escuchó un toque fuerte e insistente en la puerta de nuestra casa, alguien traía la noticia de que algo terrible había ocurrido durante una velada poética en la Librería El Pensamiento. Salimos rápidamente para conocer directamente los hechos. En la casa del escritor Aramís Quintero se curaba a un poeta de heridas en el mentón y la cabeza. Allí supimos que algunos otros estaban presos. Nos dirigimos a otra casa para conocer más lesionados, y los detalles del suceso. Ocurrió que dos individuos extraños al ambiente cultural, asistían a la velada poética, cuando de repente protestaron por un verso que no entendieron bien, e inmediatamente con una furia enloquecida empezaron a dar golpes de karate a diestra y siniestra, sin tener en cuenta que una de las figuras poéticas de dimensión nacional, Carilda Oliver, se encontraba en el salón y también recibió su ración en la golpiza. Pienso que pudo haber víctimas fatales por las huellas dejadas en rostros y torso de casi todos los asistentes, afortunadamente los agresores conocían de este peligro extremo. Nos enteramos que al venir la policía, en lugar de llevarse a los agresores, prendieron a Zaldívar y alguien más. Decidimos ir a la policía para interceder, no nos dejaron verlos, y solo al otro día fueron liberados.

Nadie supo nada mas de la identidad de los agresores. Pero el escándalo suscitado por una golpiza sufrida por Carilda Oliver no podía pasar desapercibida. Desde la Habana el Ministro de Cultura y el Presidente de la Unión Nacional de Escritores y Artistas de Cuba promovieron una investigación y como resultado hubo una limpieza de las autoridades policiales cayendo las cabezas principales, también los funcionarios de cultura que no actuaron debidamente. No obstante no fue suficiente para borrar un sentimiento de inseguridad y temor no expresados con palabras en el ambiente de la juventud culta de Matanzas.

Nuevos horizontes

Mientras tanto en el mundo ecuménico se fue haciendo más prominente el liderazgo de Raúl Suárez, con su visión y su carisma para atraer sectores evangélicos un tanto marginados por el ala de la izquierda radical, que por su aire intelectualista se mantenía en un sitial distante de otros sectores conservadores del campo evangélico. Raúl tiene una oratoria apasionada, que pone sentimiento en todo lo que dice, conmoviendo con la honestidad que procede de una persona que ha vivido en sangre propia todo lo que afirma desde el púlpito. Ciertamente la vida de Raúl es un testimonio fuerte que habla de los sufrimientos que padecieron los campesinos humildes de este país.

Un día Raúl me propuso que hiciera un viaje a los Estados Unidos, simplemente una visita para desconectar de las tensiones y problemas cotidianos. Ir a Norteamérica era una tentación muy atrayente, y no lo pensé mucho. Se trataba de una invitación hecha por una pastora evangélica de Nueva York; yo iría acompañando a otro pastor miembro de la COEBAC. Era la primera vez que visitaría la gran nación del norte y me picaba la curiosidad.

Puedes imaginarte, Gabriel, la cara de asombro y admiración de tu abuelo al caminar por las calles de Nueva York. Por poco el cuello me duele de tanto mirar los rascacielos. Una de las experiencias inolvidables fue una mañana fría que salí a caminar por la quinta avenida, y empiezo a notar como el cielo se llena de algo que me pareció plumitas blancas, mi cuerpo fue recibiendo algunas de ellas, hasta que me di cuenta y me sentí que conmovido ante el espectáculo, ¡está nevando! Justo aquí en medio de tanta grandeza y del ruido y agitación de la gran urbe una señal de pureza desciende del cielo, casi canto de alegría. ¡Primera vez que experimentaba el espectáculo de ver caer la nieve, y en que escenario!

Nuestra anfitriona era pastora de varias congregaciones hispanas. Nos hospedó en su casa, en un apartamento de puertorriqueños del popular barrio de Queen. Gozamos unos días muy lindos visitando y predicando en iglesias hispanas de esta gran urbe, acogidos con amor y simpatía. Por otra parte nos dimos cuenta del ambiente de drogas, y violencia en que vivían las comunidades latinas. En nuestro propio edificio se percibía el olor a marihuana en los pasillos, y observamos los corrillos de jóvenes en las esquinas de las calles, proveedores de drogas. La pastora nos explicó acerca de los distintos géneros de estupefacientes, desde los más peligrosos como el crack hasta los menos dañinos, como la marihuana, y nos contaba de recientes episodios de violencia contra las mujeres. Con frecuencia escuchamos en las noches la sirena de las patrullas policiales y en ocasiones disparos de armas de fuego. Mi admiración por esta incansable mujer creció enormemente al darme cuenta del ambiente en que desarrollaba su ministerio; lamento no recordar su nombre. Realmente mi primera experiencia en Estados Unidos no fue muy atrayente.

Llegué a sentir alivio cuando mi amigo y compañero de estudios en el Seminario, Obed Millán, que vivía en Nueva Jersey, vino a buscarme para llevarme a su casa e iglesia. Obed me proveyó de abrigo y calzado apropiado para el tiempo tan frio, agradezco mucho su solidaridad.

Desde Atlanta me invitó el Dr. Oscar Romo, funcionario para Cuba del Home Mision Board (Junta de Misiones Domésticas) para visitar las oficinas centrales de esta institución. Al llegar a Atlanta, le expresé mi deseo de conocer la Iglesia Ebenezer y el hogar de Martin Luther King Jr, pero Romo, con una expresión despectiva, declinó esta propuesta, prefirió mostrarme el impresionante edificio de la Junta y las modernas oficinas y talleres editoriales donde se publica una gran variedad de literatura para el mundo hispano, con la mas moderna tecnología. Yo me preguntaba, por qué no se ha publicado nada en español de la vida y obra de Luther King, que tanto desconoce. Pero comprendo que para los bautistas de la Convención del Sur Luther King no es un héroe, se sale de los patrones habituales. En su tiempo estas iglesias le dieron la espalda y lo criticaron como revoltoso, alterador del orden; cuan diferente hubiera sido si personas de tanta influencia pública como Billy Graham y los evangélicos que él representaba hubieran abrazado la bandera de la justicia y libertad enarbolada por el pastor negro. Esta es la formación, querido Gabriel, que los bautistas del Sur trajeron a Cuba y que se enseña todavía; participar en las luchas humanas por una sociedad mejor es meterse en política y apartarse de nuestra misión principal, salvar las almas del infierno.

A Romo al menos le agradezco que me facilitara la conexión y el poder volar al próximo destino: la ciudad de Menfis, Tennessee. ¿Por qué a

Menfis, me dirás? Fue allí donde asesinaron a Luther King; pero no fue un tour por sitios históricos lo que me motivaba, sino conocer a un hombre muy especial. Vi su foto por primera vez en una revista en la que aparecía retratado en una solitaria colina, en la frontera entre Honduras y Nicaragua, arrodillado en actitud de oración, intercediendo por la paz, tan anhelada en aquellos años de guerra que ensangrentaba a Nicaragua. Por cierto una guerra alentada y sustentada desde Washington. Ken Sehested, vino a ser un héroe, casi un personaje de leyenda para nosotros los bautistas cubanos que anhelábamos paradigmas actuales que nos alentaran en nuestro caminar. Por su continuo peregrinaje por los sitios en conflicto, promoviendo un mensaje de paz y justicia representando al movimiento Bautistas por la Paz de Norteamérica, su vida se convirtió en un símbolo inspirador, y ahora que tenía la oportunidad de conocerlo, no podía desperdiciar.

Me fue a esperar al aeropuerto, y me llevó a su hogar, donde conocí a su esposa, Nancy y sus dos pequeñas hijas. Mi pésimo inglés hizo necesario que trajeran a un traductor. Quedaron encantados de conocer acerca del movimiento COEBAC de Cuba, que en esencia coincidía con los mismos objetivos del suyo. La conversación derivó hacia los últimos acontecimientos en Menfis, de los cuales su esposa Nancy era protagonista principal. La reciente elección de Nancy Sehested para pastora de Prescott Baptist Church, levantó una tormenta pública, que acaparó cintillos en los periódicos locales y nacionales. Ocurre que para los bautistas del Sur, es una herejía que las mujeres sean pastoras. Esto siguiendo al pie de la letra lo que dice San Pablo en sus epístolas. Sin duda Pablo reproducía los patrones patriarcales de su época, a pesar de que dijo cosas muy linda sobre la igualdad que tenemos en Cristo (Colosenses 3.28). Debes recordar que Pablo también exhortaba a los esclavos que fueran obedientes con sus amos. No es el lugar para discutir estos temas, y tú has sido formado en una Iglesia que predica un cristianismo liberador que dignifica a la mujer y a todo ser humano marginado por leyes y costumbres humanas.

Pues sucedió que la Asociación de Iglesias Bautistas de Menfis rechazó que Nancy fuera instalada como pastora, y tomaron la decisión de separar a la Iglesia de la organización; como es de esperar Ella y la iglesia recibieron expresiones de solidaridad de todo el país. Nancy me enseñó el libro donde guardaba los artículos y fotos de la prensa. Debes saber que esta gran mujer unos años mas tarde se convirtió en capellana de una de las prisiones de alta seguridad en Atlanta, donde sirvió por más de 15 años; una labor para la que hay que tener mucho valor.

Bueno, pues, que más te podré decir de este privilegio de compartir con los Sehested, de abrazarlos como nuestros compañeros de lucha y esperanza. Cuanta inspiración he recibido de esta familia admirable, y que privilegio experimentar a través de los años una amistad que se ha profundizado. !Que estimulante despedida de los Estados Unidos!

La Iglesia y el arte

Como has visto, Gabriel, esa década de los ochenta en Matanzas nos enriqueció con la amistad de muchas personas del ámbito de la cultura. Eso se lo debemos a tu mamá, que era quien traía de vez en cuando a la casa alguna de sus amistades. Un día se apareció con Perla Pinedo, una artista de la pintura, que hizo cuadros de estilo primitivista, parecidos a los que vimos en Nicaragua, de los que hacían los fieles de Solentiname. Ella dijo que quería hacer un regalo a la Iglesia de una pintura que pudiera colocarse en el templo. Me preguntó cuáles eran los símbolos cristianos, yo le di una lista, la cruz, el pan y vino de la comunión, la luz, la paloma, el pez, la barca, como los más tradicionales, pero también le dije, todo lo que tiene que ver con el Reino de Dios, que es la felicidad plena de todos los seres humanos, sin distinción de edad, raza, así como una ciudad con árboles, y gente plenamente feliz. Unos días más tarde se apareció con un pequeño cuadro, con fondo sepia, en que aparecían todos estos símbolos, de alegres y abigarrados colores.

Luego aparecieron pliegos y más pliegos de papel, se hizo engrudo, y sin pensarlo más, nuestra gente extendió aquella cosa gigantesca y contra el piso del salón anexo al templo. No faltaron jóvenes que vinieron a dibujar primero y pintar con acuarela aquel inmenso mural, todos recostados en el piso. Tu abuela Lila estuvo entre las primera en tirarse al suelo a pintar. No sé cuanto duró aquel trabajo, pero fue una ardua tarea. Al fin estuvo lista para ser puesta, ¿dónde? Pues nada menos que en la pared desnuda que está por encima del altar, que daba la medida exacta, ocho de ancho metros por tres de alto. Te diré que poner aquello en tal altura fue una tarea titánica, en la que nos vimos comprometido varios hombres. Por poco se nos rompe, pero gracias a Dios quedó colocado en el sitio que está hasta hoy y que ha venido a ser un símbolo de nuestra Iglesia. Me da mucho gusto como las personas que vienen por primera vez se extasían a contemplar esta obra de arte.

Así, poco a poco se fueron añadiendo otras obras de arte, producto siempre de las manos amorosas de sus miembros, especialmente mujeres, creadoras de hermosos tapices. Creo que el Espíritu nos estaba llevando por un sendero muy cercano a la cultura de nuestro pueblo. Fue a finales de esta década que empezó a desarrollarse una rica renovación musical; algunos de los jóvenes que estudiaron en la escuela de arte, formaron un cuarteto de excelente calidad. Apareció la guitarra y el bongó y los ritmos cubanos se hicieron oír. La alegría de una alabanza con sabor a nuestra tierra y cultura siguió atrayendo a muchos a nuestra comunidad. La Iglesia estaba creciendo con nuevas caras y nuevos aires.

Impresionante acontecimiento

Hay veces que los acontecimientos sobrepasan nuestra capacidad de entender y de razonar científicamente. En la esfera de lo religioso siempre existe un margen para lo inexplicable, lo maravillo., el milagro puede ocurrir. Esto que te cuento sucedió en el espacio de pocos días. La ciudad de Matanzas fue sorprendida por una noticia que no salió en los periódicos, corrió de boca en boca, toda la ciudad comentaba sorprendida lo que estaba ocurriendo en el vecino pueblo de Madruga. En la Iglesia de la Asamblea de Dios, pentecostal, una campaña de predicación se convirtió súbitamente en un acontecimiento que atrajo multitudes, de todas partes concurrían carros y camiones cargados de personas atraídas por un predicador que estaba realizando milagros de sanidad en las personas. Unos eran llevados en sillas de ruedas, otros con dolencias de diversa naturaleza, otros por simple curiosidad. En fin el comentario se esparció por toda la región como pólvora.

'Fue tanta la conmoción que me animé una noche a ir para conocer directamente lo que estaba sucediendo. Apenas nos acercamos al barrio ya se notaba el ir y venir de personas, al llegar nosotros era imposible entrar, nos dijeron que se repartían unos tickets con anticipación. Desde afuera pude observar, efectivamente, el predicador invitaba a la gente a tener fe en el poder sanador de la fe. Vi a una anciana levantarse de su silla de ruedas, entre exclamaciones del público y darle la mano al predicador. Fuimos entonces por la casa del pastor, al lado del templo, la sala estaba llena de personas, esperamos hasta que apareció uno de los pastores que dijo una oración por la salud de todos.

La curiosidad no me dejó tranquilo. Me enteré de tres casos de curación a los cuales me dediqué a visitar. Uno fue la esposa de un amigo católico, Silvio. Su esposa padece de una miopía severa; me cuentan que fueron a Madruga una noche, el predicador oró por los que tenían problemas en la vista, de pronto nada extraño sucedió, pero a la mañana siguiente, mientras preparaba el desayuno, tomó en sus manos una revista y comenzó a leer un artículo. Silvio la mira, y le dice, ¡estas leyendo sin los espejuelos! Se quedaron sin palabras, podía leer perfectamente sin los pesados espejuelos de la miopía.

Al día siguiente salió para su trabajo. Cuenta que estando trabajando en la contabilidad, una de sus compañeras notó que no estaba usando los espejuelos. Eh, fulana, como es que no estas usando los espejuelos, no me digas que tu también fuiste a Madruga, al curandero ese. No, no, por supuesto que no, es que se me quedaron los espejuelos en casa y estoy probando los de contacto. Desde ese momento la miopía retornó a sus ojos. No debió, dijo mi amigo, haber negado. Se atemorizó porque sabía de la presión que estaba ejerciendo el Partido para desvirtuar los acontecimientos de Madruga.

Visité a otro amigo, el Dr. Perdomo, pediatra que atendió a Judit en los primeros años de alergia. Mira Paco, me dice Perdomo, yo soy no practico la religión, aunque mi familia me inculcó la fe católica. Fui a Madruga con mi hijo, porque era tanto lo que oía, que por curiosidad quise saber, y solo pude entrar a la casa del pastor. Hasta allí vino alguien y dijo que iba a orar por los que tuvieran problemas en el vientre. Mi hijo tenía un problema de operación (aquí me explica con lenguaje científico algo que yo entendí era como una hernia) y el cirujano ya tenía programada su operación. Yo soy un científico, no creo en esas cosas, pero ocurre que al terminar la oración, mi hijo me dice, papá, toco en el lugar y no me encuentro nada. Paco, me dice, yo no te puedo explicar, pero efectivamente mi hijo fue sanado, el cirujano no encontró nada que operar.

El tercer caso, un humilde trabajador de la empresa de Acopio, donde yo trabajé. Lo visité en el barrio de Pueblo Nuevo. Si, pase, aquí vienen muchas personas a preguntarme. A la verdad, yo creo y no creo, no soy practicante de una religión, pero lo que no puedo negar es que fui curado. ¿Cómo ocurrió? Yo fui porque me llevaron en un camión y me cargaron hasta allí. Hace años que no puedo caminar, me han hecho operaciones en la rodilla, pero no he tenido resultados, camino con muletas. Durante el culto no me ocurrió nada, no pude levantarme de la silla. Pero al otro día, sin tomar mis muletas, me levanto de la cama y empiezo a moverme en el cuarto, sin dolor alguno. Yo no se nada mas, no le puedo explicar nada, yo no soy creyente, pero esto es lo que me ha ocurrido.

Uno de los Milagros que más comunes que dicen que les ocurrió a muchas personas, fue los empastes de dientes. Me juraron algunos que mientras atendían desde afuera las reuniones sintieron que algo había ocurrido en sus bocas, una vez en la casa se sorprendieron al ver dientes y muelas que tenían cavidades, ahora empastadas perfectamente. Los que no creían hicieron esto motivo de burlas. Yo mismo no me interesé en seguir la pista a estos supuestos milagros. No me pareció bien pensar en problemas que un dentista podía haber resuelto.

Las autoridades trataron de desmentir lo sucedido, como era posible en un pueblo tan culto y que tiene un sistema de salud al alcance de todos, pueda dejarse embaucar por un fanático. Un periodista conocido mío fue enviado para escribir para el periódico Girón, toda una página dedicada a contrarrestar y desmentir los sucesos. Se refirió particularmente a la restauración de caries dentales, como algo ridículo de creer.

Unos meses después, hablé con el periodista, habíamos sido compañeros en la escuela de idiomas, dime la verdad, que tu viste allí. Gabriel, esta fue su respuesta, Paco, fui enviado con la misión de ridiculizar al predicador, pero te digo la verdad, si vi cosas que me dejaron muy confundido, cosas que no puedo negar que ocurrieron.

Comenté con algunos colegas del seminario, y nos preguntamos ¿por qué no se le dio una atención mas respetuosa, y no se le hizo un estudio científico, serio, a lo que ocurrió en Madruga? ¿Fue un fenómeno parasicológico? Ocurrieron curaciones, ¿por qué no se analizaron y se le dio seguimiento a cada caso, para confirmar de una sanación total, o simplemente alivio pasajero? Mi conclusión es que se descartan los datos por prejuicios antirreligiosos, lo cual es ser anticientífico, ¿no crees?

El tiempo pasó, la campaña se fue apagando poco a poco, y del tema no se ha vuelto a hablar. Yo, por mi parte, aunque rechazo la manipulación emocional que usan muchos predicadores de esa tendencia, me mantengo curioso y abierto a lo que realmente puede suceder por la fe. Visité posteriormente al pastor de Madruga, me impresionó por ser un hombre humilde y sencillo. Se consideraba un simple pastor, sin mucho éxito, pero que cree fue visitado por este viento extraño del Espíritu, que sopla donde quiere y cuando quiere.

La ruptura convencional.

El año de 1987culminó la cacería de brujas del grupo reaccionario exterminador que lideraba la Convención Bautista Occidental. La lista se completó con la separación del pastor José López Martínez, por haber aceptado trabajar con la Comisión Bíblica del Consejo de Iglesias de Cuba. Nunca me pude imaginar que una persona tan fraterna y servicial recibiera tan mal trato; indudablemente se perdió toda consideración humana y cristiana. No es extraño que un viejo líder como lo ha sido Juan Naranjo, el día que expulsaron a Raúl Suárez se levantara para anunciar su renuncia a pertenecer al cuerpo pastoral. ¿Hasta dónde llegaría la grieta divisoria?, no lo sabíamos entonces, por esto no dejó de sorprendernos que se presentara en la Asamblea Convencional de ese año la propuesta de expulsión de las tres iglesias que mantenían pastores que estaban sancionados, Marianao, Matanzas y Reparto Mañana, las tres emes, como se decía. Yo llegaba con algunos miembros de la iglesia, justo en el momento en que se proponía pasar a votar. Como estaban ya las cosas no me preocupaba tanto el resultado, pero me dio pena con los miembros nuevos de nuestra iglesia, que asistían por primera vez a una asamblea en el preciso momento de ser expulsados, todavía veo reflejada la perplejidad en sus rostros, para mí era la segunda vez que experimentaba la exclusión. La votación resultó en contra nuestra por un margen pequeño de apenas 11 votos.

Hubo lágrimas mientras salíamos hacia la casa del pastor de la iglesia donde se celebraba la Convención, Hermes Soto y su esposa Alicia Ocaña, quienes nos abrieron su hogar con un cariño y simpatía que siempre agradeceremos; allí se hicieron oraciones y nos abrazamos solidariamente. Fue muy hermoso este gesto, y sabemos que muchos otros también sintieron la separación, pues se trataba de la ruptura en una familia con una larga historia. Precisamente la Primera Iglesia Bautista de Matanzas fue la sede donde quedó constituida oficialmente la Convención en el año de 1906.

Debes saber, Gabriel, que hay separaciones que al principio son dolorosas, pero al pasar el tiempo se convierten en la puerta hacia un nuevo camino de crecimiento y realización. Pasa igual en algunos matrimonios, que por años han compartido la vida juntos y al separarse, aunque sufren el trauma del rompimiento, ésta le resulta, al menos a alguna de las partes, la liberación, la oportunidad de empezar a vivir. Así fue para nuestro grupo, ya no seríamos el blanco de insidias, ya no tendríamos que asistir a reuniones que en nada nos ayudaba a vivir y dar nuestro testimonio en la sociedad que nos tocó vivir. Ahora tendríamos la oportunidad de continuar construyendo, sin más obstáculo, la forma de Iglesia que hemos soñado. No tardó mucho en que empezáramos a reunirnos las tres emes para compartir y a imaginar nuestro futuro. ¡Feliz divorcio que nos trajo tanta libertad, y que vivificante es sentir el delicioso aire de la libertad!

1988.

Empezamos por reunirnos dos veces al año, en una de las tres iglesias cada vez. No teníamos recursos, pero como nos gustaba encontrarnos y compartir los talentos musicales, los mensajes de inspiración, la amistad. Ya en la reunión que tocó a Matanzas, se fue pensando con toda seriedad en organizarnos como una nueva unión de iglesias bautistas, que fuera una alternativa a todas aquellas personas e iglesias que tuvieran el mismo espíritu ecuménico, que fueran abiertas a la renovación y al respeto a la diversidad, no todos tienen que pensar igual, pero si el respeto a el modo de ser de cada congregación. No imaginábamos como pudiera llamarse o constituirse esta nueva organización, pero si estábamos seguros que no haríamos nunca una estructura eclesial para imponer desde arriba decisiones o para el encumbramiento de líderes aferrados al poder.

Queríamos que hubiera una presencia decisiva del laicado, con una categórica afirmación del liderazgo de las mujeres. La misión que promoveríamos no sería el proselitismo fanático de números, sino la misión integral, que se adentrara en el mundo con el espíritu del testimonio servicial, lo que es lo mismo a ser compañeros de trabajo de todos aquellos y aquellas que trabajan por hacer el mundo mejor. Era una eclosión de sueños y esperanzas. Cuanta alegría se respiraba en la confraternidad de estas iglesias que un año atrás fueron expulsadas.

Se nombró una comisión para trabajar en el proyecto de organización; esta primera propuesta habría de circularse y estudiarse por todos. El bebé ya estaba en gestación.

Sorpresivamente nos llegó una invitación a tres de la COEBAC para asistir a la Primera Conferencia Mundial de Bautistas por la Paz, a celebrarse en Suecia, Noel Fernández, Elmer Lavastida y yo. Fue una experiencia inolvidable encontrarnos con hermanos de tantos países que de alguna manera u otra estaban involucrados en quehaceres a favor de un mundo de paz y justicia. Ken Sehested, el promotor principal, tuvo la sabiduría de invitar a personalidades como John Howard Yoder, autor de numerosos libros acerca de la relación entre la política y el pacifismo de Jesús, y otras relevantes figuras, para que fuera realmente un evento trascendente. Tuve oportunidad de participar en un panel y hablar de nuestro quehacer en nuestro país. Los soviéticos se aparecieron con un grupo uniforme de pastores, muy austeros y serios, siempre de traje, a diferencia de la mayoría que andaban bastante informales en su vestir.

Un día a la hora del desayuno, nos sentamos Noel y yo y llegaron a compartir la mesa un matrimonio de personas mayores, norteamericanas, con los cuales tratamos de tener alguna comunicación, con nuestro pobre inglés, ellos se llaman Roger y Mary Ruth Crook, de Carolina del Norte. Al terminar nuestro chaporreteo en pésimo inglés, nos lanzan la preguntan de si estaríamos dispuestos a ir adonde ellos viven para estudiar por unos meses inglés. Por supuesto, contestamos. Nosotros podemos leer inglés, pero nuestra capacidad de comunicación es muy limitada. Pensamos que ahí había quedado todo, pero meses después llegó la carta de invitación para ir a Raleigh por un par de meses a estudiar inglés.

Algo cómico que nos sucedió en este viaje fue que los cubanos no nos percibimos que al llegar a Suecia lo primero que teníamos que hacer era confirmar nuestros boletos de regreso. Ay mi nieto, cuando está finalizando la reunión y nos acordamos de aquello y nuestros anfitriones van a confirmar, les dicen que todo el vuelo estaba vendido, que no había espacio para nosotros, y que no habría otro chance sino muchos días después. Nuestros amigos suecos nos hospedaron en un seminario de Estocolmo y empezaron a moverse, los días pasando y las respuestas no venían. Finalmente se encontró una puerta, los hermanos soviéticos se brindaron a sacarnos los boletos por Aeroflot, la línea soviética, pero con la condición de que teníamos que tomar el vuelo en Praga. Finalmente pudimos volar a Praga, donde fuimos hospedados en uno de esos hoteles de líneas muy sobrias, construido al estilo del realismo socialista. Pero lo bueno fue que tuvimos todo un día para caminar por Praga, y disfrutar de una de las ciudades más bellas de Europa. No nos salió tan mal el error, ¿no crees?

De modo que en el verano del 1989, Noel y yo estábamos empacando para irnos a Carolina del Norte. Esta vez no pedí licencia en mi trabajo, sencillamente pedí la baja. Me di cuenta de que había llegado el tiempo de dedicarme completamente a la obra que teníamos delante, un nuevo tiempo de retos y oportunidades que Dios me mostraba claramente. La Iglesia había crecido y las finanzas también, no habría problemas para asumir mi sostén.

Recuerdo los meses intensos de esa primavera. Entre otras cosas que hacer tuve el gusto de ayudar a tu mama, que a la sazón estaba trabajando en sus tesis de la Universidad, a mecanografiar en una sencilla y portátil maquinita de escribir.

Este viaje, que duró dos meses, tuvo mucha significación para nosotros, no solo por el idioma, (aunque es obvio que dos meses no son suficientes) sino porque en la casa de los Crook, donde disfrutamos de una hospitalidad exquisita, en las conversaciones de sobremesa, explicándoles nosotros de la visión de nuestras iglesias en Cuba, nos enteramos de que en los Estados Unidos se había producido un movimiento semejante al nuestro entre los bautistas del Sur. Como resultado de una lucha de años los fundamentalistas lograron tomar el control de la Convención así como de todos los seminarios, iniciándose una campaña para la expulsión de todos los que no se sujetaran a sus estrechos moldes doctrinales. No hubo otra alternativa para los que pensaban diferente salirse de ese mundo de irrespirable intolerancia. Los Crook nos pusieron al habla con Alan Neely, un profesor bautista en Princeton, que era uno de los principales líderes de lo que entonces se llamó Alianza de los Bautistas del Sur, que luego se le quitó lo "del Sur" en tanto se convertían en un movimiento nacional.

Descubrir que en los Estados Unidos había esta clase de bautistas, progresistas, abiertos y ecuménicos nos llenó de alegría, significaba que no andábamos solos, que teníamos compañeros en el camino. Por supuesto nosotros ya teníamos relaciones con los bautistas negros, de la Convención Nacional Progresista, amigos en buenos que compartían una visión social importante. Pero la relación con la Alianza, por compartir las mismas raíces sureñas, la misma experiencia de lucha contra el fundamentalismo, vendría a significar una a relación muy especial. De modo que a nuestro regreso, en la reunión de Septiembre de 1989, para constituir oficialmente nuestro movimiento, yo tuve la alegría de comunicar que no estábamos solos en nuestro caminar, que había un grupo bautista en Estados Unidos que compartía la misma visión que nosotros.

Que curioso, una fiesta de quince, un desayuno casual, se convierten en los hilos que van atando el insospechado tejido que el Creador va haciendo. ¡Así es la vida en los caminos misteriosos de Dios!

Pero creo, Gabriel, que es bueno dejarte para otro capítulo la historia de los años turbulentos que vinieron a partir del 1989.

9

Amanecer de esperanza

Querido Gaby, al relatar estas viejas historias de tiempos tan fructíferos, me temo que pudieras pensar que tu abuelo tiene la arrogancia de pensar que tuvo un protagonismo excepcional en todo esto. No quisiera que tuvieras este pensamiento. Yo fui parte de un movimiento que nos empujaba como grupo en una misma dirección, con un mismo anhelo de cambiar la realidad que nos envolvía, cada miembro de ese grupo jugó un papel importante, que lamentablemente no puedo recoger en estas notas. Mi historia es lo que me quedó grabada en la memoria porque lo viví intensamente, ni siquiera es la historia completa, lo cual requeriría un trabajo exhaustivo sobre documentos de aquella época, pero lo que si quiero que quede fuera de toda duda es que lo que escribo lo hago con la mayor honestidad, sin intención de proclamarme el héroe ni para hacerle sombra a los demás. Así que pido perdón por las omisiones que pudieron aparecer en este relato, sobre todo cuando pienso en tantos compañeros y compañeras maravillosos que hicieron que surgieran algo tan hermoso y prometedor como es la Fraternidad de Iglesias Cuba (FIBAC).

La Fraternidad

Ahora éramos libres para darle forma a algo nuevo, a una organización que aglutinara a las iglesias y que reflejara lo mas posible al espíritu de Jesús, contextualizada en la realidad de nuestro tiempo histórico. Que privilegio vivir en tales momentos de nacimiento y creación, una oportunidad especial para poner los fundamentos de algo que superara lo que habíamos tenido hasta ahora. Habíamos sido un movimiento de renovación dentro de la denominación bautista, ahora teníamos el reto de establecer la institución que le daría perpetuidad. No estábamos ajenos al riesgo de toda institucionalización, que es el de petrificarse en un tiempo específico, y a la postre volverse represiva, pero ya vendrán otras generaciones para corregir los extravíos.

Hubo discusiones sobre el nombre que expresara lo se había ido incubando a través de las luchas y los sueños de tantos años, unos proponían "unión" otros "asociación", finalmente triunfó el título de "fraternidad". Palabra que expresa el espíritu de nuestro tiempo, una organización basada en el amor de familia, que siendo diversa en su composición, esta unida en los valores esenciales. Con ello rechazábamos el autoritarismo de una organización piramidal, de estructuras rígidas y de liderazgo encumbrado. Una auténtica democracia, respetuosa y acogedora. Un refugio para los heridos por las dictaduras eclesiásticas.

Pero la construcción debía contar con raíces en la memoria histórica del cristianismo, eso queríamos. Nosotros escogimos el 9 de Septiembre de 1989 para la fundación de la nueva asociación de iglesias, porque precisamente en esa misma fecha se conmemoran los 300 años de la publicación de la II Confesión de Londres, la más completa confesión de fe elaborada por los primitivos bautistas y que sirvió de guía a las iglesias bautistas que se organizaron posteriormente. Con esta decisión nuestro grupo quería afirmar que nosotros nos adheríamos fervientemente a los valores originales de nuestra denominación y al aporte específico que hizo a la cristiandad, especialmente su decisiva defensa de la libertad de conciencia, de libertad de pensamiento y de respeto a la voluntad popular de las congregaciones locales. La libertad es la esencia de nuestro ser como denominación bautista. Nos sentíamos orgullosos de esta herencia, por lo que nuestra nueva organización debía reflejar en toda su pureza estos valores, que para nosotros fueron mancillados por el autoritarismo y la intolerancia de los líderes bautistas del patio.

Por esto desde el principio nos abrimos a aquellos evangélicos similares en fe y principios, pero con una tradición diferente; podían unírsenos en categoría de asociados, como lo fueron los pentecostales de Puerto Esperanza, liderados por un pastor que fue expulsado de su denominación, pero que demostró un espíritu ecuménico y un testimonio convincente de servicio a la comunidad. Con los años crecieron y se fortalecieron tanto que decidieron constituirse como una denominación e independizarse, manteniendo lazos de amistad muy estrechos con la FIBAC. También la Iglesia de Dios del Reparto Arrechavaleta, en Matanzas, cuyo pastor también sufrió la separación por haberse divorciado el pastor, pero su iglesia lo respaldó. Esta iglesia posteriormente, después de haber colaborado y compartido con nosotros muchos años, decidió optar por ser bautista. No me arrepentiré nunca de haber estado entre los que defendieron esta apertura a otras familias evangélicas necesitadas de apoyo. Ojalá que las futuras generaciones no olviden esto, que la unidad no exige uniformidad, sino que se enriquece con ella.

No quiere decir esto que no estuviéramos definidos en el modelo de Iglesia que queríamos promover, ni que cualquier errante desconocido tuviera acogida. Hay que estar definido en lo que uno es, especialmente en estos tiempos en que la libertad religiosa ha hecho brotar pastores y congregaciones por todos lados, con toda clase de corriente doctrinal. Los fundadores de la Fraternidad no fuimos unos improvisados deseosos de experimentar cosas nuevas, teníamos una trayectoria pastoral bastante añejada para dejarnos impresionar fácilmente por cualquier cosa. Pero en este comienzo en nuestro caminar nos estábamos dando cuenta de que lo que divide a los cristianos en las postrimerías del siglo XX y comienzos del XXI no son temas doctrinales, ni por enfoques teológicos, que los pudiera haber, sino la esencia de las controversias actuales tienen que ver con posturas ante situaciones históricas concretas, ante definiciones en torno a problemas éticos, que tienen que ver con la justicia y la dignidad humana. Nosotros entendíamos que el cristiano no puede ser neutral ni estar ajeno a la toma de decisiones en que la justicia y la paz están comprometidas. Por toda la herencia que recibimos de la COEBAC, esos valores son innegociables. El mundo nos interesa demasiado, todos los acontecimientos que se encaminan, aunque sea tímidamente, hacia un mejoramiento en la calidad de vida, en la protección de la madre tierra, en fin en mundo libre de todo sufrimiento causado por el egoísmo y la ambición de unos pocos cae dentro de los intereses de la Iglesia de Jesús. Es entonces, a partir de la visión de nuestro lugar en el mundo de Dios, de cuál es la misión a la cual Dios nos llama, es que de una manera natural vamos coincidiendo, nos acercamos y colaboramos con otros hermanas y hermanos con las mismas inquietudes.

Al nacer la Fraternidad todos los líderes fuimos fuertemente influenciados por un ecumenismo con bases ética. El ecumenismo, la unidad de la iglesia no es un fin en sí mismo. El hecho de que haya una sola institución para aglutinar a todos los creyentes no es lo que salvará al mundo. La historia nos enseña que hubo un tiempo en que en Occidente había una sola iglesia, rica y poderosa, pero muy alejada de los propósitos de Jesús, que ha dejado un recuerdo muy amargo.
La unidad de los hijos de Dios es muy hermosa, querido Gabriel. Encontrarnos formando parte de una familia en que el amor de Dios sea la fuente de una hermandad, que no reconoce prejuicios, en la que se pueda expresar la solidaridad hacia los más débiles y necesitados, y en la que todos son apreciados sin tener en cuenta las diferencias, es el mayor gozo que podemos tener en este mundo de los humanos.

El grupo que se reunió en la Iglesia Ebenezer de Marianao estaba formada por no solo por las tres iglesias que se separaron en un principio. Fue maravilloso ver como otros hermanos y hermanas que no sufrieron nuestra suerte estaban allí, dispuestos a colaborar en el nacimiento de la Fraternidad. Varios pastores, como Luciano Márquez hijo, Juan Naranjo y Estela Hernández, Roberto Hernández, Lázaro Cuesta y José Ferrer, y que me perdonen si olvido alguno más. Tal vez sus iglesias no estaban aún decididas a unírsenos, pero estos pastores si estaban entusiasmados. Estaban cansados del autoritarismo reaccionario que dominaba la Convención Bautista.

Nos sentíamos muy entusiasmados, pero a decir verdad, todavía no nos habíamos sentado a poner en un documento todas las ideas que nos motivaban. Yo recuerdo haber ayudado a elaborar un pacto que contenía nuestro compromiso que, resumidamente son estos: 1. Defender el principio de la libertad de conciencia y de interpretación de las Sagradas Escrituras; 2. Respeto al derecho de las iglesias locales a elegir sus pastores y decidir sus propios asuntos; 3. Impulsar la participación del laicado en todos los niveles posibles de liderazgo; 4. Reconocimiento del derecho de las mujeres a ocupar todos los cargos, incluyendo el pastorada; 5. La participación ecuménica; 6. Fomentar la educación teológica en laicos y pastores como fundamento de una auténtica renovación.

Finalmente seguimos el camino de todo movimiento que conduce a una institucionalización. Siempre con la divisa de que la estructura no ahogara el espíritu de renovación, de estar siempre como decían los reformadores del siglo XVI, "La Iglesia Reformada, siempre reformándose". Recurrimos a los caminos trillados de hacer una directiva, nombrar personas en cargos, etc. Evadimos términos burocráticos como "departamento", por otros con más sentido de servicio como "pastorales". Tuve el honor de ser elegido como primer presidente, por dos años, que luego se convirtieron en cuatro, por una nueva elección. Una de las primeras cosas que hice fue plasmar en un plegable nuestros principios, el plegable se tituló "defiende tus convicciones", ojalá quede alguno por ahí de recuerdo. También consideré importante hacer un boletín, al que titulamos "Ágape". Así echamos andar, como dice el poeta "caminante, no hay camino, se hace camino al andar".

Uno de las primeras acciones que tomamos fue ser facilitadores de la primera ordenación de mujeres bautistas cubanas al ministerio pastoral. Tres hermanas, Ena García, Clara Rodés y Xiomara Díaz, quienes habiendo estudiado en el mismo seminario que los varones y con una práctica pastoral ejemplar, pero que, de acuerdo al modelo conservador, por el simple hecho de ser mujeres no podían ser ordenadas. Fue un acto de justicia, fue un reconocimiento a los valores de estas hermanas, y con gran alegría recibimos el apoyo entusiasta de parte de una numerosa delegación que vino para la ocasión desde Canadá y Estados Unidos. Una célebre pastora de las iglesias afroamericanas, cuyo nombre ahora se me escapa del recuerdo, presentó un poderoso sermón. Fue un servicio inolvidable e histórico, efectuado en la Iglesia Bautista Ebenezer.

Pero para los inicios de los años noventa no estábamos entonces conscientes acerca de los turbulentos tiempos a que estábamos abocados, la última década del año nos traía un terremoto en la vida económica y social del cual todavía no nos hemos podido reponer.

El derrumbe

Que yo sepa ningún científico ni filósofo ni sabio ni adivino predijo jamás que el socialismo real, como se le llamaba a la Europa del Este, encabezada por la Unión Soviética, iba a derrumbarse por sí solo, sin una batalla militar, sin un disparo. Que las banderas de Lenin y Marx, sus estatuas y todo el sistema político-económico se iba a venir abajo con la fuerza y velocidad de un alud alpino. Me recordó la estatua imponente que vio el profeta Daniel con su cuerpo de bronce y hierro, pero sus pies de barro, símbolo del imperio babilónico, al que el golpe de una pequeña piedra hizo que se desplomara estrepitosamente. No me toca a mí, mi Gaby querido, darte una explicación de este fenómeno que cambió el curso de la historia. Solo pienso que esos pies de barro del socialismo europeo fue la obra de un tirano llamado José Stalin, que instauró un sistema burocrático, piramidal, intolerante a la crítica, que suprimía violentamente toda oposición. Toda esa falsedad hizo que el gran sueño de una sociedad sin explotación devino en solo una propaganda que finalmente convirtió en nada todos los enormes sacrificios de tantos héroes y heroínas que dieron sus vidas por este ideal. Lección de todo esto es que no se puede construir una casa sino sobre el fundamento de valores y el respeto a la dignidad de todas las personas. No te voy a dar una clase de historia, hay mucha tela que cortar, pero no es el momento.

Esta islita en la que vive tu abuelo, era un coche más enganchado en el sistema socialista, se quebró el sistema, y nosotros quedamos como un barquito en el océano, sin puerto adonde ir a refugiarnos de la tormenta. Imagínate que el 80 % de nuestra economía dependía de los lazos con los países socialistas. Disfrutábamos de un modelo realmente ejemplar de relacionamiento en el que se intercambiaban productos. El azúcar que producíamos estaba toda vendida a buen precio, así como los subproductos del azúcar, la melaza, etc. Te cuento que la melaza que producía, por ejemplo Matanzas, se enviaba a la Rep. Democrática Alemana, y esta enviaba el grano para alimentar el ganado canadiense del inmenso plan lechero de Matanzas, que aseguraba la leche y la mantequilla y todo lo demás para nuestra provincia y la Habana. Ya te conté acerca de lo que mi amigo José Antonio con orgullo me mostraba, cuartones para el pastoreo intensivo así como innumerables lugares de ordeño y alimentación

Comprenderás que las vacas canadienses, al no tener el alimento requerido, fueron cayéndose de sus patas en los potreros; muriendo así todo el ganado. Pues, el glorioso “plan genético” (que así se llamaba), quedó convertido en un inmenso matorral de malas yerbas.

Otra desgracia más que sufrió nuestra provincia, con consecuencias nacionales, fue el de la empresa citrícola del Sur de la provincia. Fue una real epopeya sembrar en un terreno rocoso, miles de hectáreas de cítricos, y la construcción de grandes escuelas para becarios que, durante parte del día trabajaban en la plantación. Si recuerdas te hablé anteriormente que satisfacían las necesidades de la provincia, con una exportación importante de toronjas y naranjas; pues este hermoso proyecto también se vino abajo, porque los productos químicos para combatir las plagas no se pudieron conseguir más. Hoy se ha empezado a repoblar poco a poco, en pequeña escala de nuevas plantaciones de cítricos, pero sin comparación con lo que allí tuvimos.

Una de las cosas que afectaron más seriamente a la alimentación fue la destrucción de la flota pesquera; modernamente equipada realizaba su importante cosecha en los mares del norte, desde donde se garantizaba la rica merluza (a veces nos quejábamos, ¡otra vez solo merluza en la pescadería!). Vi alineados en la bahía de La Habana, la cuadrilla de esos eficientes barcos, expuestos ahora a la muerte definitiva por la herrumbre, ya que no había presupuesto para su mantenimiento y explotación, que tristeza.

La crisis alimentaria se fue agudizando al perderse la fuente marina, por otros frentes nos empezó a acosar el hambre. Al perderse la ganadería de raza, la leche dependía ahora de las pobres vacas criollas, cuya producción es mucho más limitada que las vacas de raza. La leche se restringió, solo para los niños hasta los 7 años y los ancianos, embarazadas y otras dietas. Pero ocurre que la distribución de carne se tuvo que suspender casi totalmente, porque había que priorizar la leche. Nosotros teníamos una cuota de carne de res cada 9 días, ahora empezó a distribuirse en su lugar y más distanciadamente una masa gomosa, para no decirte que babosa, que contenía una mezcla de no se sabe qué, y olor extraño, pero no teníamos otra opción. Desaparecieron todas las ofertas enlatadas, los productos asequibles en la cuota mensual se restringieron a el arroz, azúcar, sal, unas onzas de café, unas onzas de frijoles y a un poco de aceite. También se recibía un pequeño jabón y algunas onzas de detergente, lo cual a veces se retrasaba en la entrega. Fueron tiempos duros Gabriel, puedo decirte que sobrevivimos, pero luchando duramente. Yo recuerdo haber perdido como

25 libras de peso, pero no sufrí lo que muchos en cuanto a la salud, ya que se produjo una epidemia de lo que se llamó polineuritis, por la carencia de vitaminas. Hay personas que todavía se quejan de dolores en las piernas producto de este síndrome. El gobierno tuvo que hacer una inversión importante en el renglón de las vitaminas, especialmente del grupo B, que se distribuyó a muy bajo precio.

La gente empezó a buscarse sus medios de sobrevivencia. La cría de cerdos ha sido una tradición en las familias cubanas, especialmente de las áreas rurales, pues ahora, se convirtió en moda criar cerditos aún en las casas que no tienen patio. Hay historias increíbles de este tipo de insalubre adaptación a la necesidad de sobrevivencia. Nosotros empezamos una cría de pollitos en la casa, estimulados por la entrega gratuita que estaban haciendo las granjas de pollitos recién nacidos a los cuales no era posible mantener por falta de pienso. Pero, ¿qué alimento podíamos ofrecer si ni siquiera el pan nos alcanzaba? Los pollitos aprendieron a comer malamente y crecieron tan flacos como los dueños, ¡solo servían para una sopa!

Para un visitante extranjero una de las sorpresas más impactantes seguramente fueron los famosos "apagones", que a cualquier hora del día o de la noche nos afectaban, con los intensos calores muchas familias abrían sus puertas y permanecían en la acera de la calle. Tuvimos meses en que solo teníamos electricidad unas seis horas al día. Los refrigeradores, los pocos alimentos que se guardaban en frio, pues lo que se conseguía era para el consumo del día. El combustible también escaseó tanto que hubo que empezar a cocinar con cuanta madera estuviera al alcance. Hay muchas cosas más que pudiera contarte de aquellos tiempos difíciles del llamado "periodo especial", pero el daño más permanente de esos tiempos no fue el hambre que sufrimos, sino fue el rápido deterioro de la moral, la pérdida de valores, de la que tardará mucho tiempo en recuperarse.

Puedo decirte que la corrupción fue una de las primeras manifestaciones de esa pérdida de valores. Todo aquel que estaba en un puesto de autoridad o en una posición de la maquinaria burocrática, con frecuencia aceptaba sobornos por determinados servicios. Este mal no se ha superado, y no se superará hasta que las personas no reciban un salario que les permita vivir decentemente. El mercado negro se extendió, la gente llama eufemísticamente "resolver" a adquirir productos del que no se sabe el origen, o si se sabe es extraído ilegalmente. O sea "resolver" viene a ser sinónimo a ser cómplice de un robo. Las leyes se endurecieron para poner coto al desvío de materiales, pero no creo que se resuelva con mandar más gentes para la cárcel. Lo que sucedía y en alguna medida todavía sucede es que el ser humano tiene primeramente que alimentarse y vestirse para poder actuar con decencia.

La prostitución, que anteriormente casi era inexistente, de pronto hizo su aparición en forma escandalosamente pública. Cuba se convirtió en un destino de turismo sexual.

Y por último, para no cansarte, es la pérdida de un referente ideológico. Si anteriormente, se predicaba que estábamos en la construcción de una sociedad socialista que poco a poco se encaminaba a resolver los problemas, y así crear una sociedad próspera, justa, armoniosa y feliz, todo inspirados en que ya existía un modelo, hermanos mayores, por decirlo así, en la Europa del Este, ahora nuestro modelo, nuestro paradigma se esfumó como la niebla, ¿hacia dónde iríamos? ¿Negaríamos los valores y los sueños construidos con tantos años de esfuerzo? Esto es lo que suele llamarse una crisis ideológica, un vaciamiento de ideales y de metas. Especialmente la juventud, descubrió de repente que estaba en una sociedad sin futuro, sin esperanza, y se retomó el sueño de "vivir en el extranjero", en cualquier parte fuera de esta isla.

Despertar religioso

Esta nueva etapa de crisis nacional, se caracterizó por una oleada de personas que acudieron a todos los templos, todas las prácticas religiosas en busca de un apoyo, un aliento para enfrentar la dura situación existencial. Fue un boom religioso, un despertar ansioso en busca de algo que le diera sentido a la vida, que les diera luz en medio de la densa oscuridad. Nuestra Iglesia durante los años 80 experimentó un crecimiento de su membresía, especialmente de la juventud, en esta década de los 90 se colmó de nuevos creyentes. Recuerdo una vez en que celebrábamos bautizos, la ropa de bautizar no alcanzó, y en el apuro del momento tuvimos que echar mano de los trajes de las obras de Navidad, fue la primera vez que bauticé reyes magos, a María y José y hasta ángeles.

El gobierno autorizó las casas cultos, que se esparcieron como hongos por todo el territorio, no hay un barrio que no tenga varias. Las iglesias con celebraciones de estilo carismático se llenaron de fieles que brincan, gritan, se caen al piso en éxtasis, expulsan demonios, en fin, una alucinante orgía de emociones, que hace olvidar las penurias de la sobrevivencia.

Otros pastores, es triste decirlo, utilizaron la necesidad de la gente para atraerlos por medio de la ayuda material. Indudablemente que no se puede ser iglesias en estas circunstancias sin expresar de alguna forma de solidaridad. Pero, ¿cómo servir al prójimo sin segundas intenciones, sin egoísmo denominacionales, sin manipulación? Creo que hay que ser muy ético, vivir el evangelio de veras, como dice Jesús, "sin que sepa tu mano derecha lo que hace tu izquierda", brindando un servicio al necesitado motivado solo por el amor. La motivación es lo que más importa.

Solidaridad

Un domingo temprano en la mañana escuchamos un toque fuerte en la puerta de la casa. Cuando abro me encuentro con un joven con señales heridas recientes en el rostro, me impresionó grandemente. Me dice el joven, pastor padezco de epilepsia y no encuentro la medicina que me controla, estoy sufriendo la intensificación de los ataques, por favor, ayúdeme. Le respondí, hijo, yo no tengo en mis manos ningún medicamento, pero te aseguro que hoy lo diré en la Iglesia, y si alguien tiene algo será para ti. Ese día, en el culto, conté la historia del joven, y afortunadamente alguien de la congregación tenía y se le pudo ayudar temporalmente. Desde entonces la Iglesia tomó conciencia de la necesidad de compartir los medicamentos solidariamente. Y hasta el día de hoy tenemos un botiquín al cual todos los visitantes y miembros contribuyen y se sirven.

Eso pretendimos hacer en nuestra Iglesia de Matanzas. El hermanamiento con la Iglesia Pullen Memorial inició el camino para una solidaridad de los hermanos y hermanas americanos que se expresó de diversas maneras. Roger y Mary Ruth, a la cabeza de este movimiento solidario fueron los primeros en compartir nuestras penurias, visitando las familias, dándose a conocer y conociendo nuestra realidad. Roger, cuidadosamente escribía sus impresiones, lo que escuchaba en las conversaciones cotidianas. Todo le impresionaba, como hacíamos chistes de nuestros sinsabores, como reíamos de los "inventos" para sobrevivir. Luego se anunció que al siguiente año vendría el primer grupo de la Iglesia de Pullen; nos preguntaron que más necesitábamos que pudieran traer, yo les respondí, por favor traigan jabones, y se aparecieron con un montón de cajas de jabones, en un momento en que un jabón era un verdadero lujo. La hermana Tomasita, al frente de Acción Comunitaria organizó una distribución justa y ordenada, fue una verdadera fiesta para las familias de la iglesia y para los visitantes. Sucesivas visitas fueron llegando con donaciones de medicinas. Nos dio mucho gozo cuando trajeron una buena donación de medicinas para el hospital de enfermos del Sida, valorada en miles de dólares. En otra ocasión las medicinas fueron para el hospital infantil.

El Centro Kairos

Quizás lo más hermoso que sucedió en esos primeros años de la década fue el nacimiento en nuestra Iglesia de una institución llamada a jugar un papel trascendente, el Centro Kairós.

Pero para llegar al Centro, hay que comenzar la historia con el grupo musical Kairós. Ya te conté como en la década de los 80, especialmente en la última parte fueron uniéndose a nuestra iglesia jóvenes con talento artístico. Se fue formando un pequeño grupo que apoyaba la renovación musical, primeramente fue un cuarteto, formado por Francisco Modesto, Lisset y el matrimonio de Luis Abel y Mirtica. Todos tenían una formación musical y realmente cantaban en forma muy bella. De hecho, cuando se comenzaron los encuentros de visitantes de la Iglesia Pullen Memorial y Matanzas, en el primer grupo vino el director del coro de Pullen, Michael Hawn, quien se quedó gratamente impresionado por la calidad musical del cuarteto, y un día reunidos en casa de Luis Abel y Mirtica se decidió ponerle el nombre Kairós, que significa un tiempo especial, un tiempo significativo en el plan de Dios. Posteriormente, durante la visita de uno de los líderes de la Alianza de los Bautista de Estados Unidos, quedó tan impresionado con la ejecución del himno Cerca más Cerca, que propuso que en la primera visita que hiciera una delegación de la Fraternidad a Estados Unidos debe ir el grupo Kairós. Y así fue, el mensaje musical de Kairós fue parte importante de los primeros peregrinos cubanos en tierras del Norte de América. Fue muy hermoso el recorrido que hicieron por varios estados, cantando en iglesias y otras instituciones.

Tu mamá se comprometió con un joven cantante matancero, ya sabes, tu papá, Lázaro Horta, que ya brillaba en muchos escenarios por su talento musical. Lázaro comenzó a asistir a la Iglesia, y eventualmente se hizo miembro. Comenzó a cantar y dirigir el grupo Kairós, y en el repertorio se incluyó las composiciones de Héber Romero, quien fue el autor de numerosas canciones cristianas de género campesino, que hizo época en las iglesias más abiertas a la renovación. Otros talentos matanceros se fueron añadiendo, el arreglista y músico Raúl Valdés, Joel Brenes, y finalmente se incorporó el propio Héber Romero. Hubo varias cantantes femeninas mas como Olguita, Mayuley, y otros músicos que no recuerdo sus nombres ahora. La calidad y la diversidad dieron un salto hasta ubicarse en el primer lugar de la música cristiana en el país, llegando a cantar en toda la isla, en iglesias católicas y protestantes. Viajaron varias veces por Estados Unidos, Puerto Rico, y realizaron varias giras por Europa. Realizaron varios CDs y puedo decirte que la página que escribieron en la historia musical cristiana ha dejado huellas imperecederas. En las giras por el mundo la gente disfrutaba de una música con un mensaje de alegría y esperanza, transmitido con el sabor de la música cubana llamaba mucho la atención. Realmente era difícil escuchar un concierto de Kairós sin mover el cuerpo. La alegría de Kairós nos ayudó a olvidar las penurias del momento.

Por aquellos años nos preocupaba que el avivamiento religioso entre los evangélicos cubanos estaba fuertemente influido por una liturgia importada que no tiene nada que ver con la realidad y que no afirma valores humanos como la fraternidad, el servicio y la solidaridad. El mensaje de las canciones es escapista, solo mirando al cielo, una religiosidad individualista, al goce de experiencias exclusivamente emocionales, sin un compromiso por el mejoramiento de la comunidad. Creíamos fuertemente que la vitalidad y el futuro de la iglesia cubana dependen de su enraizamiento en nuestra cultura, en sus valores y en su idiosincrasia. Demasiado tiempo el protestantismo fue una copia del modelo anglosajón, pero para la vieja generación de la iglesia era un escándalo introducir la guitarra, el bongó y las maracas en la alabanza, había que crear una nueva cultura de la alabanza.

Bien, pues por los primeros años de la década del 90 la organización alemana Pan para el Mundo estaba apoyando varios proyectos en Cuba. Nosotros concebimos la idea de crear un centro cultural para la renovación de la liturgia y la espiritualidad, y presentamos un proyecto a Pan para el Mundo, sin mucha esperanza, ya que el perfil de Pan para el Mundo no iba en esta dirección, pero parece que en aquellos tiempos difíciles para la economía del país las agencias europeas cristianas eran solidarias con nuestra situación; en fin, nuestro proyecto fue aprobado, y se consiguió dinero para derrumbar una parte de la vieja casa pastoral y construir tres pisos con facilidades para actividades. Podrás imaginar que no fue fácil la tarea de derrumbar y construir, con nosotros viviendo dentro, rodeados de escombros, sacos de cemento y cabillas. El Ingeniero Luis Rodríguez, diácono de la Iglesia, se estaba jubilando para esa fecha, y asumió la supervisión de la inversión. Su rigurosa contabilidad y control hicieron que se aprovechara muy bien cada centavo. Orlando Pérez, otro miembro de la Iglesia, trabajó sacrificialmente en el desmontaje de la vieja casona, muchos otros hicieron trabajos voluntarios, para que al fin, después de dos años se pudiera mudar la familia pastoral para el apartamento adaptado en los altos, y poderse disponer de nuevos espacios útiles.

¿Qué nombre le pondríamos a esta nueva institución? Alguien propuso, Centro Kairós, en honor al legado del grupo Kairós, y así quedó bautizado.

De modo que en Abril del 1994, tuvimos una hermosa noche de dedicación del Centro Kairós. El poeta matancero Aramís Quintero compuso un poema que dice……

El Ingeniero Samuel Rodríguez, miembro de la Iglesia, se entusiasmó mucho con este proyecto, y estuvo dispuesto a abandonar su trabajo para venir a administrar la recién nacida institución. El mismo trabajó en el primer taller de artesanía, que aglutinó a un grupo de jóvenes deseosos de aprender, bajo la guía del artesano Nobel………… El entrenamiento en las habilidades manuales les sirvió a varios para ayudar a la economía familiar, ya que las cruces de madera y otros artículos fueron del interés de los visitantes extranjeros. Surgió la iniciativa de crear un taller de tejidos para las mujeres amas de casa y especialmente las portadoras de alguna discapacidad física. El Consejo de Iglesia apoyó este proyecto y una artista matancera, Mayra Alpizar se brindó para instruir en el arte de los tapices, que hasta el día de hoy es una actividad de mucho beneficio espiritual y material para numerosas mujeres.

¿Qué más pudiera decirte del Centro Kairós? Que en estos últimos veinte años de existencia ha crecido hasta convertirse en una institución importante en la vida ecuménica de la ciudad. Decenas de mujeres se entrenan no solo en el arte de los tapices, sino en el arte utilitario y muñecas de tela, se imparten clases de música para personas de las distintas iglesias de la ciudad, talleres diversos para niños y jóvenes. El Coro Ecuménico de la ciudad, el grupo musical Agua Viva constituyen factores imprescindibles en cualquier actividad. Un grupo de más de 15 trabajadores constituyen la plantilla que trabaja diariamente en el Centro, sin contar los numerosos maestros contratados. Gracias a las nuevas relaciones con la Iglesia Protestante de Holanda, los Reformados de Suiza y la Iglesia Pullen Memorial, el Centro ha podido ampliar su ministerio en forma impresionante. Años después se realizó una planificación estratégica, quedando definida la misión del Centro, que es promover una liturgia que integra el arte y el servicio social.

La Marina

Pan para el Mundo entendió que en el equipo del Centro podía contar con socios fiables para continuar nuevos proyectos. ¿Hacia dónde nos dirigiríamos ahora, cuál sería la próxima meta?

Como sabes, Gabriel, Matanzas es una ciudad con una fuerte tradición africana. De hecho la prosperidad que gozó en el Siglo XIX, que le proporcionó los medios para desarrollar una vida cultural tan prominente se la debe al trabajo de miles de esclavos en las plantaciones de azúcar. Nuestra provincia se convirtió en la principal exportadora del dulce producto, con la ventaja de contar con una bahía perfecta para el puerto de embarque. En el 1880 la esclavitud fue abolida en todos los territorios españoles, pero el trabajo fuerte en el puerto y en los centrales continuó en los hombros de la población afro-cubana. La población de raza negra se concentró en un barrio aledaño al rio Yurumí, de nombre La Marina, allí radicaba el sindicato de los trabajadores del puerto y también una fuerte presencia de la religiosidad afro-cubana. Las pobres familias negras fueron ocupando viejas casonas coloniales, viviendo concentradas varios núcleos familiares bajo el mismo techo, tal vez un cuarto por familia.

Cuando caminaba por el barrio de La Marina, y veía el hacinamiento, y las pésimas condiciones higiénicas donde vivían estas familias hasta el día de hoy sentía una pena inmensa, dándome cuenta de la deuda tan grande que tenía nuestra sociedad blanca con esta población que fue la que creo toda la riqueza de la ciudad. Podrás imaginar tantas personas viviendo en el mismo espacio, las discusiones entre vecinos, el bullicio incesante, los niños corriendo de un lado al otro. Por esto las calles en la Marina siempre están llenas de personas, que salen a respirar otro aire, a jugar dominó, o a tomar ron los hombres. No es el mejor ambiente para criar los hijos, la pobreza y el hacinamiento no son saludables para nadie. Por otra parte, el racismo de la población blanca fue marcando al barrio de la Marina con los peores epítetos: lugar de alcoholismo, de violencia y brujería. Todavía hoy, cuando por radio se anuncian las permutas de viviendas, muchos dicen permuto pero no para la Marina.

Una de las causas de la falta de higiene, es que el terreno esta tan bajo, que fácilmente sale agua de cualquier hueco, se desbordan las fosas y el agua sucia corre por las calles. No obstante eso, la mayoría de los marineros no quieren abandonar su barrio, ni aun cuando el gobierno local les ha dado algunos apartamentos nuevos, finalmente vuelven a su barrio. ¿Por qué? Pues porque ahí se ha forjado un espíritu solidario, la gente disfruta de la vecindad, de la amistad, y sobre todo de sus fiestas y toques de tambores. La religión africana les ha acompañado a través de los peores tiempos en su historia, y pareciera que sus "orishas" habitan en sus calles, en sus árboles, en sus momentos de tristeza y de alegría. ¡Cuán viva están las tradiciones y la religión de sus antepasados!

La mayoría de las iglesias evangélicas en Cuba rechazan con mucha fuerza todo lo que tiene que ver con la religión afrocubana, la consideran cosa del diablo, pura brujería. La ignorancia y los prejuicios no les hacen ver los valores de esta religiosidad popular, que sin tener recursos materiales, libros ni seminarios, se ha transmitido de padres a hijos, y está viva en la juventud de hoy. Con frecuencia vez jóvenes vestidos de blanco, es el proceso para llegar a ser "yabó", o iniciado o usando los collares de colores que representan sus orishas. Puedo decirte que la unidad en estas familias, y el respeto a los mayores son tal vez más fuerte que en las familias blancas.

Bien, aceptamos el reto de trabajar los próximos proyectos de Pan para el Mundo en este barrio. Sabíamos que no sería fácil pasar por encima de la barrera de prejuicios, tanto de nuestros hermanos de iglesias como de la comunidad. Algunos en el barrio cuando vieron trabajando en el proyecto personas del Centro Kairós, se dijeron entre ellos "estos blanquitos vienen con sus ayudas para luego colonizarnos con su religión". Realmente a estas alturas ya nuestra visión era clara: vamos a prestar un servicio social por puro amor, sin ninguna pretensión proselitista. El respeto a sus tradiciones y creencias forma parte esencial de la política del Centro Kairós en este barrio.

Tuvimos la oportunidad de hacer una contribución significativa en cuatro solares del barrio. Se le hicieron transformaciones siguiendo los deseos de sus propietarios, ampliándoles los espacios, higienizando las condiciones, reparando techos. Esto duró solo unos pocos años, pues la empresa constructora estatal fue incapaz de cumplir los compromisos en tiempo y forma, excusándose en que los ciclones obligaron a dedicar el esfuerzo en otras direcciones, y así se perdió el apoyo de las agencias de cooperación internacional. Pero estos descalabros no detuvieron el trabajo en el barrio, que gracias a la colaboración de activistas sociales entrenadas en la metodología de la educación popular ofrecida por el Centro Martin Luther King, desplegaron un impresionante trabajo en la comunidad. Especialmente Magaly y Laidy, junto con Samuel a Isis se empeñaron en acompañar a los líderes de la comunidad. Se dieron talleres de educación popular, sobre temas de género, auto estima, en fin se encendió la llama en un grupo de la comunidad para trabajar por ellos mismos en el mejoramiento de la calidad de vida.

Las autoridades locales apoyaron muy poco y se mostraron celosos de que una iglesia estuviera haciendo por un barrio en el que ellos no han hecho nada o casi nada por mejorar. Por esto hubo sus tensiones, finalmente se despertó el interés del gobierno provincial y un día aparecieron camiones con cemento y arena, equipos de construcción y se comenzó un ambicioso programa de restauración. Se inauguró una casa comunitaria con el nombre de un periodista cubano muerto en un accidente en Bolivia, Nelson Barrera, quien también participó en la renovación de la vida del barrio.

También en la Iglesia tuvimos momentos de tensión. Recuerdo en una reunión de diáconos, cuando uno de los miembros más antiguos preguntó un poco alterado: he oído decir que nuestra iglesia tiene una comparsa en los carnavales, explíquenme eso. Había algo de verdad, pero no era una comparsa de la Iglesia. La comparsa era la Imaliana, una de los grupos danzarios tradicionales de La Marina que el Centro ayudó a rescatar, comprando las telas de sus vistosos trajes, que los mismos vecinos elaboraron. Nos dio gusto rescatar esta tradición, a la población negra le encanta salir en comparsa en los carnavales, pero en esta ocasión la comparsa sirvió para sacar a flote algunos de los valores que se estuvieron discutiendo en los talleres de Magaly y Laidy, de modo tal que se establecieron normas éticas para los que quisieran entrar en la comparsa: ningún hombre que abuse de las mujeres podría ser parte, ni ninguna mujer que se entregue a la prostitución. Es decir fue un medio para poner en relieve valores importantes.

En la actualidad la intervención del Centro en el barrio de la Marina está reducida a casi cero, se mantiene el puente de la amistad, y puntualmente colaboramos en alguna actividad, pero el liderazgo y las iniciativas son totalmente del propio barrio. Aprecio mucho la amistad de dos de sus principales líderes, Regla y Quimbo, ellos son el alma viva de esta comunidad.

La crisis de los balseros

Cuatro años de terribles carencias materiales fueron afectando la disposición a la resistencia de nuestro pueblo. Ten en cuenta que al despenalizar el dólar y abrirse tiendas en esta divisa, el dólar llegó a cotizarse a 140 pesos cubanos, y el salario medio en aquel entonces no pasaba de 300 pesos, puedes imaginarte las limitaciones tan tremendas que vivimos. Una vez me visitó un amigo de Nicaragua, y me preguntó que me podía comprar en la tienda de divisas, le dije, hace mucho que no me lavo los dientes con pasta dental. Fue un regalo que apreciamos todos en la casa.

Hubo secuestros de barcos y aviones, y se sucedieron incidentes muy lamentables en que perecieron personas. En Matanzas, en el rio Guanimar había un barco para paseos turísticos por el rio, un día fue secuestrado, y fue perseguido por las lanchas guardacostas, el barco se detuvo en el mar y las lanchas lo chocaron hasta hundirlo, pereciendo numerosas personas, incluyendo mujeres y niños. Este hecho nunca se llevó a ningún juicio para aclarar cómo sucedieron las cosas, quien dio la orden y por qué agredieron tan brutalmente la nave. Tal vez un día pueda saberse la verdad y sanarse las heridas que parte de nuestro pueblo ha sufrido. Entiendo que a lo largo del país sucedieron hechos parecidos, lo cierto es que el gobierno finalmente dio la orden de que no se obstaculizara a nadie que quisiera abandonar el país en lanchas o balsas, y no sé cuántos miles de personas salieron en embarcaciones de pescadores o en improvisadas balsas. Muchos lo hicieron en medios tan frágiles que no llegaron a su destino.

Fue una semana intensa, las gentes iban al rio a ver irse sus amistades o tratar de pagar porque las llevaran. Escuché historias muy trágicas de los ataques de los tiburones en el estrecho de la Florida, que realmente me impactaron tanto que el domingo a la hora de la predicación me sentí tan triste y deprimido que casi no me salían palabras para hablar a la congregación, la única vez en mi pastorado que esto me sucede.

Una mañana llegan a nuestra casa Rubén y Judy. Rubén viene afectado por un dolor devastador, su ex esposa se ha ido del país en un barco llevándose a su pequeño hijo Danito, de apenas tres años. Fuimos al Seminario donde se nos proporcionó la forma de hablar por teléfono con un familiar de la esposa en Miami, y el niño le responde desde el teléfono, calmando así la angustia de su padre. Desde ese entonces, Rubén y Judy, que nunca hablaron de abandonar el país, empiezan a pensarlo y deciden hacerlo. Rubén sale para Europa en una gira con un grupo de teatro musical. Al poco tiempo desde España viene la noticia de que Rubén se encuentra en Cádiz y que está preparando la salida de nuestra hija.

El año de 1995 queda grabado como el año en que se inicia la dispersión de nuestra familia, como tantas miles de familias cubanas, el éxodo de una juventud que busca un futuro mejor. Dejar a Judy en el aeropuerto es algo que no olvidaré jamás, era la primera vez que se separaba de nuestro lado, tenía la secreta esperanza, de que era solo por un par de meses, nos engañábamos nosotros mismos, no puede ser verdad. Pasaron 4 años para que Lila pudiera hacer un viaje a ver a su hija, que se había instalado en un apartamento en Madrid, había aprendido a cantar en un trio, el Trio Matancero, ganándose asi la vida.

Muchos jóvenes universitarios o con otra preparación se sintieron frustrados en sus aspiraciones ante la situación económica, en la que el salario no les alcanzaba para vivir. Una persona puede sacrificarse un tiempo, pero pensar que toda la vida la va a pasar en esta precaria situación, por mucho idealismo que se tenga la realidad se impone y la vida es una sola. He visto salir tantos jóvenes talentosos, es incalculable el número de talentos que hemos perdido en estos años. Ciertamente la generación que sale del país está bien preparada, eso tienen que reconocerlo aún los mas críticos, los cubanos no salen para trabajar en plantaciones, o en minas, o en otros trabajos desgastantes, y si lo hacen es solo el primer tiempo, siempre logran ascender. Los cubanos somos los nuevos judíos esparcidos por el mundo.

Dolor en la familia

En el año de 1994, el médico le ha dicho a mi hermana Clara que sus riñones estaban en un proceso crítico de deterioro y que había que pensar en un trasplante. Clara en esos momentos era pastora junto a Raúl de la Iglesia Ebenezer, era también presidenta de la Fraternidad por lo que era muy activa. Estaba en la plenitud de su vida, aportando y enriqueciendo con su visión a la comunidad cristiana en general. Se empezó a buscar donantes, y se dijo que si fuera de un familiar era más probable el éxito. Me presenté, feliz de poder hacer que la vida de mi hermana se prolongara. Me hicieron las pruebas y dio incompatibilidad, otros familiares hicieron lo mismo con similar resultado.

Un día llamaron que había un riñón disponible, y se procedió a la operación. Al principio pareció que la operación fue un éxito, más tarde se complicó el cuadro, finalmente fue ingresada nuevamente en otro hospital con más recursos, y fue nuevamente operada, el riñón no funcionó. Hubo hemorragias, corrimos mucho buscando sangre, cuanta gente dispuesta a ofrecerse de voluntarios. Cuan agradecidos estamos a Ena García, que acompañó a Clara varios días en el hospital, tantas otras bellas personas como Gladis Abella, fiel amiga de la familia. Todos estábamos pendientes de un rayito de esperanza. Se me agolpan muchas imágenes, quizás la que no se borrará mientras viva fue la visita de mamá, ya muy anciana, para ver a su hija, las miradas de madre e hija, las lágrimas de ambas me hicieron que me estremeciera, no hay dolor mayor que el de una madre viendo irse a su hija.

El funeral fue una manifestación grande de amor y admiración por Clara. Fue una celebración plena de fe y esperanza, con cantos y meditaciones. Cuan valientes sus hijas que prepararon una liturgia inspiradora, y se expresaron con tanto valor. Muchas personas hablaron de ella, la recordaron en muchos momentos. Con ella perdí no solo a una hermana, sino a una amiga, a una consejera, una persona de honestidad y pureza en todo lo que decía y hacía. Las palabras de Raúl en el cementerio fueron conmovedoras y valientes, me pregunto, ¿cómo pudo controlarse para hablar tan atinadamente en un momento así? Con la pasión que pone Raúl en sus discursos habló de la trayectoria de Clara, su compromiso y amor por Cuba y su preocupación por la clase de socialismo que se estaba diseñando para este tiempo.

Uno de sus últimos gestos de Clara fue participar en el ayuno ante la Oficina de Intereses de los Estados Unidos, en solidaridad con Lucios Walker y los miembros de la Caravana de Pastores por la Paz, que estaban ayunando en la frontera de México porque el gobierno de Estados Unidos no les dejaba pasar un ómnibus donado por el pueblo norteamericano. Con una temperatura cercana a los 40 grados se mantuvieron hasta que las autoridades les dejaron pasar. Si hubieras visto el alborozo que produjo la llegada del "ómnibus amarillo" al Centro Martin Luther King, un momento que nos emocionó a todos pues fue la victoria del amor. Esa noche hubo un culto especial en la Iglesia Ebenezer, al que asistió Lucios y las palabras de agradecimiento estuvieron a cargo del Comandante Fidel Castro. Te confieso que sus palabras, inspiradas en Moisés y el éxodo del pueblo de Israel estuvieron tan inspiradas, tan acertadas que quedé impresionado por el conocimiento bíblico y su aplicación al momento. Yo lo escuchaba desde la primera fila, apenas dos metros de su persona.

Debo aprovechar aquí, Gabriel, para aclárate quien fue Lucios Walker, él merece nuestro honor y respeto, y siempre será recordado con gratitud por nuestro pueblo. Él fue un pastor bautista neoyorquino, seguidor de Martin Luther King, líder de una organización que trabaja en favor del bienestar de la comunidad. Un día sintió que debía hacer algo para contrarrestar el bloqueo e inició lo que llamó "Caravana de Pastores por la Paz", movilizando muchas personas por todos los estados, colectando donaciones de artículos para el pueblo cubano. Cada año, desde distintas ciudades partían las caravanas, llevando toda clase de articulas, desde computadoras hasta ómnibus escolares, en un franco desafío al bloqueo.

Tensiones sociales

Tal vez uno de las acciones de Clarita, cuando era presidenta de la Fraternidad fue una carta a las autoridades del país. Ocurría que a medida que la situación económica se volvía más y más insoportable para el pueblo, no sólo las salidas ilegales del país aumentaban, tan bien en la calle hubo momentos en que se expresaba la inconformidad política. Por ese entonces dirigía la organización de los Comités de Defensa de la Revolución, existentes en cada cuadra de los barrios y pueblos del país, un general retirado del ejército, un hombre decido a defender las conquistas de la Revolución a como diera lugar. Este general dijo en uno de los discursos que los militantes de los CDR debían actuar rápido y sin contemplaciones ante cualquier expresión de inconformidad con la revolución, hasta el extremo del golpear con palos. Aquellas infelices palabras trajeron disgusto en muchos de nosotros, particularmente Clara se sintió responsable de llamar la atención de los líderes del gobierno diciéndoles que era inadmisible que un dirigente estuviera haciendo un llamado a la violencia. No sé si esta carta tuvo algo que ver, pero este general no duró mucho tiempo en el cargo. Aunque a decir verdad, otras formas de coerción violenta se practicaron, como las brigadas de acción rápida, para reprimir cualquier protesta.

Mi particular opinión es que en la medida que el bloqueo se recrudecía, y el malestar lógico de la ciudadanía por tantas carencias materiales, las autoridades estaban más preocupadas y temerosas de un resquebrajamiento en la unidad del pueblo, y por esto los mecanismos de control se activaron al máximo.

Por otra parte, la Conferencia de Obispos de Cuba sacó una carta pastoral titulada "El amor todo lo puede", analizando la situación del país, proponiendo caminos de diálogo y haciendo una dura crítica a lo que llamaron los métodos represivos de la seguridad del estado. Como quiera que se trataba de un documento emitido por tan alta autoridad eclesial, causó mucho revuelo y hubo reacciones en la prensa del país. Un grupo de cristianos de Matanzas sentimos que cualquiera que fuera la posición que se tomara, el documento debía ser analizado con seriedad y detenimiento.

Acordamos reunirnos en nuestra Iglesia una noche, asistiendo un grupo de como 50 personas, leímos el documento y se dio la oportunidad de expresar opiniones. La mayoría pensó que aunque el documento católico era lacerantemente crítico, contenía elementos que debían de tomarse en consideración, como la necesidad de un diálogo nacional, un llamado a la tolerancia y a la supresión de tantos controles estatales. Como resultado hicimos nuestro propio documento conteniendo algunas de estas consideraciones, que quedan por lo menos para la historia, como un gesto de buena voluntad.

Posteriormente escribí una carta al Arzobispo de la Habana, Jaime Ortega Alamino, diciéndole que si era positivo abrir espacios de diálogo en el país, por qué los cristianos no dábamos el primer paso, empezando a dialogar entre nosotros sobre la situación del país y probable propuesta común que incluyera a todos los cristianos. Lamento decirte que la respuesta de Jaime fue desalentadora, la Iglesia Católica considera que el diálogo con los protestantes no es posible. Me parece que es una contradicción el querer tener diálogo con las autoridades y no quererlo con sus hermanos de fe, aunque pensemos distintos. En verdad a mí me desagrada que los líderes católicos cada vez que se refieren a su iglesia, la llaman "la Iglesia", como si nosotros que formamos parte de las iglesias protestantes, no fuéramos también iglesias. Me gustaría que dijeran simplemente "la iglesia católica romana"; pienso que el ecumenismo se debilitó con Juan Pablo II.

Más Historias de la familia

Hay etapas de cambios y adaptaciones que se hacen necesarios afrontar en vida de la familia. Santa Clara fue la plaza fuerte de la familia González-Peña. Una familia grande, con numerosos hermanos que habían vivido siempre nucleados alrededor del líder espiritual de los bautistas, el tío Luisma, como le llamaban sus sobrinos y sobrinas, y de importantes negocios en la rama hotelera y de restaurantes, todos arraigados en la ciudad de Santa Clara. El paso inexorable del tiempo y los cambios en la vida económica fue dispersando toda esta numerosa tribu. Unos encontrando en otras ciudades su destino, otros saliendo del país, y otros descansando en la eternidad. Seguramente no fue fácil para Julio González decidir la mudada que los acercaría más a nosotros, ya que tantos ya habían abandonado la ciudad. Oraron mucho y Lila se enfrascó en la búsqueda de una permuta que al fin se logró. Fue una bendición, porque con la edad también se aumentaban los achaques.

Vinieron los cuatro, Julio, Oristela, Chavela y el niño Julito a vivir en nuestro apartamento, porque la permuta que se pudo conseguir fue para un apartamento muy pequeño, en el que apenas se pudieron meter apretadamente los bultos de la mudada. Nuestra casa se convirtió en un campamento. Lila y yo dormíamos en el suelo en mi oficina. Chavela montó su pequeña dulcería para hacer algún dinero. No sabíamos cómo íbamos a salir de todo aquella apretazón.

Pero las cosas de Dios son increíbles. El grupo Kairós anduvo de giras por los Estados Unidos, y al regreso, Luis Abel me presentó un sobre, diciéndome, el pastor de Pullen recibió un regalo de su Iglesia, y dijo que lo dedicaba al pastor de la Iglesia de Matanzas, mil dólares. Permutar el apartamento por una casa grande y hacer todos los arreglos que fueron necesarios hacer no hubiera sido posible sin esta inesperada donación. Gracias a la solidaridad de mi amigo Mahan Siler, en pocos meses la familia pudo ocupar su nueva casa. Los años venideros confirmaron lo acertado de unir a la familia, las enfermedades y los eventuales desenlaces finales se pudieron afrontar de una manera más eficaz.

Pero si el acercamiento trajo mucha bendición, otro alejamiento nos golpeó en el año de 1997. Lissy estaba en los primeros meses del embarazo cuando se presentó la oportunidad de una gira del grupo Kairós por los Estados Unidos. Estando en Atlanta, se le presentó un problema llamado placenta previa, y los médicos le recomendaron que no viajara. Afortunadamente la familia de los Goodard le ofreció su casa para pasar este tiempo, de lo cual nunca estaré suficientemente agradecido. Así fue como tú naciste en Estados Unidos, Gabriel, si no hubieras sido un cubanito mas. No estuvimos en tu nacimiento, pero vimos la filmación de como llegaste al mundo, llorabas mucho los primeros días y semanas, hasta que fueron al médico y se descubrió que padecías de intolerancia a la leche. Necesitabas pues alimentarte con leche sin lactosa.

No recuerdo por qué yo tuve que ir a Estados Unidos, pero ya tenías tres meses y tuve el gusto de ayudar al regreso a Cuba, con una carga enorme de tu dieta y tus cosas, viajamos los tres por las islas Bahamas, en un fatigoso viaje. Una vez en Cuba, tus condiciones de salud empeoraron. No olvidaré aquella noche tormentosa en que me fueron a buscar para llevarte urgentemente al hospital porque te faltaba el aire, y el célebre fogonazo que te dieron para liberar tus pulmones, mientras yo te aguantaba con fuerza.

Te trajeron con un pasaporte americano y con visa de turista. Tu mamá fue a inscribirte en las oficinas de Inmigración de Matanzas, y quedó consternada con lo que le dijeron. Debía entregar su constancia de ciudadano americano, hacerse ciudadano cubano, y al preguntar Lissy, si en algún momento ella tuviera que llevarlo por su salud o por otra razón de viaje al extranjero, le responden que hasta que tenga los 21 años no puede salir del país.

Esta información consternó a Lázaro y a Lissy. Un día me llaman al apartamento y Lissy me dice, papi, hemos decidido por el futuro bienestar del niño irnos para Estados Unidos. Ahora el consternado era yo. Ya teníamos experimentado, por la ida de Judy, del desgarramiento de la separación. En nuestra familia nunca se habló de abandonar el país. Toda nuestra manera de pensar, del compromiso con nuestro pueblo, el amor a nuestra patria, eran valores que nos habían sustentado. Discutí con todos los argumentos que pude, les rogué que lo pensaran de nuevo, que también Lázaro tenía a toda su familia en Cuba, mis argumentos resbalaban en sus oídos, la decisión ya estaba tomada. Cuando te dejé a ti y a tu madre en el aeropuerto de Rancho Boyeros, el regreso a casa con Lila y Lázaro fue inolvidablemente triste, no sé cómo pude conducir. Por el momento iban ustedes solos acogiéndose a la hospitalidad de Donna y Larry. Tu mamá tuvo que hacerle frente a muchas tareas difíciles y por un tiempo sola. Limpió casas para ganar el sustento, pero finalmente pudo trabajar como maestra, y se granjeó con grandes esfuerzos un camino para ti. Te digo, tú lo sabes bien, debes sentirte orgulloso de la madre que has tenido.

Algo vino a atenuar la nostalgia de tener a nuestras únicas dos hijas y nuestro nieto en el exterior. Los nuevos retos que se me presentaron. Miriam Ortega se apareció un día que había una reunión de la Directiva de la Fibac en nuestra Iglesia, diciendo que tenía una beca que ofrecer a quien quisiera hacer un doctorado en ministerio. Era un programa en el que el Seminario Columbia, de Atlanta, ofrecía a cubanos y jamaicanos, para tener los seis o siete encuentros de cursos intensivos en Kingston y dos en Atlanta. Acepté el reto, y viajamos tres cubanos más a Jamaica al United Theological College. Reiniciar los estudios, en inglés, fue un reto, pero lo asumí con entusiasmo. Me ayudó a enfocarme en algo interesante y provechoso. Tres años después pude asistir a mi graduación en Atlanta. El apoyo de la Sra. Catherine González, profesora y esposa del historiador Justo González fue de mucho valor en este proyecto. También fue una bendición terminar la Maestría en el Seminario de Matanzas y mantenerme como profesor invitado durante varios años. Fue una etapa de logros personales en una edad madura. Uno nunca sabe lo que Dios tiene preparado.

Un decenio intenso, siendo parte de un pueblo navegando en un barco que hacía aguas por todos lados. Pero en medio de la densa neblina brillaba una luz de esperanza. Sobrevivir, luchar, esperar, decir adiós, no aferrarse al pasado, abrazarnos, reírnos de nuestras miserias, creer que en el mundo hay peores lugares, soñar, ver a la familia dispersarse, perseverar, no deprimirse, vivir en el día, el tiempo nos traerá un nuevo amanecer, eso fue vivir en Cuba en la década del período especial.

Estos tiempos convulses que nos mueven que mueven el piso nos hacen reflexionar y preguntarnos sobre nuestros propios pecados y los de nuestra generación, quizás sea a través de este poema que me pueda expresar mejor, y con ello concluyo esta etapa,

Danos, Señor, espíritu de humildad,
porque hemos sido arrogantes:
hemos creído ser constructores de tu Reino.

Como aquellos cruzados, nos lanzamos a la conquista de la nueva tierra,
olvidando que no éramos dioses, sólo instrumentos tuyos.
Al igual que ellos, también cometimos violencia y brutalidades,
discriminación y humillaciones.
¿Quién podrá olvidar el tiempo en que obligamos a trabajos forzados
a religiosos, homosexuales y jóvenes desclasados?
¿Quién borrará las imágenes de las agresiones físicas y morales cometidas
contra quienes decidieron abandonar el país, en el año 1980?
¡Y todo en nombre de la gran utopía!

Danos, Señor, espíritu de humildad para encarar la responsabilidad
por estas ofensas a las personas,
así como también para reconocer la arrogancia con que hemos
maltratado a la naturaleza, pretendiendo vencer sus leyes.

¡Perdónanos!, porque hemos confiado en nuestras propias fuerzas para
conquistar nuestra redención social;
y ahora que el horizonte del nuevo día se aleja,
agobiados y cansados nos refugiamos en nuestra concha, buscando sólo
nuestro bienestar personal.

Proclamamos un credo que no practicamos,
nos adaptamos a la doble moral,
somos fácil presa de la corrupción.
Con cinismo pasamos indolentes ante el sufrimiento
de los más desfavorecidos.
Las cadenas del conformismo, el miedo y la apatía,
se han enseñoreado de nosotros.
¡Oh, Dios!, danos valor para ser humildes de corazón y buscar tu perdón.

¿Y qué diremos, Señor, los que decimos ser tus discípulos, tu iglesia?
Quisiéramos presentarte un pueblo unido en tu amor,
con un espíritu de servicio y testimonio a la nación;
pero –tristemente– el orgullo, la competencia y el sectarismo

predominan entre nosotros.
Las iglesias que han crecido, y aquellas que han mejorado y expandido sus edificios, se vanaglorian de sus logros.
Sus líderes se aferran a los cargos,
manipulan congregaciones,
se muestran autoritarios y soberbios,
juzgan y condenan a las denominaciones que son diferentes.
No saben de tu pasión por una iglesia rica en diversidad,
que reconozca la dignidad de cada miembro.
Su moralismo les hace ciegos a las demandas éticas de vivir el amor al servicio del prójimo.
El ansia de agradar a las autoridades, nos hace vacilar en decir una palabra profética sobre la realidad de nuestro pueblo.
¡Por ello, lo que más necesitamos es que nos des tu Espíritu!

Tu Señor eres rico en misericordia, y te acuerdas de que somos polvo.
Por esto bendeciremos tu nombre,
porque eres quien "sanas todas nuestras dolencias,
quien rescata del hoyo nuestras vidas,
el que nos corona de favores y misericordias,
el que sacia de bien nuestra boca, de modo que nos rejuvenezcamos como el águila"(Salmo 103.3-5).
Por ti, y por todo lo que eres, un canto de fe y esperanza sale de nuestros pechos.

Cantamos porque, a pesar de nuestra pequeñez y miseria, podemos alegrarnos con tus obras y contemplar la gloria Divina en toda la creación, gozándonos en la bondad de cada día.

Cantamos porque, a pesar de todo, es posible celebrar el don de la vida, abrir los ojos a la belleza de nuestra querida Isla,

gozarnos con su pueblo humilde, alegre, jaranero, trabajador e inteligente para inventar soluciones a los problemas.

Celebramos, Señor, las ricas tradiciones, el legendario heroísmo de sus patriotas.

Admiramos la belleza creada por el talento que le has dado a los hijos e hijas de esta tierra: rica e n músicos, poetas, científicos, deportistas, artesanos, artistas, escritores, y tantos otros dones que has dado. Gracias, Señor, por el humor de los cubanos, que nos hace olvidar los pesares y tristezas.

Danos, Señor, espíritu de celebración, porque hay aún en los cubanos mucha reserva de solidaridad y limpieza de propósitos.
Por todo esto, afirmamos, ante ti, que hay muchas más razones de celebración que de tristeza, mucha más esperanza que frustración, y te cantamos.

Necesitamos sabiduría, para superar nuestra eterna debilidad
de irnos a los extremos.
Necesitamos construir el futuro de nuestra Patria desde el tejido social
de los diversos colores que lo componen,
sin exclusiones ni intolerancias.
Aprendiendo a oír la sabiduría de los humildes, con el discernimiento que
tuvo tu siervo el profeta Martin Luther King Jr,que supo unir
a su pueblo en la marcha hacia la nueva tierra de paz y amor.

Danos, pues, luz y fuerzas para abandonar los paradigmas que no fueron eficaces, y tener la imaginación suficiente para crear un modelo de sociedad no lucrativa, donde la ambición de dinero no sea la motivación principal. Una sociedad verdaderamente justa, como aquella que estuvo en los sueños de nuestros héroes y mártires.

Maestro, en medio de esta penumbra, entre la oscuridad de la noche y el amanecer de un nuevo día, estamos y vivimos; pero allí también te encontramos, reconocemos, y en profética fe te proclamamos.

Por todo esto te decimos:

Poco a poco, iremos retomando el paso, levantando el rostro y, de la mano, formando la marcha, al son del tambor mayor, seguros de que aquel que dijo “He aquí yo estoy con ustedes todos los días hasta el fin del mundo”, no nos abandonará. Amén.

10

Otros viajes

Mi nieto querido, estas memorias las comencé hace tres años, tu andabas en tus alegres quince años, apenas un niño, ahora ya cumpliste dieciocho, terminaste tu High School, y te enfrentas a los nuevos retos que la vida te presenta. Recordarás que te había dicho que tal vez para diciembre habría terminado estas memorias, que equivocado yo estaba, de eso han pasado tres años, como las telenovelas conocidas como culebrones, que se extienden y extienden. Por supuesto he seguido un paso lento, a dejando que del pozo de la memoria vayan saliendo recuerdos y más recuerdos, con paciencia, como los pescadores a la orilla del mar. Y así hemos llegado al siglo veintiuno, tratando de seguir la pista de los pasados acontecimientos, que se escabullen con facilidad, o se disfrazan de tal manera que no los atrapas de una primera vista. Y para decirte la verdad, el ego que llevamos dentro empuja hacia fuera aquello que le resulta molesto y lo echa de la conciencia, como hacemos en nuestra casa con un traste viejo y feo.

Aprende de los errores

Sin embargo esas cosas no tan agradable que nos suceden en la vida a veces contienen lecciones importantes. No son nuestros éxitos, sino nuestros errores los que más nos enseñan. A veces a los jóvenes les molesta que los adultos les digamos algún consejo en nombre de la llevada y traída experiencia. Pero la experiencia es lo que nos ha marcado nuestros errores, hijo, y queremos compartirla para allanarles el camino a los jóvenes, para que no tropiecen en la misma piedra. A veces nos volvemos tan reiterativos que resultamos cansones, con nuestros sermones y consejos, nos olvidamos que se aprende más por lo que uno experimenta por uno mismo que de los consejos de otro.

Pues de esos tropiezos quiero comenzar a relatarte. Y fíjate que voy a referirme a sucesos en los que tu abuelo ya tiene bastantes canas, entrado en la quinta década de vida. Dirías que a esa edad ya se es sabio. No hijo, la vida nos está enseñando constantemente que la sabiduría, como los recuerdos también se desaparece.

Vamos pues, al grano. Ya te conté como esa década de los 90, nos hizo emplearnos a fondo para enfrentar los diversos problemas de la crisis económica de nuestro país. Fue providencial la relación de hermanamiento con la Iglesia Bautista Pullen Memorial, de Carolina del Norte. La solidaridad de esta Iglesia hizo que pudiéramos asumir un papel de acompañamiento a nuestra comunidad en lo relativo a medicamentos y alimentación.

Recibimos apoyo para brindar a nuestros ancianos un almuerzo a la semana rico en proteínas. Ha sido una práctica que perdura hasta hoy, y en la que no solo los mayores de nuestra iglesia, sino de otras y hasta sin filiación alguna, comparten esta bendición. Nos aguijoneaba la idea de mejorar y hacer autosustentable este proyecto, para esto debíamos buscar la forma de producir alimentos por nosotros mismos. Estas eran nuestras santas intenciones cuando nos acercamos para asesorarnos, al Consejo de Iglesias. Pensamos que la cría de ganado menor sería una buena idea. En la zona del Valle de Yumurí vimos en algunas fincas que la cría de carneros era práctica común de los campesinos, y este ganado requiere un mínimo de cuidados, ya que no son muy exigentes en lo que alimentación se refiere, es proverbial que los carneros comen de casi todo. Sería una fuente de carne, de muy buena calidad, y es notable la capacidad de reproducción de estas mansas criaturas.

Pensamos también desarrollar algunos cultivos. En fin, soñamos con desarrollar una pequeña finca. Hubo miembros de la Iglesia que dijeron que estaban dispuestos a ir a hacer su aporte de trabajo. Francamente, no todos estaban entusiasmados con la idea de la finca, algunos otros se mostraron escépticos, pero fueron prudentes para no oponerse a nuestros planes.

Samuel consiguió que la empresa estatal al cuidado de los bosques, nos permitiera el uso de un área boscosa como sitio de pastoreo, excelente idea. El Consejo de Iglesia nos facilitó y conectó la adquisición de dos machos de buena raza, para la reproducción con las hembras de la zona. A una finca lejana, de la provincia de La Habana, fuimos Samuel y yo en el multiuso Lada a buscar a un hermoso ejemplar de carnero de piel carmelita. No sé cómo pudimos meter aquel portentoso animal en mi carro, fue un largo viaje. Un viejo campesino se nos asoció para el cuidado y la atención de los animales. Se cercó un área en el mencionado bosque y se pusieron a pastar nuestro excelente ejemplar junto con un grupo de hembras, se construyó un techo para refugio durante las noches. El proyecto Finca comenzó con buenos auspicios, era de interés para nuestros hermanos de Pullen, que nos visitaban y les mostrábamos complacidos el área, la fuente de agua que no faltaba, y la caseta para pasar las noches los animales.

Pero vino el tiempo de sequía, nos dimos cuenta que el poco pasto que existía en un terreno pedregoso y árido no era suficiente para nuestros animales y el exiguo pasto comenzó a desaparecer. Nos movilizamos; alguien nos ofreció desperdicio de naranja de la que se elaboraba en la planta de Jagüey Grande, y nos fuimos a una granja en busca de este producto, que los carneros comen bien. Llenamos hasta el tope el multiuso Lada, y de noche. Te confieso, que pasamos un susto cuando la policía nos paró para verificar la licencia, no se le ocurrió mirar para dentro y preguntar de donde habíamos sacado este producto; en nuestro país ciertos trasiegos de productos sin documentación pueden ser comprometedores, aún los desperdicios de naranja.

Otra opción para la sobrevivencia del rebaño era conseguir tanques de miel de desecho de la producción de azúcar, conocida como miel de purga. Pero las gestiones de conseguir los tanques y la miel no dieron el resultado esperado. Pasaban los meses y la cría no se reproducía, en lugar de eso enflaquecían y algunos morían. Los técnicos del Consejo de Iglesia nos dijeron que era necesario enriquecer el terreno trayendo buena tierra. Pero ya esto era un reto demasiado difícil de vencer. Antes que la pobre familia de carneros desapareciera por completo tomamos la decisión de sacrificarlos y aprovechar sus escasas carnes en el comedor. Con pesar nos dimos cuenta que no basta soñar, que es se necesita también la sabiduría y la experiencia. Finalmente fuimos perdiendo la ilusión de nuestra finca.

Pero no desfallecimos por completo en nuestros afanes de buscar alimento para nuestros ancianos. En la nueva oleada de nuevos miembros de la Iglesia había uno que conocía y tenía una gran experiencia en la pesca, me encantaba en las visitas pastorales a su casa, escuchar las emocionantes anécdotas de un avezado marino, que conoció los secretos de la captura de las diferentes especies marinas, y que sabía enfrentar los riesgos del caprichoso mar Caribe. En nuestro país la pesca es uno de los negocios que más dividendos rinde. El pescado es un plato muy caro, a pesar de tener tanto mar a nuestro alrededor. Pensé que bueno que pudiéramos brindarle pescado fresco a nuestra gente más necesitada.

Así surgió el proyecto del barco. Que bueno que poder contar con un barco de la Iglesia, y que esta persona pudiera beneficiarse también, teniendo así un provecho mutuo. Se presentó un la oferta de un barquito con su maquinaria, no muy grande, pero en buen estado, el dueño pedía tres mil dólares. La Iglesia de Pullen se entusiasmó con este segundo proyecto, y pudimos comprar el barco. Después de un proceso burocrático interminablemente largo por parte de las autoridades marinas, que no entendían que una iglesia pudiera necesitar un barco, al fin se pudo legalizar a mi nombre. En el embarcadero, en la orilla del rio San Juan el barquito esperaba impaciente por salir a conquistar otros mares, mientras entre los pescadores que se dedicaban a reparar sus redes y demás alijos, especulaban sobre el la suerte del barquito cristiano. ! Hasta tuve que sacar un carnet de pescador!

Para no hacerte la historia demasiado larga. La persona en quien depositamos la confianza para ser el patrón de la embarcación, era un nuevo miembro de la iglesia, pero que no sabíamos que no había superado su adicción a la bebida. Esta adicción es frecuente en los pescadores, que pasan malas noches en la soledad de los mares, y que reciben de improviso una cantidad enorme de dinero y no la emplean debidamente. Parece que no le era suficiente lo que pescaba para sus necesidades, y el pescado nos llegaba en muy contadas ocasiones. Nos quejamos varias veces por no cumplir con el acuerdo.

Una noche nos sorprenden tocando fuertemente la puerta, ¡al fin se ha producido la pesca milagrosa! En la calle esperaba un remolque con un cargamento de pescado, pargos, cuberas y rabirrubias en cantidades nunca soñadas, ¡cómo pudo nuestro barquito con semejante carga! Tuvimos que movilizar varios ayudantes para para poderlo colocar en todos los espacios de refrigeración posible. El frízer se llenó por completo. Estábamos muy contentos con la cosecha, al fin tenemos una pesca milagrosa.

¿Sabes lo que pasó? Al día siguiente cuando las cocineras fueron a sacar pescado para el almuerzo, encontraron que los dedos se hundían en sus carnes, mala señal, dijeron. Que fatalidad, no hubo un solo pescadito que estuviera en buen estado. ¿Qué había ocurrido? Según los conocedores el pescado no se pueden exponer a los rayos de luz de la luna, por un raro misterio de la naturaleza, esto los afecta. Tuvimos que botarlo todo sin aprovechar ni uno solo. Pero, a pesar de esto, seguimos confiando en nuestro hombre, hasta que un día nos enteramos que antes de llegar al muelle con su carga, vendía el pescado en otro lugar. Nos sentimos traicionados, tendríamos que buscar otro pescador.

Finalmente una mañana nos avisan que el barco estaba hundido en el fondo del rio. Nuevas carreras para poderlo restaurar y más dinero gastado y otro patrón para que capitaneara el barco, que también resultó un bandido y un borracho. ¡Cuánto tiempo perdido, hijo, en este otro proyecto! Que decepción no poder contar con personas responsables y serias. Al fin nos decidimos a venderlo, y al menos recuperamos parte de la inversión. Decididamente ni ganaderos, ni agricultores ni pescadores, nada de esto sabíamos hacer. Estos son los errores que te cuento, con una moraleja, debemos involucrarnos en proyectos en los cuales tengamos la capacidad de afrontar con conocimiento y experiencia. No basta soñar, hay que tener los pies en la tierra.

Nuevas tareas

Cuando era más joven, dedicado a tantos activismos sociales y al trabajo secular y la iglesia, no pude aprovechar el tiempo en estudios superiores, que siempre han sido mi segunda vocación. Por esto fue en esta época tardía quizás en que pude hacer la Maestría en el Seminario Evangélico y al mismo tiempo cooperar en la docencia. En el seminario me encargaron las clases de Historia de la Iglesia en América Latina y el Caribe, asignatura que me ha aportado mucho y que he disfrutado inmensamente. Creamos la Cátedra Bautista, para estimular a los bautistas de las demás convenciones a reunirse en el SET con invitados que ofrecieran estudios acerca del movimiento anabautista, y de nuestras raíces en la reforma inglesa. Agradezco mucho el apoyo que he recibido siempre de esta institución, de la cual siempre me he sentido como en familia.

Un día la Rectora del Seminario la Dra. Miriam O. Ortega, se aparece en la reunión de la Directiva de la Fibac ofreciendo una beca para hacer un doctorado en ministerio, en el Seminario Columbia, de Atlanta, a través de encuentros, que se realizarían mayormente en Jamaica. No hubo otros candidatos, debido a la limitación del idioma, así que acepté este nuevo reto. Logré terminar la Maestría en el Seminario de Matanzas y el Doctorado en Ministerio en el Seminario Columbia, de Atlanta. Hasta aquí llegaron mis metas académicas, un poco tardíamente, pero las alcancé.

No me interesan los cargos eclesiásticos, realmente sin desearlo fui elegido Presidente en un segundo período de la Fraternidad. Fue en una asamblea que puso sus ojos en mí tal vez porque defendí el derecho de la Iglesia de Dios de Arrechavaleta de pertenecer a la Fraternidad, a pesar de la oposición de las autoridades del Partido; la Asamblea me apoyó y luego me eligieron de Presidente, a pesar de que la comisión electoral tenía otra propuesta. Quizás no fue sabio aceptar, pero en esos momentos me sentía lleno de energía y con capacidad de promover una visión positiva acerca de la diversidad en el seno de la Fibac, así como un mayor compromiso solidario con los necesitados.

Fue una etapa muy tensa para mí. Tenía que compartir el tiempo con el Centro Kairós que se desarrollaba aún más con interesantes proyectos en La Marina. La Iglesia mantenía un ritmo de crecimiento bastante fuerte, tuvimos que poner tres hileras de bancos. En el 1999 celebramos el Centenario de la Iglesia. Fue una gran festividad, en la que durante varios meses tuvimos conferencias teológicas, cultos especiales, banquetes. Coincidió que la directora de Televisión, Lissette Vila, se encontraba en Matanzas haciendo un documental, y tuvo la deferencia de incluir en su programa Hurón Azul, un espacio dedicado al Aniversario.

Realizamos el lanzamiento de un pequeño libro recogiendo la historia de la Iglesia, realizado por la investigadora profesora Sonia Montes de Oca y yo, aunque mi aporte fue muy limitado, dado el poco tiempo que tenía; una tarea pendiente es hacer una revisión de este libro. Uno de los cultos del seminario fue con la predicación del fraile carmelita Padre Ramón. ¡Quien les hubiera dicho a los fundadores de nuestra iglesia, que en el centenario tendríamos predicando a un sacerdote católico!

No sé cuántas cosas había en mi cabeza en esos años finales del siglo y comienzos del nuevo milenio, pero te digo que no descansaba. Sin embargo en alguna forma estar tan ocupado me ayudó a sobreponerme a la nostalgia por la ausencia de nuestras dos hijas. Creo que los ángeles del cielo, organizan nuestras vidas de modo que podamos pasar por los tiempos difíciles; me di cuenta de eso, estar muy ocupado no te deja tiempo para la nostalgia.

Me encantó apoyar en todo lo que podía a los jóvenes con un llamado al pastorada para estudiar en el Seminario. Nuestra Iglesia ha tenido un lugar destacado en cuanto al número de seminaristas enviados. Llegamos a tener más estudiantes de la Fibac que otras denominaciones dueñas históricas del SET.

Al terminar mi período de presidente en el año 2003, asumí la Secretaría de Estudios Teológicos, para seguir el trabajo tan bien organizado que estaba realizando la hermana Midian Lobaina. Esta tarea me fascinó. Afortunadamente contamos con un apoyo financiero muy importante, que no solo lo invertimos en los estudios para pastores, sino que se ofrecieron oportunidades para el laicado, en un programa de formación teológica, que fue muy valioso para algunas personas que estaban funcionando como pastores en zonas rurales, algunas de ellas mujeres muy valientes y dedicadas. Hicimos esos cursos en la Finca Betania, de Santa Clara, y en los predios de la Iglesia Pentecostal de Puerto Esperanza, Pinar del Rio. Disfrutamos mucho esas semanas de encuentros y de formación, a las cuales a veces teníamos teólogos de talla como invitados, especialmente recordamos a Juan Stam, Hans Spinder y otros. He creído que si la iglesia solo cuenta con los pastores y pastoras para el liderazgo, sin desarrollar el laicado, estamos perdidos. Dialogar teológicamente con gente sencilla, pero muy comprometida es algo muy enriquecedor.

Los cambios necesarios

En la vida hay momentos en que hay que tener el valor de detenerse, mirar el camino recorrido, y darse cuenta que es el tiempo oportuno de rectificar el rumbo, cambiar es necesario y provechoso. Un pastorado de 36 años en la misma iglesia es algo que no muchos llegan a cumplir. Mi iglesia de Matanzas fue una gran escuela, estoy satisfecho de haber sido su pastor en tiempos borrascosos, y de haber experimentado la lealtad de una congregación que me defendió a toda costa. Puedo decir que crecimos juntos, y estábamos en un buen momento, a inicios de un nuevo siglo, pero te confieso que me estaban apareciendo síntomas de agotamiento. Algunos de esos sueños que se convierten en fracasos rotundos van afectando nuestra capacidad de resistencia. Es cierto que hay que perseverar y que no todo resulta como uno lo espera, pero también cuando los años van pesando a nuestra espalda nos van volviendo más vulnerables.

Dos cosas más me fatigaban. Una, debido a que nuestra iglesia había multiplicado su membresía, las reuniones administrativas o juntas de negocios, como se llamaron un tiempo, se vinieron a convertir en complicadas sesiones de discusiones, propuestas, contrapropuestas, sobre las cuestiones a veces más nimias. Traté de fragmentar en comisiones para estudiar los asuntos de modo que se trajeran al plenario las cuestiones ya analizadas detenidamente, pero esto no solucionó. En fin los temas administrativos, me fueron desgastando.

La otra cuestión que me llenó la copa fueron los chismes acerca de la supuesta mala conducta de algún que otro miembro. Esto siempre ha sido un problema en las iglesias evangélicas, la cuestión de la moral personal. Para algunos, era necesario actuar rápido, aplicando la disciplina para mantener la pureza en la congregación, como si se tratara de una manzana podrida que hay que extraer para que no contamine las demás. Lo cierto es que todos los chismes venían a mí. Y mi política era de paciencia y de acercamiento pastoral a las personas, orando y esperando siempre que se superaran los malos momentos, y que se les diera tiempo a las personas para rectificar. Esto se volvió tormentoso, ya que la vida me había enseñado que las intervenciones en el terreno de las relaciones de pareja, muy pocas veces tienen los resultados apetecidos. Doy gracias a Dios que la política de la paciencia y el acompañamiento pastoral dio frutos, y me alegro de ver que las cosas fueron tomando el buen camino. Pero esta fase del trabajo pastoral también fue dejando su huella, de modo que empecé a reflexionar en que yo era el que necesitaba rectificar el rumbo.

Una señal positiva nos dio el Señor en aquel momento. Orestes, joven de nuestra iglesia, el más joven de los diáconos, estaba terminando su Licenciatura en el Seminario Evangélico en el año 2001. Fue mi copastor durante todo ese año. Y yo percibí que la congregación lo apreciaba mucho, lo que me hizo pensar que era la oportunidad antes que otra iglesia lo pidiera, de que se quedara con nosotros. De modo que me sentí muy seguro cuando en el comienzo del 2002 al poner mi renuncia al pastorado de la Iglesia, sabía que Orestes iba a ser elegido, y me alegré tener tal relevo. Después de diez años me congratulo de haber hecho tal decisión.

Muchos miembros se me acercaron lamentando mi decisión, que bueno es sentir el cariño del pueblo al cual uno ha tratado de servir. Pero que bueno es saber cuando es el momento de darle el lugar a otro, que viene con nuevas visiones y entusiasmo. Hay pastores que sienten el momento del retiro como una crisis personal, un enorme vacío existencial. No saben hacer otra cosa. Dejar el púlpito, abandonar el liderazgo, sentarse en el banco de la iglesia como un miembro más, ocasiona cierto escozor, pero nos damos cuenta que es el viejo ego, que siempre quiere relucir. Escribí un artículo que apareció en una publicación del Consejo de Iglesias, titulado "La Alegría de estar en el dogout". El dogout en el beisbol, es el sitio donde están los que una vez fueron peloteros, y ahora sirven al equipo en otras funciones, a veces dando una señita a los que permanecen en el juego.

Por supuesto me hice el firme propósito de no asistir a una asamblea administrativa, ni dar mi opinión en ningún asunto de la Iglesia, jamás hablo ni a favor ni en contra de ningún tema. Me gozo en unirme a la congregación, ser un hermano más que comparte la vida, las alegrías y sinsabores.

Disfruto mucho los cultos de la Iglesia, porque nuestro pastor y su equipo de liturgia preparan con mucho esmero cada celebración. Ha sido muy valiosa también la esposa del pastor, Wanda Hernández, quien siendo graduada del seminario, es también una artista por vocación, aportando iniciativas en cuanto a danzas, teatro y artes manuales que enriquecen el culto. Me siento tan feliz del nuevo liderazgo de nuestra congregación. No me creo ser acreedor del mérito de haber hecho una gran contribución a su formación. Orestes ha tenido al menos tres influencia importantes en su vida, primero unos padres amorosos y ejemplares, luego la influencia del fraile carmelita Ramón y del Maestro Castellanos. Por esto es un pastor completo, con personalidad propia y con convicciones muy firmes.

Nuevos caminos

Yo me sentí feliz de dejar el lugar en que serví tantos años. Mudarnos de la casa pastoral en el 2004 fue una bendición. Las casas pastorales, ubicadas pegadas al templo, al son el sitio menos apropiado para vivir una vida privada sosegada, ordenada y tranquila. Pocas veces nos sentábamos a la mesa que no surgiera una voz desde la calle llamando, o alguien que subiendo desde el templo a pedir una aspirina. Nuestra casa pastoral, situada en la calle principal del comercio de la ciudad, está invadida de los alborotos y sonidos propios de una calle de Calcuta. La congregación está acostumbrada a tocar la puerta del pastor a cualquier hora sin importar, para eso es el pastor. Así que ver nuestra casita del reparto Iglesia, al fin concluida, y podernos mudar fue una de las grandes bendiciones de estos años. Lila pudo arreglar los detalles interiores de una casa a su gusto y de verdad que sus decisiones fueron muy acertadas, ella tiene muchas buenas iniciativas. Que alegre fue mudarnos, tener nuestro jardincito, y sobre todo tener una vida privada, con vecinos tan silenciosos que a veces dudamos que existan. Vino a ser el ambiente apropiado para estimularme a escribir algunos artículos, que fueron saliendo en la revista Caminos, o en las publicaciones del Seminario y del Consejo de Iglesias. Me gusta escribir, no artículos muy profundos, ya que no soy un académico, pero si algunas ideas que vienen de vez en cuando a mi cabeza. Me gusta escribir y lo hago por inspiración; no tener que preparar un sermón cada semana, me deja libre para hacerlo. Esto mismo que hago al escribir estas memorias, no fuera posible si hubiera seguido en el pastorado.

Sucesos familiares

No sé por qué razón en el 2003 me encontraba en Atlanta, en casa de Lisset. Una llamada desde la Habana nos informaba que mamá estaba en cama con neumonía. Tenía una atención esmerada, no le faltaron los antibióticos de última generación, pero su cuerpo ya con 97 años estaba muy deteriorado. En pocos días empeoró, y siempre lamentaré que no pude estar a su lado en sus últimos momentos. Gracias a Dios se nos fue con mucha paz, escuchando el salmo 23 leído por Raúl. Mamá, seguirá siendo una cálida luz en nuestra vida. Me agrada pensar que en sus últimos años, ya viejita le pude dar todo el cariño que pude. Pero fue Mary, nuestra hermana que siempre vivió con ella, la que le dedicó muchos años para cuidarla y mimarla. Con cuanta paciencia la acompañó en sus caminatas diarias, de hasta un kilómetro, cosa que fue disminuyendo a medida que disminuían sus fuerzas hasta solo dar la vuelta a la manzana; también Mary le leía todos los días la Biblia y el devocionario. Quiero que tengas en cuenta Gabriel que el amor y la ternura que se da a uno de esos viejitos en su extrema ancianidad es una de las cosas más bellas y puras que quedan en este planeta.

Ser un cuidador solo se hace bien cuando es el fruto del amor y la paciencia. Nos tocó una tarea semejante en Matanzas con los padres de Lila, tus bisabuelos. Julio padecía de una progresiva invalidez y deterioro mental. No se adaptaba a no ser lo que siempre fue, un trabajador creativo y constante. Tuvimos que proporcionarle los medios para que cumpliera sus sueños de producir el mejor turrón de maní de la ciudad. Las adaptaciones que hacía a la extraña maquinaria inventada para que el turrón saliera tan fino que no se sintieran los granos del azúcar. Muchas horas gastó en su intento hasta que se le pudo cambiar el proyecto del maní por otro menos engorroso, la limpieza de bujías. Este nuevo intento productivo no tuvo mejor suerte, aun cuando se consiguió todo el equipamiento, y se puso un letrero en la puerta de la casa anunciando la limpieza perfecta de las bujías. Las manos de Julio ya no sostenían bien las bujías, sus piernas se no le respondían para la movilidad necesaria dentro de la casa. Luego vino la postración, las escaras terribles que le horadaron los muslos y lo llevaron al final del camino. La casa se convirtió en una sala de hospital, Chavela, que vivió siempre con sus padres sufrió las alteraciones y desvelos que la situación imponía. Lila, hermana mayor, asumió el papel de cuidadora esforzada tanto de Julio como posteriormente de Oristela, pendiente de todos los detalles médicos y alimentarios. Doy gracias a Dios que me dio fuerzas para cargar muchas veces el cuerpo inerme de Julio y llevarlo a pasear y a la iglesia en su silla de ruedas, no podía ser de otra manera con quien fue un verdadero padre para mí y un gran abuelo de sus nietas y nieto. Te digo Gabriel, que el amor que uno siente por alguien que ha sido como un padre para mí y mi familia lo hacen a uno olvidar todos los escrúpulos a la hora de bañarlo y limpiar sus excretas. Todo uno lo hace con voluntad y ánimo.

Tu bisabuela, vivió pocos años después de la partida de su esposo. Siempre fue más delicada por su asma y problemas digestivos. La tuvimos en nuestra casa hasta que fue necesario su ingreso en el hospital, donde se luchó durante dos semanas. Su última noche la pasamos Lila y yo junto a su cama, a pesar de que la doctora no la encontraba tan grave, sentíamos que el final estaba cerca, al amanecer, tomada de nuestra mano, tuvo un vómito de sangre y su cabeza cayó de lado, había llegado la hora de su partida.

Dirás que para qué te cuento estas experiencias deprimentes. Es para abrirte los ojos hijos, a la realidad de la vida, el lado sombrío pero a la vez que nos hacen crecer. Son los sucesos normales de la vida humana, y que con particularidades diferentes nos ocurrirán algún día a todos. El desafío de ser un cuidador, especialmente en nuestros países latinoamericanos, en que de acuerdo a nuestra cultura se acostumbra a cuidar en familia tanto a los ancianos como a otros seres queridos que sufren alguna enfermedad incurable, es ciertamente una oportunidad de crecernos en nuestra humanidad. A veces los cuidadores sufren mucho, sacrifican años de sus vidas, se privan de disfrutar de placeres y su consagración a aliviar y acompañar al débil no es reconocida por la sociedad. Pero hay algo bello dentro de ellos y ellas que ilumina y trae paz, que es el amor y la compasión, que son un reflejo del amor de Dios por todas sus criaturas. Estoy seguro que de alguna manera van a recibir de parte de nuestro Padre una bendición muy especial.

Europa

Nunca soñé con un regalo tan especial como el que recibí en el año de 2005. Se celebraba el Centenario de la Alianza Mundial Bautista en el mismo lugar donde nació, Inglaterra. Recibí una invitación para asistir y el boleto del avión y amigos ingleses que ofrecieron hospedaje, nos pusimos de acuerdo, Rubén y Judy, para participar y de paso conocer Londres. Fue una experiencia muy rica compartir con tantos hermanos y hermanas del mundo entero, fue la segunda ocasión en que participé en estos congresos mundiales de bautistas, la primera fue Seúl, en el 1990, y siempre es interesante e inspirador encontrarse con hermanos y hermanas de pueblos tan distantes y diferentes. La energía de las liturgias preparadas por los africanos, con sus danzas y ritmos palpitantes de vida, diferente a la mística sosegada de los asiáticos.

Que bella la diversidad que se expresa en estas asambleas mundiales, es como un ramillete de flores multicolores, una primicia del futuro Reino de Dios en que todos los pueblos vendrán trayendo sus bellas costumbres y tradiciones, como dice el Apocalipsis, "*Se pasearán las naciones bañadas en su luz, los reyes de la tierra llevarán a ella su esplendor y sus puertas no se cerrarán de día, pues allí no habrá noche*" (21.24-25, Nueva Biblia Española). Un texto hermoso que honra las tradiciones de los pueblos en una ciudad cuyas puertas nunca se cierran !esto es la inclusividad!

Dejamos Birmingham, donde era el evento, y tuvimos solo un día y medio para conocer Londres. Esta es la parte del turismo, que llamamos "turismo pobre", porque contamos con escasos recursos y sin guía que nos condujera a los sitios de interés. Elegimos caminar, desde donde estaba nuestro hotelito, cerca de la estación de ómnibus hasta el imponente Parlamento y la joya gótica que es la Catedral de Westminster, de esta última me agradó ver las estatuas situadas en el frontispicio, junto con la de los santos del pasado, la de Monseñor Romero y Martín Luther King. Sin embargo en su interior, donde pensé que estaría solo en un espacio bello y sagrado, me di conque apenas se podía pasar entre los enormes sarcófagos de mármol, de la nobleza inglesa, que ocupaban mucho espacio, y que lo hacen sentir a uno, más en un cementerio, que en un lugar que celebra la vida. Por supuesto, muy interesante, ver también los modestos tronos de los primeros reyes británicos, y todo aquello de veras cargado de historia.

Nuestro caminar nos llevó al Palacio de Buckingham, a la famosa Torre del Puente de Londres, en fin creo que tocamos el corazón de la gran ciudad, incluyendo una breve visita al Museo Metropolitano. Kilómetros y kilómetros de incansable caminar, al estilo del auténtico turismo pobre.

Llegamos extenuados a nuestro hotelito, uno de los dirigentes bautistas nos invitó a cenar, cosa que agradecimos aunque estábamos cansados, pues llevamos varios días de comiditas frías. Nuestro anfitrión nos preguntó qué tipo de restaurante nos gustaría para cenar, y mencionó de varias naciones, nos pareció interesante comer en uno de la India. Una vez allí no sabíamos que pedir, así que nuevamente dependimos de nuestro amigo inglés. Nos trajeron unos extraños manjares, sopas, pastas, en fin de todo un poquito. Gabriel, afortunadamente pedimos cerveza y trajeron un botella grandísima y bien fría, porque cuando comenzamos a comer nos miramos estupefactos saliéndosenos las lágrimas, lo que comíamos no era picante, era el mismo fuego del infierno. Nunca agradecí tanto tener una cerveza a la mano. Por delicadeza nos comimos lo que pudimos entre suspiros e incontenibles ganas de reír.

Francamente se nos fue la oportunidad de llenar nuestros estómagos, lo que no ocurrió sino hasta la noche siguiente, cuando volamos a Italia, donde nos esperaba Eduardo, italiano amigo y fanático de la música cubana, quien organizó un tour por dos o tres pueblos de Italia. Alighieri, en la Perugia, que me perdonen los italianos si mi memoria falla, fue el pueblito que nos acogería por unos breves días. ¿Cómo describirte un típico pueblo medieval que se ha preservado por más de 500 años? Entramos por un agujero en la muralla que da a una estrecha callejuela, serpenteando entre los bloques de viviendas de varios pisos de cuyos balcones lucían flores y adornos diversos. Al entrar en nuestra vivienda, una propiedad del municipio, intacta desde el siglo XV, nos sentimos trasladados en la máquina del tiempo, solo con la excepción de la electricidad, todo era tan antiguo.

Te confieso que lo que viví al día siguiente forma parte de los recuerdos más sagrados que se pueden conservar sin que el tiempo lo empañe. Nos dijo Eduardo que nos podía lleva a uno de los lugares interesantes de la región, al Monte Laverna. Esta altura fue un regalo que hizo un príncipe italiano a Francisco de Asís, para que tuviera un lugar de retiro, alejado del bullicio de la gente. Fuimos ascendiendo por una estrecha carretera, hasta un área boscosa y húmeda, lloviznaba y el tiempo se volvió frio, pero no lo sentí pues una premonición de algo especial por ocurrir me hacía olvidar todo lo demás. Luego de dejar el carro en un área de parqueo, anduvimos por un camino entre árboles, en un ambiente de silencio y recogimiento, era como si la naturaleza fuera la guardiana de un santuario, o ella misma fuera el santuario. Entramos en una capilla, normal, con sus bancos, y al caminar por uno de los laterales, me tropiezo con una mesa cubierta por cristales, en la cual se hallaba nada menos que el hábito, hecho de una tela comparable el saco de yute que se usan para embazar azúcar, pero además con números parches rústicamente cosidos. Era el hábito de uno de los hombres que más cerca ha andado a las huellas de Jesús. También estaba una barita que usaba como bastón y otros objetos religiosos de su pertenencia. Te confieso, Gabriel, que no estaba preparado para este encuentro, quedé mudo, quería llorar de emoción, no podía creer lo que estaba viendo. Dios mío, un hombre tan grande, usaba ropas tan pobres, que ni un mendigo de hoy usaría.

No sé cuánto has sabido de San Francisco. Solamente te diré que en la época que le tocó vivir, justo cuando la economía del mundo se volvía más mercantil, es decir, surgía una clase de personas que se enriquecía por el comercio mundial, y por otra parte el papado estaba en la cumbre de su apogeo, en cuanto a poder e influencia mundial, con el Papa Inocencio III, y las tristemente célebres Cruzadas ensangrentaban el Oriente con las guerras religiosas contra el Islam, surge este hombrecillo, que desprecia la riqueza que le ofrecía su padre, asume la vida pobre y de compasión hacia los enfermos y marginados, y aún es capaz de ir a Egipto y tener un diálogo de paz con el Califa.

Un hombre que va contra la corriente, viviendo la belleza de la sencillez, en armonía con la naturaleza (se dice que en el bosque hablaba con las aves). ¡Que actualidad tiene su vida para el mundo de hoy, hombres como él le devuelven la esperanza a uno! Me alegra que el obispo Bergholio haya escogido su nombre para su papado. Cuanto me gustaría que un día pudieras hacer el peregrinaje hasta este lugar.

Labrados en la roca montañosa de Laverna hay unos estrechos pasadizos y cuevas que te conducen a los espacios interiores donde se recogían los frailes franciscanos para orar, y precisamente donde Francisco recibió la stigmata, o sea las marcas de la cruz de Cristo en sus manos y pies. Lugares sagrados, sin duda, donde se siente una presencia de lo misterioso-sagrado. Al otro día fuimos a la ciudad de Asís, otro pueblo medieval, un popular destino turístico que de alguna manera le resta lo que tiene de sobra Laverna. La gran Catedral de dedicada a San Francisco, en cuyas paredes pudimos disfrutar de los frescos de El Giotto, que representan escenas de la vida del Santo. Pero, en mis adentros creo que Francisco no se sentiría cómodo en una tan esplendorosa catedral.

A la entrada del Santuario de Laverna, una estatua del Santo.

Muy cerca del Altar hay una escalerita que lo conduce a uno a una pequeña capilla en donde caben no más de treinta personas, y donde reposan, en un modesto sepulcro los restos de Francisco, rodeado por las tumbas de sus más íntimos colaboradores. Nos sentamos en los sencillos bancos, y nos absorbimos en el ambiente de quietud y espiritualidad que emanan de aquel sencillo lugar, dando gracias a Dios por haber tenido en el mundo tal servidor.

De Italia, esto fue lo que dejó huellas más profundas, aunque, por supuesto, no dejó de ser muy interesante la visita a la eterna ciudad de Roma, pero al ser ícono universal harto conocido en películas y libros no me detendré mucho. Las Termas de Caracalla, el inmenso balneario que podía ser usado por miles de personas, le deja a uno la boca abierta, tan grande construcción. De paso te digo que por ser cara la entrada, acordamos que solo yo entrara, privilegio de los mayores, y luego les contara lo visto, es práctica común del turismo pobre. También visitamos la Catatumba de San Calixto, caminando por los subterráneos donde solían reunirse los cristianos en tiempos de persecución, y donde aparecen los más antiguos símbolos usados por la Iglesia primitiva. Me impresionó, caminando por Roma, el agujero en el suelo que conduce al espacio de una celda donde pudo haber estado preso San Pedro o San Pablo. No sé si se está en terrenos históricamente cierto, hay muchas tradiciones de lugares y objetos de los cuales no se puede estar completamente seguro. Ver las ruinas de los que fue el corazón del poderoso Imperio Romano, solo en piedras y cenizas, te hacen reflexionar sobre lo absurdo del afán de poder y dominio de los imperios humanos.

La Catedral de San Pedro, monumental iglesia cuyo costo hizo a los papas endeudarse y lanzarse a la venta de Indulgencias (busca en el diccionario), que a la larga dio motivo a la Reforma Protestante, es un privilegio visitar gratuitamente. Las imponentes columnas y espacios donde ocurrieron sucesos tremendos para la historia; de nuevo me encuentro rodeado de sarcófagos marmóreos, más portentosos que los de la Abadía de Westminster, que hacían los papas a los que los precedían, para tal vez sugerir así a los propios sucesores hagan lo mismo con ellos. Me quedé observando el de Pio IX, uno de los papas más funestos, a mi modo de ver, por haber convocado el primer Concilio Vaticano, de 1870, en que quedó establecida la infabilidad papal. Pero no fue solo por eso célebre dicho papa, sino por haber condenado en el llamado Syllabus, las herejías modernas, entre ellas, el protestantismo, la libertad religiosa y todo movimiento progresista. Pero la visión de Juan XXIII, en uno de cristal, en que se podía observar su cuerpo intacto, el que hizo convocar el Concilio Vaticano II, que renovó la Iglesia de acuerdo para afrontar los retos del tiempo presente, un anciano sabio y valiente. Así es la historia del papado, unos buenos y otros no tan buenos.

Ante la Basìlica de San Pedro con Rubèn

Debo de continuar para concluir esta etapa de viajes interesantes, de turismo pobre, el que hicimos a la Tierra Santa, ocurrido en el 2008. En La Negra Tomasa, el restaurant cubano, donde el Trio Matancero (Judy, Rubén y Osmany) se presentaba cada semana asistían personas de diverso origen, como la cubana Selma y su esposo Anno de Israel. Este matrimonio organizó una gira del grupo, no me imaginaba cuanto simpatizantes de la música cubana hay Israel. Fue una gran sorpresa que se me invitara a acompañarles en esta gira, viviendo en casas de familia, y caminando por nuestra cuenta por los lugares sagrados de la Biblia.

Para este viaje prefiero tomar algunas de las notas que hice en aquel entonces, será un poco más larga que los otros relatos de viajes, pero creo que merece que la pena.

El Palacio de Herodes.

Este tipo de gira, convoyada con las presentaciones musicales, nos llevaba a hogares que disponían sus jardines o patios pata las actividades, y que nos acercaban a un ambiente más informal y amigable. La fórmula era pues, por el día recorrido, y en la noche música.

El Concierto era en el puerto de Haifa, en casa de unos amigos Israelí que viven en un barrio de artistas, en las Colinas que conforman el sistema del

Monte Carmelo, donde el Profeta Elías, según la Escritura, venció a los profetas de Baal. Ahí pusieron Judy y Rubén, la alegría de la música nuestra, cantando para una selecta audiencia que los aplaudió y terminó vibrando con Yemgeré y la Guantanamera Palacio de Herodes.

En la tarde, mientras se arreglaban los equipos para el concierto, nos escapamos para la vieja Cesarea, que consiste en las ruinas de una ciudadela amurallada donde estaba ubicado el Palacio de Herodes.

Se entra bordeando un gran Coliseo, que por cierto estaba adaptado para un concierto, Me quede impresionado de la magnitud del conjunto, la hilera de restos de enormes columnas, abriendo reguardando espaciosos salones; salas y cuartos, piscinas, altares, sistema de agua corriente para las letrinas. Un palacio a en grande, digno de un Rey, incondicional servidor del Imperio Romano.

Pero no solo está el hermoso palacio con vistas al mar, también hay un hipódromo, donde se divertían en carreras de caballos, luchas de gladiadores, y espectáculos diversos... No me extraña que Herodes se sintiera se sobresaltara tanto al oír había nacido un rey en el pueblito de Belem.

En Galilea

Como estamos en la parte norte de Israel, tomamos rumbo a Galilea. Me preguntan, cual sería mi preferencia, Nazaret o El Mar de Galilea, porque el tiempo no nos daba para ambas. Tuve el instinto de escoger el lago, esta vez no me falló. .

Desayunamos en un restaurante de un poblado de Drusos. Los drusos son una etnia, surgida de un desprendimiento del Islam; con sus propias tradiciones, con un patriarca de barba blanca que los dirige. Son considerados herejes por los musulmanes. Hay unos 15 mil en Israel, y participan plenamente en la vida política del país.

Las mujeres usan un turbante blanco que envuelven en el cuello y ropa invariablemente oscura, los hombres de camisa y pantalón negros con una kipá blanca. El restaurante es manejado por estas mujeres. Nuestro guía pide que nos sirva de las cosas que tienen para desayunar. Una limonada, que tenía unos ingredientes, que es lo más delicioso que he tomado en limonada. Y luego unos panes, como pizzas, rellenos con delicias vegetales. Mucho ajonjolí en los panes, queso de cabra. Bueno fue agradable este restaurante, que cocina con leña y las sirvientas gustan de conversar y tratar a los clientes con la hospitalidad típica oriental.

Vamos primero hacia la Alta Galilea, para llegar a un pueblo en lo alto de una montaña, llamado Sefá, cuna y matriz de la mística judía conocida como Cábala, Hablando muy simplistamente, podemos decir que aquí viven judíos ortodoxos extremos que le han dado una interpretación espiritualista a los libros sagrados, y viven en estudio del Talmud y la meditación. Los vemos con sus largos sobretodos y sombrero negros (Atuendo proveniente de la moda de la Polonia del siglo XVIII), barba y el típico pelo en forma de choronguito que cae por la patilla; caminan silenciosos por las calles y por los bosques cercanos en actitud de meditativa oración. Aquí se están practicando las tradiciones judías desde tiempos remotos, ya que esta comunidad no fue a la diáspora, se mantuvo en este apartado lugar por miles de años. Somos cuidadosos de no tomar fotos, que les irrita. A este lugar vino la Madonna cuando se hizo judía militante. No hay TV, y los días de fiestas no se puede entrar en carro. No leen periódicos, sólo unas páginas en letras grandes con las noticias que les interesan, colocados en muros y paredes. Es curioso, que tienen también que las familias son numerosas, y se nos dice que son alegres cuando de fiestas tradicionales se trata.

Descendemos a la baja Galilea, dirigiéndonos al Mar de Galilea, el calor y el sol son agobiantes. Nos recomiendan ingerir mucha agua. Pasamos por el lado de la ciudad de Tiberias, de donde toma el nombre el lago de Tiberiades, también conocido como Mar de Galilea, que se extiende a nuestra vida como un gran plato, en esta mañana veraniega, rodeado de colinas, algunas bastante altas. En la otra orilla están las Alturas de Golán, que son de Siria, pero que desde la guerra del 67 están en poder de los israelíes.

Subimos a la colina conocida como Monte de las Beatitudes, donde según la tradición Jesús pronunció su famoso sermón de las bienaventuranzas. Hay un Santuario octagonal, con las ventanas espaciosas alrededor para que entre la luz natural y no se pierda el ambiente natural del lugar. En lo alto las bienaventuranzas en latín. La gente entra y se sientan en el círculo a meditar y orar. Sentí deseos de arrodillarme y recordar aquella nueva ley de amor y de humildad, la inversión total de los valores, donde los humildes son los bienaventurados, tan lejos estamos de practicarlas, y sin embargo no puede el mundo cambiar hasta que no se hagan realidad. Salimos Judy y yo a caminar por los jardines y arboledas que rodean ese pequeño templo, y el viento ya sopla fuerte, contemplamos la vista del mar de Galilea, es fabulosa, porque se divisan los pueblitos alrededor, entre ellos Magdala, de donde era María Magdalena Capernaum, más allá…otros, en fin ese era el paisaje habitual del Maestro. Hay en la colina ciertos lugares de reuniones, parece que los peregrinos, las excursiones utilizan esos jardines para los retiros y reflexiones.

Entramos en Capernaum, o sea las ruinas de una pequeñísima ciudad a la orilla del mar, rodeada de una muralla. En medio del villorrio una gran sinagoga, que todavía mantiene en pie algunas paredes y el columnario, destacándose por encima de todas las demás humildes viviendas. Cabrían bien unas 100 personas. Aquí frecuentaba Jesús.

En alguna de las casitas cuyas ruinas contemplamos, ocurrió la historia de los que llevaron al inválido, y no encontrando forma de acercarse se las inventan para abrir un agujero en un techo y bajar al enfermo. Notamos las callejuelas muy estrechas, cualquier grupo de personas podía bloquearlas fácilmente.

Seguimos y vemos lo que se dice fue la casa de Pedro, también pequeña, de piedra volcánica negra, como todas las demás. La iglesia católica ha hecho una estructura parecida a un gran platillo que se sostiene en columnas por sus bordes encima de la casa de Pedro, sin afectarla, y manteniendo la rusticidad y el estilo de las construcciones. Subimos, y en ella hay un auditórium circular, con cristales en el medio, desde los cuales se ve la casa, Desde el lugar y a través de las muchas ventanas alrededor se aprecia el paisaje. Muy apropiado, modesta y funcional, así nos pareció.

Aproveché y bajé por la pendiente rocosa hasta la orilla pedregosa del mar de Galilea, tome un poco de agua que me pase por la cara y dos piedras de recuerdo, Ya el mar se estaba encrespando por el viento y nos imaginamos las barcas de Pedro y Juan navegando viento en popa en busca de pesca.

Jerusalén

Solamente sesenta kilómetros separan a Jerusalén de Tel Aviv. Poblaciones por todo el camino, algunas son árabes. El 20 % de los habitantes de Israel son árabes con derechos ciudadanos.

Dejamos a un lado el valle de Aquelón, donde se dice que Gedeón en medio de la batalla contra los filisteos, y al ver declinar el sol: Exclamó, ¡detente sol!, y éste le prodigó su luz hasta verse lograda la victoria.

Luego Samaria, y desde entonces comenzamos un ascenso constante que nos llevará a una altura de más de 800 metros sobre el nivel del Mar, estamos en las alturas de Judea, y casi sin darnos cuenta estamos ante la milenaria ciudad de Jerusalén. Ciudad "asentada sobre montes", como dice la Escritura, extendida en verdad sobre numerosas empinadas colinas rocosas. Me hizo recordar al salmista cuando dijo, "Alzaré mis ojos a los montes, de donde vendrá mi socorro". La durísima roca blanca de Jerusalén, de un blanco hueso, de obligatorio uso en todas las edificaciones, le da una armoniosa unidad a la ya complicada situación de una modernidad que se impone por su intenso tráfico, sus signos lumínicos y su habitual prisa. Con una población cercana al millón de personas y cubriendo una extensión que la ubica entre las de más territorio, hizo que se desmoronara mi propósito de caminarla de un extremo al otro.

La Ciudad de David

Fuera de la Muralla de la vieja Jerusalén, como en una pendiente rodeada de cañadas, que la hicieron difícil de conquistar, están las ruinas de lo que fue la primera capital del Reino de Israel, la ciudad conquistada por David a los Jebuseos, donde estableció su morada y donde su hijo Salomón construyó el Primer Templo. Mis anfitriones me han preparado, brindándome una linterna y unas sandalias. Este recorrido lo hago solo, ya que los muchachos han tenido que volver a Tel Aviv a cumplir un compromiso musical. La entrada a la ciudad de David la hacemos con una guía que nos introduce en un estrecho túnel, construido por el rey Ezequías, ante la amenaza de invasión de Senaquerib, para canalizar el agua hacia la ciudad, haciendo posible así la resistencia a un largo asedio. También sirvió para escapar.

Tengo que subirme los pantalones y ponerme las sandalias, las primeras en entrar son un grupo de mujeres norteamericanas a las que puedo escuchar con sus gritos un tanto asustadas. Me adentro en el estrecho pasadizo siento la fría corriente de agua, que asciende hasta mis rodillas, La pared se estrecha que solo es posible avanzar de uno en fondo y cuidando la cabeza porque en ocasiones hay que agacharse, afortunadamente no olvidé mi gorra que me protegió de algunos golpes. A medida que avanzo por aquel estrechísimo pasadizo, pierdo de vista a los que me preceden y a los que me siguen. En un momento apago la linterna y la oscuridad es absoluta. Pensé que aquello sería por breve tiempo, pero las curvas y vueltas no parecían terminar nunca. Por suerte no padezco de claustrofobia, pero si sentí la sensación de ser una rata perdida en una cloaca. Después de caminar una media hora por esa tenebrosa oscuridad, veo la luz de la salida que me trae un ansiado alivio.

Salimos nada menos que a las ruinas del estanque de Siloé, cerca de la puerta de las ovejas. Una alberca de unos diez metros por cinco.

Al igual que el resto del grupo de americanos que salían del túnel nos vamos sentando como podemos sobre las viejas ruinas, cuando de pronto percibo que todos ahora están escuchando a un hombre joven de barba que empieza a hablarles de la importancia del agua para la supervivencia de la ciudad, del uso por los judíos y especialmente por los sacerdotes en la ceremonia del templo, como símbolo de pureza y de vida. Hablaba como un gran conocedor de estas tradiciones, cuando me doy cuenta que abre el Nuevo Testamento y empieza a hablar de Jesús y de lo que hizo en este estanque con el paralítico. Lee entonces en el Evangelio de Juan: "Si alguien tiene sed, venga a mí y beba. El que créele en mí, como dice la Escritura, de su interior brotarán ríos de agua viva" (Juan 7. 37-38). Las palabras, "de su interior", me hicieron pensar que como del interior de ese oscuro túnel brota agua refrescante, así de nuestro no menos oscuro corazón puede brotar todo lo vivificante y bueno que sacie la sed...

Así, estaba en mis meditaciones, pero un tanto perplejo, sobre quienes serían estos peregrinos. Me decido a preguntarles. Somos judíos que creemos en que Jesús es el Mesías, somos judíos mesiánicos- me responde una mujer con una radiante sonrisa. ¿Y usted? Soy un pastor de Cuba. ¿De Cuba?- pregunta sorprendida. Enseguida llama al Rabí que les hablaba, para presentarme e intercambiar breves palabras de saludo, se interesan en fotografiarme con ellos. El sabor de este afectuoso encuentro, fue interrumpido por la guía turística que los llamaba a continuar.

Me sentí muy reconfortado entre estos inesperados amigos, de los cuales había oído solo una lejana leyenda. Ellos guardan todas las fiestas judías, pero creen en Jesús. Supongo que no son bien vistos por el resto del judaísmo, ni son plenamente aceptados entre los cristianos. Puras conjeturas mías.

La Jerusalén intramuros

Supongo que la antigua ciudad de David se extendía también por parte de lo que hoy es la ciudad amurallada, y en algún lugar, tal vez debajo de la mezquita de la roca se encuentren ruinas del Templo de Salomón. No está permitido por parte de los musulmanes excavar en sus santos lugares. Aún las excavaciones en la Ciudad de David, fueron tras muchas negociaciones con los vecinos de la zona.

Tres religiones comparten estos espacios sagrados, los musulmanes, que los han tenido por más de 1500 años, los judíos y los cristianos; las tres religiones monoteístas más universales. Por sus calles se cruzan los grupos de rabinos, los frailes y monjes cristianos, multitudes de turistas y menos visibles, más replegados en sus barrios musulmanes, los árabes. La abundancia de minaretes de mezquitas y torres de iglesias cristianas dan una única perspectiva a esta capital de la religión.

Los judíos cuentan en ella con espléndidas casas de estudios y algunas sinagogas. Los cristianos de distintas ramas cuentan con sus templos, y lugares para hospedarse. Los ortodoxos rusos son propietarios de extensos terrenos extramuros, de los cuales obtienen sustanciosas rentas.

Internarse en la ciudad amurallada es unirse a una corriente abigarrada e inquieta corriente humana. Hay señales de protección, armas largas empuñadas por jóvenes del servicio militar y por policías se ven con frecuencia, así como cámaras discretamente colocadas en los lugares estratégicos.

Las callejuelas estrechas, bordeadas por una infinitud de ventorrillos, vendiendo toda clase de suvenir, ropas, de todo lo imaginable. Contemplo las viejas lozas del piso, y me pregunto cuanto cientos de años les han convertido en mudos testigos de tantas cosas, además de la pasión del Maestro. Recuerdo haber leído que en la toma de la ciudad por los Cruzados, los historiadores cuentan que la sangre llegaba al tobillo por estas calles de Dios. !Tanta violencia en nombre de Dios!

Sin darnos cuenta ya estamos ante la puerta del Templo que guarda los sitios sagrados de la tumba y el Calvario. Mi cabeza está tan confundida por el ir y venir de tantos miles de personas de tan diferente talante, que cometo el increíble disparate de preguntarles a dos frailes franciscanos en sus hábitos, que estaban sentados a la entrada de la Iglesia: ¿Are you Christians? ¿Son ustedes cristianos? Me miraron, no podían creer mi estupidez, el mayor de ellos se levanta y se pierde por una escalera, murmurando tal vez alguna mala palabra.

Un recinto sobrecargado de candelabros e incensarios da al espacio para una pequeña fila de personas que esperan la oportunidad de entrar en una pequeña cavidad, donde se abre un hueco por el cual puedo meter mi mano y tocar la roca donde se supone fue colocada la cruz, no estoy seguro, pero tal vez estaba arrodillado en el mismo Calvario, 1970 años después de la crucifixión. No pude evitar un fuerte sentimiento de temor reverente. Al costado, por unos cristales se puede apreciar la áspera y gris roca.

Apenas unos metros caminando en la semioscuridad de las antiguas edificaciones, llegamos al área del Santo Sepulcro. En mi imaginación pensaba que todo esto estaría en un campo, o huerto, como cuenta el evangelio, pero es que se ha construido tanto santuario encima que todo lo imaginado se esfuma. No obstante, llegamos a situarnos alrededor de una gran lápida de piedra cuadrangular y pulida. Hay personas arrodilladas besándola, yo también siento el impulso de hacerlo. Es la piedra que se piensa fue la que colocó a la entrada del Sepulcro. Unos pasos más y hay que inclinar la cabeza para entrar en lo que se dice es el lugar donde fue colocado el cuerpo. Permiten entrar por unos segundos, me siento sobrecogido de temor reverente. Una rústica piedra lisa donde se cuenta fue colocado El.

El Muro de las Lamentaciones

Pasando por un nuevo cateo penetramos en la explanada del Muro de las Lamentaciones. Enormes piedras procedentes del Segundo Templo, el que se construyera al regreso de la cautividad en Babilonia, y que fuera demolido por los conquistadores romanos conforman esta venerada pared.

Esta mañana, como tantas otras, no está vacío. Contemplamos desde una valla una vibrante masa humana de religiosos ortodoxos que rezan o leen sus sagrados libros de cara al Muro; en una esquina un rabino de un negro sombrero alado le habla a un coro de muchachos que se aprietan a su alrededor. Siento el impulso de pasar y aproximarme al Muro. En el pasillo de entrada se destaca un depósito que contiene Kipás hechos de cartón blando, tomo uno y me adentro como uno más en la congregación judaica. Permanezco unos minutos en reverente silencio mirando a las enormes reliquias.

Orando en el muro de las lamentaciones

Al irme retirando con la mayor solemnidad posible veo que se me aproximan dos religiosos, evidentemente no pude pasar desapercibido. . Uno más joven me toma la mano derecha y ata un cordón rojo en la muñeca. Luego pone su mano sobre mi kipá y murmura una bendición.

Me mira a los ojos, con mucha bondad, entonces dirige su mano a un bolsillo de su camisa mostrándome unos billetes. Interpreté que me estaba ofreciendo ayuda económica, lo cual cortés pero firmemente rechacé. Nos despedimos con un cortés “Shalom”, desapareciendo de mi vista.

Comenté con mi familia la gran impresión que me causó aquel fugaz encuentro con los dos personajes, su conmovedora generosidad con un extraño.

Viví con este dulce engaño varios días. Cuando los anfitriones israelitas lo supieron, me sacaron de mi santa inocencia. No, no, lo que ellos estaban buscando era que tú les dieras dinero.

Cena con religiosos

Mi curiosidad iba en incremento a medida que me explicaban el complejo mundo del judaísmo actual. ¿Cómo viven esas comunidades judías que se ven tan herméticas? ¿Cómo se sostienen tantas familias cuyos pilares están dedicados al estudio para toda la vida? Entre la población actual, especialmente los profesionales de Israel, hay muchos que se confiesan ateos, y miran con desdén a los para ellos improductivos miembros de la sociedad. Oí algunos comentarios sobre sus hábitos de vestir con los largos sacos negros, (moda polaca del siglo XVIII) que al montarse en los ómnibus los días de verano destilan un hálito no muy agradable. Generalmente se dice que viven vidas muy austeras.

Hay judíos ricos, especialmente en el comercio de diamantes, que comparten parte de sus ingresos para el sostén de los ortodoxos. En el país forman una minoría, pero que políticamente es influyente, ya que cuando los partidos políticos igualan sus fuerzas, son ellos los que deciden quien tendrá el poder. Por esto los políticos los toman en cuenta y les hacen concesiones.

Una vez, perdidos en el barrio judío, me acerqué a unos para pedir orientación. Me la dieron, pero sentí que un muro de frialdad nos separaba. Ellos no tienen interés en los no judíos. No practican ningún tipo de proselitismo. El judaísmo crece casi exclusivamente por transmisión generacional.

Un viernes fuimos invitados a cenar con una familia judía creyente, que viven en un barrio de ortodoxos, son los padres de nuestro amigo Gil. Era un viernes al atardecer, iba a comenzar el Sabbath, el día sagrado. Un letrero en la entrada del barrio advertía: "Honorable visitante, este es una comunidad de personas piadosas. Agradecemos que respete nuestras costumbres, no vistiendo ni haciendo cosas que ofendan nuestros sentimientos". Tuvimos que dejar parqueado el carro a la entrada de la comunidad, una valla se cerraba, era total mientras caminábamos por lo que llamaríamos un reparto de clase media, viendo los religiosos encaminarse a la Sinagoga. Hombres y niños.

La familia con la que íbamos a compartir no eran ortodoxos extremistas, incluso se han sentido un poco incómodos en un barrio tan estricto. Al llegar a la casa, la madre de la familia nos recibe con una sonrisa y amabilidad que nos hizo sentir en familia; es la madre de uno de nuestros amigos. La confianza que produjo en nosotros esta hospitalidad hizo que fuera más natural y sencillo el preguntar y fijarnos en todos los detalles. Las mujeres religiosas desde que se casan cubren su cabeza, sea con un sombrero, o como la mayoría, con una peluca, nuestra anfitriona usa un elegante sombrero, Ella es profesora universitaria. Para las judías creyentes. Es indecoroso mostrar su pelo natural, la mayoría usa pelucas.

Esperamos al padre de familia, que estaba en el servicio de oración de la Sinagoga, al inicio del Sabbath, el día Santo. Algunas reglas que logramos recordar: no se puede apagar y encender luces, para facilitar las cosas han instalado un mecanismo que automáticamente y a una hora decidida de antemano apaga todas las luces de la casa. No se puede rasgar papeles, ¡me fijé en el piso del baño un montoncito de papel sanitario ya rasgado en el piso!

Al fin llega el padre de la familia. Con similar amabilidad a la de su esposa nos saluda a todos y todas. Puestos todos el Kipá, nos acercamos a la mesa. Me fijé en la distribución de los comensales en la mesa, las mujeres ocupaban agrupadas, y los hombres otra sección de la mesa. Me toca el honor de sentarme próximo nuestro patriarca.

Toda la ceremonia inicial la dirige el padre, con la unción de un auténtico sacerdote. Primero viene la bendición del vino; trae la jarra, sirve en su copa y pronuncia la oración de bendición, bebe un sorbo, y de su copa grande va llenando las nuestras, el cual ingerimos, acompañados de una canción de bendición. Luego cantamos un canto dedicado a la mujer, usando las palabras de Proverbios cap. 31: "Muchas mujeres hicieron el bien, pero tu superas a todas". La mamá recibe los honores con una amplia sonrisa.

Le sigue la bendición del pan del Sabbath, un rico pan, que contiene huevo. Una bendición y otro canto. Se reparte un pedazo de este pan a todos y todas. Otro canto cierra este tiempo litúrgico. Empieza la comida, toda ella siguiendo fielmente la regla Kosher, que norma tanto los ingredientes como la forma de preparar una comida para el Sabbath, o simplemente para ser ingerida por judíos ortodoxos. Primero ensaladas, luego un plato de pescado, y le sigue otro plato con cuscús, viandas y una fuente de cordero.

Todo en un ambiente muy fraterno, con conversaciones y chistes. Traté de recordar algunos chistes bíblicos, que no me vinieron a la mente. El patriarca me pregunta por nuestra iglesia, cuantos miembros tenía, etc. Me pide que cantemos algún corito, trato de recordar alguno de los salmos que cantamos. Al fin Judy y yo recitamos el Salmo 23. Nos pareció que les causó buena impresión que lo dijéramos al unísono.

Me dice que él conoce bastante bien la Cábala judía, pero que lo más importante de todo no es cuanto sepamos, sino la compasión que seamos capaces de sentir y practicar con nuestro prójimo. Me hizo sentir que por encima de cualquier diferencia en la doctrina, el amor a Dios nos une. Nos toma casi la media noche de conversaciones. Al despedirnos me buscan una Kipá y me la obsequian. Me siento muy honrado, y como quien ha estado junto a un hombre de gran sabiduría.

Cuando recorríamos de regreso por la calle hacia la entrada del barrio, un grupo de jóvenes se cruzan en el camino, y le hacen una señal, a la que nuestro acompañante no ocultó su desagrado. Aquellos habían hecho la clave que sólo los jóvenes conocen: estaban en posesión de cocaína. Me pareció aquello sorprendente en un lugar tan consagrado a Dios. Me hizo pensar que es imposible, por mucho que queramos, crear un espacio estéril a la contaminación de nuestro mundo. Fue la única ocasión en que escuché de drogas en Israel.

Desde el Monte de los Olivos

Una elevación domina todo el paisaje de la vieja ciudad, es el Monte de los Olivos, que cubre una extensión de varios cientos de metros, y en el cual diviso un templo ortodoxo rodeado de olivos. Pudo haber sido allí el huerto de Getsemaní, en donde fue a orar y en donde fue apresado por la guardia romana. Su oración fue entonces teniendo a Jerusalén dormida ante su vista. Los olivos, arbustos un poco más alto que una persona, sembrados a unos tres metros de separación, ofrecían espacios abrigo para los peregrinos que acampaban a su sombra. Son los árboles, pequeños, pero fuertes y resistentes que crecen entre rocas y soportan la crudeza del clima más árido. Las noches de Jerusalén son frías, imaginamos unas bien cuidadas hogueras en los sitios más despejados. En otra parte, caminando entre ellos sentí la calma y el misterio, un encanto que me resultó tan distinto de la atmósfera pesada de los templos que resguardan los sitios sagrados. En verdad que el paisaje a cielo abierto me sedujo más que estos santuarios.
Desde otros sitios se puede apreciar la ciudad amurallada. Un excelente mirador nos muestra la parte de la Puerta Sagrada, que está sellada y que los judíos esperan se abrirá sólo para que por ella entre el Mesías cuando venga. Frente a esta puerta están miles de sepulturas, en el cementerio judío, en el musulmán y en el cristiano. Todos esperan ser los primeros en la resurrección.

Monasterio de San Jorge

Ante la dificultad de llegar al Sur por la cuestión del fuego, retornamos hacia el noreste, siguiendo la carretera que va al desierto de Judá, El paisaje del desierto va adquiriendo nuevos contornos en la medida que ascendemos, y van apareciendo inmensos cañones en los cuales es obligado detenerse. Es digno de contemplar los impresionantes socavones labrados en la roca durante millones de años por las corrientes de aguas. Un letrero y un camino nos indican el camino al Monasterio de San Jorge. Decidimos bajar, dejando el carro y tomar el pedregoso sendero hacia el fondo del cañón. Un silencioso beduino se nos une con su burrito.

Tras unos veinte minutos de descenso al fin llegamos al arroyo que corre en el fondo, y más adelante contemplamos el austero monasterio. Más allá del monasterio hay curiosas edificaciones en las paredes de la montaña, semejando palomares aferrados a las rocas. Seguramente esos fueron los primitivos refugios de los ermitaños del siglo IV en adelante.

Cuenta la historia de la gran oleada de monjes que sintiendo que la iglesia se corrompía al acomodarse a los ricos y hacer alianza con el imperio, buscaron en la vida simple, la oración y la vida en comunidad una forma de ser consecuente con Jesús de Nazaret. Esta vida austera estaba era resultado también de la influencia gnóstica que consideraba los instintos naturales la mayor amenaza para el alma. No obstante sus desaciertos filosóficos, dejaron un tesoro de sabiduría y espiritualidad que hoy está siendo reconsiderado con mucho respeto.

Por mucho que golpeamos en la puerta no obtuvimos por respuesta más que un silencio total. El regreso nos resultaba un tanto desabrido, cerrando un día caracterizado por los caminos cerrados. El beduino seguía a nuestro lado con el burrito, cuya ayuda vino a librarnos de un esfuerzo bastante pesado en aquella hora y en semejante pendiente. Impresionante como aquel gracioso animalito de tan pequeño porte era capaz de ascender con su carga por aquella cuesta. No pude menos que pensar en su antepasado, el que Jesús usara para entrar en Jerusalén, sería semejante a éste que me estaba subiendo lenta pero firmemente.

Al atardecer retornando a Jerusalén, veíamos en las colinas cercanas las increíblemente miserables viviendas de los beduinos. Nos dicen que se les ha construido casas en edificios de apartamentos y ellos prefieren vivir en esas casuchas. Es comprensible, les arrancaban de cuajo de su cultura y su comunidad. Me pregunto si no habría otra forma inteligente de intervenir en sus vidas, para mejorarles sus condiciones, respetando su cultura. Son dudas que me quedan dando vueltas en la cabeza.

Musalaha

Hasta aquí he estado acompañado con Israelíes, como he dicho, dotados de muy buena voluntad, deseosos de que el doloroso conflicto con los palestinos llegue a su fin, con paz y seguridad para ambos lados. Sin embargo desde mi llegada traté de hacer contacto con la otra parte, con alguien que me diera la visión de los palestinos. De los ambientes cristianos involucrados en acciones por la paz había recibido la recomendación de ver a Salim Munayer. Finalmente fui invitado a una conferencia que ofrecía a un grupo de cristianos de Estados Unidos. Se desarrolló en las oficinas de Jerusalén, de la Musalaha, la organización no gubernamental que dirige.

Salím es un típico palestino, pero cristiano y educado en Jerusalén, con estudios teológicos en varias escuelas de Estados Unidos. Su dedicación ha sido trabajar por la paz. Después de saludarlo me invita a una pequeña sala en la que recibe también a un grupo de visitantes.

Concentré toda mi atención en su charla, en un inglés fluido, sazonado con chistes. Cuenta que sus padres lo enviaron a estudiar en escuelas israelíes de Jerusalén, siendo el único palestino en su clase. En cierta ocasión el profesor explicaba la historia de Israel, como habían llegado a obtener la tierra que les pertenecía desde los remotos tiempos; Salim, levantó su mano y le dijo: Mire, profesor, esa parcela que se puede ver por la ventana, ahí vivía mi familia, ahí vivieron también mis antepasados, ¿cómo Ud. dice que pertenece a Israel?

El tono de sus palabras se torna más grave cuando se refiere a la espiral de violencia que no parece terminar. Como hombre cristiano no puede aprobar ningún tipo de violencia, y su ministerio de paz a veces lo coloca de frente a los suyos.

Dedica un buen tiempo de su charla a la alianza que han hecho los sectores conservadores de las iglesias evangélicas del mundo, que consideran el regreso del pueblo de Israel un cumplimiento de las profecías y que por lo tanto deben dar todo su apoyo. Sin tener en cuenta que el pueblo palestino ha vivido por cientos de años en ese territorio.

¿Qué se propone la Musalaha? Más allá de los dirigentes políticos, de los jefes militares, está un pueblo que está siendo envenenado por los prejuicios y las ideologías dominantes. Salím ha desarrollado un proyecto para poner en contacto los pueblos de ambos lados. Para esto ha creado la Musalaha, para derribar barreras. Una de los programas que más resultado está dando es la experiencia de llevar grupos de unas cincuenta personas, mitad palestinos y mitad israelíes, al desierto por varios días. Allí los forma de dos en dos y toman agua y alimentos y los envía a sobrevivir varios días en el desierto. Allí no tienen más remedio que unir trabajar juntos. Resultado: de la desconfianza, pasan a la colaboración, de ahí a la aceptación, la comprensión y finalmente la amistad. Salím cuenta que la amistad que se ha creado pasa a la familia, uniendo lazos que se estrechan por años. De este modo ha ido creciendo un franja libre de odios y prejuicios. Se le pregunta sobre las expectativas que pueden esperarse. Dice que es solo una contribución a la paz, pero que no es despreciable, ya que han tenido eventos que han reunido miles de personas.

¿Por qué esta forma específica de vivir días en el desierto para crear lazos de amistad? Algunos del grupo responden que el ambiente natural contribuye, que la necesidad de trabajar juntos, etc. Salím responde, si está bien, pero lo principal es que en ese encuentro nadie tiene poder sobre el otro, hay relaciones de igualdad absoluta, ese es el factor fundamental.

Vale la pena que transcriba lo que aparece en su Newsletter:

"Muchos estudiosos del conflicto Israelí-Palestino han notado que la mayoría de los israelíes y palestinos quieren, de acuerdo a encuestas, hacer compromisos a favor de grandes y sensitivos hechos como, Jerusalén, las fronteras, los asentamientos y los refugiados, si esto pudiera traer el fin de la violencia. Sin embargo aun teniendo esta voluntad para la negociación, en verdad hay dos cosas separadas. Ellos lo quieren con la condición de que esto traiga la paz. Pero la mayoría está pesimista acerca de lo que está sucediendo porque ellos están convencidos de que hay seria desconfianza en ambas sociedades, y entre los líderes de ambas comunidades. Esta desconfianza es, hasta cierto punto, bien fundada, porque ambos lados ambos lados podrían escribir una larga lista de promesas incumplidas y de violación de los términos de los acuerdos. Pero lo que es frecuentemente ignorado es la relación de causa y efecto de los fracasos en ambos lados. No importa quien quebrantó su palabra primero, cuando Ud. en respuesta quebranta la suya, y entonces los otros responden, y así en un círculo vicioso que termina en una renovación del conflicto y la violencia. No importa cuán bien fundada esté su desconfianza, sin confianza, no se logra ningún progreso.

Sicológica y emocionalmente, la desconfianza es una barrera difícil de vencer. Con el fin de comenzar a confiar en alguien que uno no confía, uno tiene que realizar la difícil tarea de construir relaciones, a través de la comunicación y de la comprensión. Musalaha se acerca a este proceso a través de los viajes al desierto, porque en un ambiente neutral del desierto, estamos solos el uno con el otro y con Dios. ..."

De esta forma, mi querido Gabriel, cierro esta etapa de viajes, en la época perfecta para mí, cuando ya no tenía sobre mis hombros la responsabilidad pastoral, y en modalidad un tanto aventurera de "turismo pobre", que en realidad es un turismo muy rico. Te digo Gabriel, que yo me sentí muy bendecido, por esto siempre daré gracias a Dios y a Rubén y Judy porque me regalaron experiencias que nunca soñé. Viajar siempre es interesante, pero ir a lugares tan especiales deja una huella. He dejado de lado otros que hice con el Trio Matancero por España; me encanta España, sus pueblos amurallados, sus catedrales medievales y los lugares sagrados como Santiago de Compostela, Ávila Salamanca y muchos otros sitios que conservan la cultura y tradiciones inalterables.

Sin embargo, debo decirte algo importante que estoy pensando ahora mismo, desde que nacemos todos estamos montados en un carro que nos lleva en un ininterrumpido viaje, sin parar vamos pasando por diferentes estaciones, etapas que van quedando atrás más rápidos de lo que pensamos. Al principio nos parece que va muy lento, quisiéramos llegar a donde otros ya están, tener la libertad y la capacidad de decisión que ellos y ellas tienen. Nos fijamos en los cambios que ocurren en nuestro cuerpo, nos causa curiosidad como crecemos, nos salen pelos y barba (los hombres), y al fin nos parecemos a los adultos. Todavía recuerdo de adolescente cuando toqué en la puerta de una casa, y un niño le avisó a sus padres, "papá hay un hombre en la puerta que te busca". Eso no se olvida.

Luego conocemos la nostalgia de mirar atrás a lo que nunca más regresaremos, empiezan a aparecer el mundo de los recuerdos. El barrio, el paisaje y los amigos con que crecimos formarán parte de nuestro yo más profundo. Mas tarde sentimos algo especial por nuestros padres, al verlos encanecer y debilitarse, y finalmente despedirse de nuestro lado. La curiosidad por mirar en el espejo los cambios que nos ocurren en el cuerpo no se termina, es interesante ver como el pelo se me ha vuelto blanco como la nieve y hasta las cejas empiezan a emblanquecer. Me fijo, Gabriel como en los últimos diez años yo he entrado en esa edad de la vejez, eufemísticamente nombrada la del adulto mayor o tercera edad. Algunas veces me llaman en el argot cubano "puro", otras "abuelo", en ocasiones me siento sobreprotegido, como cuando pretenden darme el asiento en el ómnibus. Otras veces no me siento cómodo, como cuando el que fue a coger el ponche de nuestro carro, le dijo a su compañero "esta es la goma del viejo". ¿Cuánto tiempo tomará el adaptarme a ser un viejo? No sé, quisiera mantener el espíritu de algunos mayores que he conocido, como el maestro Castellanos, danzando y con la mirada asombrada antes las cosas nuevas que le llamaban la atención. No quisiera ser un viejo sabiondo, como si fuera posible sabérselo todo en la vida, ni un viejo cuenta cuento, cansando a los demás con historias del pasado. Quisiera mantener mi curiosidad ante todo, la capacidad de cambiar cosas dentro de mí, ser un ignorante aprendiz de la vida, saber escuchar sin relacionarlo con algo que me pasó ya a mí. En fin, ojalá que el optimismo y el amor por la vida me sigan acompañando en esta etapa que siento interesantísima. No sabía cuanto se podía soñar a los 70, y seguir poniendo la esperanza en las nuevas generaciones. Te dejo aquí, con estas divagaciones que me han venido a la mente. Te quiero.

11

Inesperados retos

Gabriel querido, no sabemos nunca las cosas inesperadas que Dios nos tiene reservadas.

No te puedo decir exactamente la fecha, pero en los primeros años de la década del noventa, tocaron a mi puerta con los primeros avisos de que se necesitaba la ayuda pastoral en una de las prisiones de Matanzas. Obtuve la autorización en la Dirección de Prisiones, y comencé a ir periódicamente a algunas penitenciarías de la provincia. Eran personas que habían solicitado esta visita, de modo que se me ofreció la oportunidad de conversar durante 30 minutos con algunos internos. Iniciaba una nueva experiencia que me introdujo en un mundo nuevo para mí; el hecho de pensar en las prisiones era como entrar en un territorio sombrío y misterioso.

Nunca imaginé que iba a enriquecer tanto mi vida espiritual, es fascinante experimentar la presencia de Dios en la vida de tantas personas transformadas en forma tal que es difícil de creer. Pero al mismo tiempo me enseñó mucho acerca de las profundidades del corazón humano, no siempre lo que sale a la superficie refleja lo que hay en lo hondo de nuestro ser más íntimo.

Primero visitaba la prisión conocida como el Combinado, cerca de la ciudad. Te contaré una de las historias que me ocurrieron en los primeros años de este trabajo y fue una lección que me marcó. Se trata de joven, llamado Humberto, que estaba cumpliendo por haber participado en el sacrificio de una vaca robada. Sabrás que en Cuba matar una vaca es un delito grave que se condena con años de prisión, fue producto de la crisis de la cual te hablé anteriormente. Este fue un joven muy receptivo, que mostraba mucho interés en lo que yo le hablaba. En los pocos minutos de la entrevista, yo le leía el Evangelio y le explicaba el camino de la fe y finalmente orábamos. Le facilité un Nuevo Testamento que usó para sus estudios. Me parecía que había abierto su corazón al mensaje de vida de Jesucristo, tenía un entusiasmo manifiesto por conocer más. Le gustaba colorear hermosas postales, algunas dedicadas a las madres de la Iglesia. Sin embargo, como verás, mi trabajo pastoral no fue lo suficientemente profundo para calar en lo más íntimo de su ser. Lo que te cuento ahora te va a sorprender.

Humberto, por su buena conducta, recibió un pase para visitar su familia, y coincidía que era un día de actividad de jóvenes en la Iglesia. Me dio mucha alegría verlo sentado en el templo, pero esa misma noche ocurrió lo más terrible de esta historia. Se dirigió a casa del hombre que debía tener el dinero fruto de la venta de la carne. Ese dinero era importante para Humbertico, pensaba usarlo para irse ilegalmente del país, pero por alguna razón el hombre no tenía el dinero, discuten, se acaloran, pelean ferozmente y Humbertico lo mata con cruel ensañamiento. Vuelve para la prisión, ahora se le añade una condena de 25 años por asesinato. Lo trasladan a la prisión de máxima seguridad, en Agüica. Al poco tiempo recibo una de las cartas más tristes que haya leído en mi vida. Estaba derrumbado, totalmente desmoralizado, me había fallado, había traicionado a Dios, creía que no había esperanza para su vida. A mí me deprimió leer aquel mensaje tan desconsolador. Lo sentía mucho, pero también me sentía culpable de no haber profundizado en los sentimientos ocultos en lo hondo de su ser, mi trabajo fue completamente superficial. La ira y la violencia yacían solapadas debajo de una supuesta conversión al cristianismo, y yo no supe darme cuenta de aquello.

Fue una gran lección. Continué mi trabajo en las prisiones, pero había sonado una señal de alarma, la superficialidad es el gran peligro de los capellanes de la prisión. Luego continué yendo a Agüica, surgieron más solicitudes de atención religiosa, a veces tenía que pasarme allí el día completo. Me traían a los internos esposados, al liberarles sus manos me abrazaban como a un padre. En ese abrazo iba una parte importante de mi misión. Quería decirles que no importaba cuan separados estuvieran de los amigos, familiares y del mundo, Dios no les abandonaba. Una vez uno se me echó a llorar, era el día de su cumpleaños y nadie lo había felicitado, nadie se acordaba de él. Este hombre tenía cicatrices en sus manos producto de peleas, cuando tomaba alcohol perdía todo control, la familia lo rechazó (menos su madre). El alcohol es una de las explicaciones de mucha de la violencia que para en la cárcel.

Tengo muchas anécdotas que pudiera contarte. Aprendí mucho, sobre todo de lo que llamamos pastoral restaurativa. Muchos internos piensan que con el tiempo que pasan en la prisión están pagando una deuda, que al cumplir, están libres físicamente y moralmente de toda culpabilidad. Así me dijo uno en el pasillo de la prisión. Estaba cumpliendo 15 años por haber asesinado a su esposa, me dijo que se sentía muy feliz porque ya estaba cercana su liberación, que se había casado de nuevo. Me contó que trabajando de cantinero en un hotel de turismo se habituó a tomar alcohol, y que un día llegó a su casa borracho, riñó con su esposa y la mató. Que ya estaba curado del alcoholismo y se sentía otro hombre. Le pregunté, ¿te has comunicado con la familia de la muchacha que mataste? ¿Le has expresado tu vergüenza y pesar por lo que hiciste? Se quedó muy serio, no lo había hecho, quedaban algunas hermanas de la muchacha, porque su mamá había muerto. Le dije, lo que tú hiciste no se paga con ninguna condena del mundo, para que tu estés completamente sanado debes pedir perdón a la familia, tú mismo te sentirás mucho mejor. Calló, se dio cuenta de que algo importante había faltado en su restauración, pedir perdón.

En la pastoral restaurativa no es suficiente decirle a la persona que ha cometido una falta que Dios es bueno y misericordioso y todo lo perdona. Es plantear la necesidad de asumir la responsabilidad hacia la víctima que ha sido dañada, enfrentarla y pedirle perdón. No es fácil, el ego se rebela afirmando que basta con los años de prisión cumplidos, es más fácil sufrir el castigo de la ley, que darle la cara a la víctima, comprender su dolor y solicitar el perdón.

La justicia restaurativa es la que aplicó Nelson Mandela al salir de la prisión y llegar a ser presidente de uno de los países en que la espiral de la violencia parecía incontenible. Se aplicó una amnistía a los violadores de los derechos humanos, pero era requisito reconocer lo mal hecho ante los supervivientes o los familiares de las víctimas y pedir perdón. Fue el camino de la sanación de las terribles heridas que dejó el apartheid.

Los capellanes que predicamos un mensaje de amor, no debemos dejar de lado este principio. No basta limpiar el expediente con años de prisión, hay que limpiar el corazón, hay que ir a lo profundo en donde se origina toda violencia, hay que sanar las heridas por el camino del perdón hacia uno mismo, perdonando a los que creemos nos hayan ofendido, pero tal vez lo más importante es tener el valor

Para no dejarte con el sabor amargo de la historia de Humberto, te diré que su arrepentimiento fue sincero. Dios siempre nos da una segunda oportunidad. Comenzó a estudiar en la prisión, su nivel de escolaridad era muy bajo, pero logró superarse hasta llegar a ser maestro en la prisión, en realidad un excelente maestro. Su comportamiento fue reconocido por las autoridades, sus padres nunca dejaron de sacrificarse para ir a visitarlo, con ellos tengo una estrecha amistad. Hoy Humberto está trabajando en una unidad de producción, siendo capaz de ayudar a sus padres con dinero para terminar de construir su modesta vivienda. Cada 45 días le dan un pase para ir a su casa, lo he visto varias veces, su rostro refleja una nueva vida.

Esto si que no lo esperaba

Un día del año 2009 recibo una llamada del Presidente del Consejo de Iglesias, me pregunta si estoy dispuesto a coordinar el trabajo de capellanía de las iglesias protestantes de todo el país. Me sorprendió mucho, pero no dude para responderle positivamente; no estaba seguro de cuán grande seria el reto, pero no podía negarme a colaborar. La semana siguiente en una reunión de la Directiva del Consejo fui investido del cargo de Coordinador de la Capellanía Carcelaria. En esa reunión estaba presente la jefa de la oficina asuntos religiosos del Comité Central, Sra. Caridad Diego, quien explico las nuevas disposiciones para el trabajo de capellanía en las prisiones, basado en dos actividades mensuales a desarrollar en cada prisión, un culto y otro tiempo para la atención individual o consejería. Estas tareas serian realizadas por un equipo de cinco capellanes voluntarios de las diversas iglesias. De hecho ya se estaban realizando actividades experimentalmente en varias prisiones del país.

Me percate de que mi principal tarea seria el entrenamiento de los capellanes voluntarios, me temía que la respuesta de las iglesias a esta apertura de las prisiones al trabajo religioso fuera vista como una oportunidad para hacer proselitismo en una población carcelaria muy necesitada. Esa mentalidad agresivamente proselitista tan típica de los evangélicos latinoamericanos está muy arraigada, de modo que visualice en el objetivo de hacerles pensar en una evangelización diferente, en que el acompañamiento pastoral, paciente y respetuoso fuera el camino a seguir. Por supuesto yo mismo no sabía qué hacer y cómo empezar una tarea de tal envergadura.

Otro escollo que fui descubriendo en el camino era que la mayoría de los capellanes venían de iglesias fundamentalistas, de corte pentecostal. Yo sentía dentro de mí un cierto temor de cómo sería recibido en estos ambientes, dado que en mi denominación de origen mi familia y yo habíamos sufrido heridas dolorosas de los sectores conservadores. A esto hay que añadir la mala fama del Consejo de Iglesias, acusado de liberal y demasiado comprometido con el estado. Así pues, con temor y temblor, como dice San Pablo asumí este reto.

Pero esta visto que en los planes divinos no se quedan cabos sueltos, yo no estaría solo. La mano de Dios nos tenía la bendita sorpresa de que una pareja de amigos de Carolina del Norte tenían planeado pasar un año en Cuba colaborando con el seminario, los esposos Mark y Kiram Siler. Mark era capellán de prisión en su estado, un regalo increíble. Por cierto el nombramiento del Consejo no vino acompañado por respaldo económico, ya que todavía no estábamos en el presupuesto del mismo. Pero Mark vino no solo con su talento y experiencia, sino con recursos suficientes para iniciar el trabajo. ¡Cuan oportuna fue esta ayuda!

Decidimos estrenar el programa de formación comenzando por las provincias orientales, donde sabíamos que ya existía un trabajo de capellanía en las prisiones. El primer curso se dio en Bayamo, donde el hermano Camilo Rodríguez, líder de la capellanía en la provincia, nos recibió y apoyo. El grupo se reunió en una iglesia Pentecostal; al principio notamos las miradas un tanto recelosas de algunos que desconfiaban de todo lo que tuviera que ver con el Consejo de Iglesias. Por fortuna, Lázaro Ceballos, músico y artista plástico, había sido invitado a formar parte de nuestro equipo, él fue miembro por años de una iglesia pentecostal, y con su música ha ayudado tremendamente a crear un ambiente de confianza, amistad y adoración. Doy infinitas gracias a Dios porque Lázaro aceptó trabajar tiempo completo con el programa de Capellanía Carcelaria, él mismo se ha convertido en un excelente capellán y un amigo especial con quien comparto todos los sueños de este ministerio.

Debo hacer honor a la verdad y reconocer que no fuimos los primeros en ofrecer entrenamiento en nuestro país, y particularmente en la provincia de Granma, el hermano Benito Lauzurique, un egresado del Seminario Evangélico de Matanzas y miembro actualmente de la Iglesia Presbiteriana Central de La Habana, fue quien inició los talleres de capellanía en nuestro país. El fruto de su trabajo nos resultó patente en nuestra primera visita a Bayamo, donde el equipo de capellanes, entusiastas y comprometidos fueron entrenados por él, lo admiran y quieren como su maestro. Por lo tanto nuestro trabajo fue para profundizar y enriquecer un poquito, desde nuestra perspectiva, lo que ya se había iniciado.

Con participantes del Curso de Capellanìa, Santa Clara, 2016

Quizás lo que más nos impresionó en nuestro primer recorrido, pero especialmente en Bayamo fue que numerosos capellanes nos dieron testimonio de que ellos mismos habían cumplido largas condenas, y en la prisión conocieron el camino para la transformación de sus vidas. Escuchamos a las personas que nos contaron sus historias de vidas; generalmente comenzando con una niñez de familias disfuncionales, donde hubo abandono de padres, alcoholismo, violencia y extrema pobreza; muchachos que aprendieron a ser delincuentes en la calle, desde los primeros años. Algunos fueron traficantes de drogas, carteristas, estafadores y algunos adictos a la violencia criminal. Era difícil ver aquellos rostros iluminados ahora por una luz de mansedumbre hablar de su misión en las prisiones, imagina que poder tienen sus palabras cuando les dicen a los internos, si, si es posible cambiar, se los digo yo que estuve como ustedes están, y Dios cambió mi vida.

Si pudiera presentarte a Pedro. Le pedí a Lázaro que le grabara la entrevista, que lo dejara hablar ante el micrófono. Pedro es un hombre entrado en los 50 años, de corta estatura, complexión fuerte, de mirada serena, hablar pausado, con un aspecto de trabajador humilde y sencillo. No era fácil imaginar lo que estábamos oyendo de sus labios, de su entrada en el mundo de la delincuencia, de cuantas veces estuvo en la prisión, de su deportación a Estados Unidos en los noventa, de su repatriación por la mala conducta en ese país, nuevamente en prisión su desesperación ante el asedio de las personas a las que había estafado y le querían cobrar venganza. Como cuando tocó fondo, ya deseando morirse, una luz vino a su vida alumbrando un nuevo camino de transformación espiritual. Pedro cumplió con los años de prisión y saldó deudas pendientes, en un penoso proceso de restauración sanaron las heridas, constituyó una familia, se dedicó al trabajo honrado y finalmente se convirtió en un eficiente capellán. Una apasionante historia llena de lecciones para la vida.

Esto me motivó a iniciar un trabajo de coleccionar historias de vida, contadas por los mismos protagonistas. Ya tengo varias publicadas en forma sucinta en nuestro boletín Cartas de la Prisión, espero mejorar ese trabajo para tal vez un día poder publicar un libro. Las historias de vidas, de personas sencillas que pasan por este mundo sin ser reconocidas, anónimas, pero que finalmente forman el tejido social que va cambiando silenciosamente el curso de la historia. Luego en la superficie los acontecimientos ocurren, los sucesos que aparecen en los periódicos, luego en los libros de historia que definen las épocas, ignorando a los protagonistas que están en la base de la pirámide social. Trabajar con la gente de la base, sembrando y aprendiendo, como Jesús nos enseñó, la semilla de su reino que abre la posibilidad de cambiar la vida, eso es, mi nieto, la vocación que se ha convertido en mi más profundo gozo en esta recta final de mi vida.

Es cierto que muchas veces la gente en la prisión se acercan a las personas que les quieren de alguna forma ayudar, y no todas son sinceras, y sufrimos muchos desencantos, pero de todos modos se siembra, y hay semillas que sí germinan y dan fruto. Te cuento que me dio tremendo gusto al visitar una prisión en Holguín, en la que un número considerable de internos estaban participando en los cultos y al preguntarle a un guardia cual era su opinión, me contestó, ojalá todos aquí participaran con los evangélicos, porque desde que están trabajando aquí esto ha cambiado, hay más tranquilidad. Esto me dio una gran alegría, ojalá el trabajo de la capellanía siga impactando de esa manera.

Diseñando una propuesta de capellanía carcelaria

Fue muy bueno el aporte de Marcos en los primeros talleres de capellanía del Consejo de Iglesias. Realmente esos primeros años estábamos en la búsqueda de un programa de formación adecuado a nuestras circunstancias, y la experiencia de un país en que los capellanes son parte del sistema penal, teniendo su espacio propio, sus facilidades para el contacto diario con los internos, indudablemente es una fuente de experiencia muy valiosa. Especialmente en lo referente a la consejería los americanos tienen una escuela muy avanzada, empleando las técnicas más modernas, en particular la de la escucha activa. El saber aconsejar es un arte que casi todo el mundo cree dominar, pero pocos realmente son los que lo hacen bien. Los evangélicos simplificamos las cosas con la idea de que la Biblia tiene respuestas para todos los problemas, como un catálogo en el que solo hay que saber encontrar y aplicar el versículo apropiado. Cuanta ignorancia del misterio que representa cada ser humano. Siempre les digo a los capellanes que el peor ejemplo de consejería es el que se encuentran en el libro de Job. Sus amigos, que vinieron a consolarlo en sus calamidades, eran portadores de una sabiduría teológica impresionante, pero se creían que sabían todo de Dios y la forma en que él actúa, desechando toda posibilidad del misterio ante algo que no llegaban a entender totalmente. Así metieron la pata hasta el fondo, llegando Job a desear que se fueran bien lejos con sus consejos. La poca capacidad para la empatía, la arrogancia y la autosuficiencia son los grandes obstáculos en el desempeño de una buena consejería. Por esto nosotros desechamos la palabra consejería, por acompañamiento pastoral.

Cada espacio interior de una persona es una tierra santa en la cual, como dijo un escritor, solo es posible entrar de puntillas y con mucha reverencia.

Es el acompañamiento pastoral la materia en la cual siempre estamos machacando. Nos gusta mucho decirle a los demás "yo en tu lugar haría esto o aquello", "tu deber es hacer lo que dice la Biblia", desconociendo que cada persona es un mundo, y que el camino debe escogerlo libremente cada uno, con la luz interior que Dios ha puesto en todas las personas. El acompañamiento verdadero ayuda a pensar en las diferentes posibilidades que hay delante, pero sin presionar por la opción que el pastor desea.

Una segunda preocupación era la necesidad que tienen todos los capellanes de una formación espiritual profunda. El trabajo de capellanía carcelaria es un reto grande, que requiere un compromiso muy serio y una sabiduría muy especial. Se va a trabajar con personas que han sufrido violencia, que han ejercido violencia, que traen historias de vida tremendas, que están en situaciones deprimentes, aislados, sin tener el control de sus vidas en sus manos, rodeados de influencias negativas, en fin un mundo oscuro y triste. Trabajar con estas personas, ayudarlas a reorientar sus vidas, a tener confianza en otras personas y a ver un horizonte de esperanza no es tarea fácil.

A mi manera de ver, el capellán ideal ha de tener mucho de la espiritualidad de un místico, de una persona que cree que la meditación y el silencio deben preceder a las palabras. Una persona humilde, que reconoce que no es mejor que la persona que está detrás de las rejas, solo que la gracia de Dios le ha alcanzado a él primero. Motivado por una compasión que brota de un corazón inundado del amor de Dios, capaz de ver el rostro del otro o la otra, a pesar de la circunstancias que ha vivido y las cicatrices que han quedado, la imagen de Dios. Solo así se camina, se llora, se comparte, se persevera, se espera, se cree, (lra. de Corintios cap. 13) y se tiene la fuerza necesaria para esta misión.

Pero no solo el amor suple lo que falta, se requiere también la sabiduría, la capacidad del discernimiento, el estudio para tener el conocimiento apropiado para poder ayudar a otros. La sabiduría es una palabra muy inclusiva, que no se limita al conocimiento intelectual, se enriquece también con la experiencia de la vida y con la intuición de una madre. La imaginación del artista que crea una obra de arte de un trozo de barro. De todo esto se compone la sabiduría, en la que se una la mente racional con el corazón espiritual.

Estos tres pilares, la humildad, la compasión y la sabiduría, constituyen la puerta al camino de la espiritualidad de la capellanía. De una espiritualidad auténtica, ajena al emocionalismo espectacular de mucho de los movimientos de avivamiento que observamos en América Latina actualmente, pero que a la larga solo producen fanatismo y alienación social. Si fueran auténticos movimientos de espiritualidad ya debieran verse los frutos de paz, justicia y transformación en el seno de nuestras sociedades. Mucho ruido y pocas nueces, dice el viejo refrán. En nuestra propia sociedad cubana vemos el crecimiento desbordante de las iglesias, pero al mismo tiempo las divisiones sectarias proliferan, los líderes codiciosos de poder, las iglesias manejadas como empresas, enfocadas en su propio engrandecimiento, en fin un espectáculo nada atractivo para el mundo que las observa.

Te advierto que no me gusta hablar despectivamente de ninguna experiencia religiosa. No descarto que en todo lo que sucede en ese mundo de emocionalismo muchas personas hayan encontrado la liberación de situaciones opresivas, o de temores y depresiones. No podemos limitar la acción del Espíritu a los espacios y lugares que a nosotros nos resultan más cómodos, como el viento el Espíritu sopla desde donde quiere, por esto mucho respeto a toda expresión religiosa, puede estar tocando profundo en el corazón de alguna persona.

Particularmente cuando nos reunimos con nuevos grupos de capellanes, procedentes de una gran diversidad de cultos, nos acercamos a ellos y ellas con oídos muy atentos, sin prejuicios, tratando de que discernir la acción de Dios en sus vidas. Te confieso que hemos encontrado mucha inspiración en personas que han vivido experiencias interesantísimas de transformación, y experiencias milagrosas de sanidad y restauración. Y es que sucede que con los evangélicos con los que nos relacionamos son las personas más humildes, que están motivadas por una compasión y compromiso por los que sufren prisión, yo creo un sector muy puro de las iglesias evangélicas, a veces pienso, tal vez los mejores de los mejores. Por otra parte cuando nos acercamos a pastores y líderes de iglesias invitándoles a trabajar en la capellanía, siempre nos dicen que quisieran hacerlo, pero no tienen tiempo, que las muchas actividades y compromisos no les dejan tiempo. Pienso que están tan ocupados con las "noventa y nueve ovejas que tienen en el redil que no tienen tiempo de buscar la que se ha perdido" (parafraseando a Jesús).

Pero no seamos injustos, la realidad es que cada uno tiene su vocación y su lugar en la gran misión de Dios, no todos están llamados a trabajar en el mundo de la marginación. Si no se está llamado es mejor no entrar. Y aquí ya debo pasar a la última página de este peregrinaje, te invito a seguir el tramo final.

El mejor vino... al final de la fiesta

El primer milagro de Jesús, según el evangelio de Juan, fue en una boda, cuando el vino empezó a faltar y él transformó el agua guardada en botijas en el vino de mejor calidad, de modo que ¡el final de la fiesta fue lo mejor!

No aplico esta enseñanza refiriéndola como que al final de la vida esté lo mejor, sino que solo después de un peregrinar por el desierto, tal vez vagando en su búsqueda, llegas a la fuente de la vida, a saborear lo mejor que se te tienen guardado. Así el sabor y la sequedad que te dejan en tu boca las experiencias tenidas en tu vida es que llegas a gustar lo más delicioso, a oasis restaurador y renovador de una comunión en tu ser interior, descubres que lo que buscabas esta dentro de ti mismo. Este es el secreto de la espiritualidad.

Te habrás dado cuenta que toda mi vida fui un activista movido por un ideal. De mi padre heredé la pasión por ayudar a los más necesitados, el estar comprometido con algún proyecto social, de mi madre la necesidad de comportarme con integridad y honestidad. No te digo que siempre he sido coherente, no siempre asumí todos los riesgos ni caminé con toda firmeza, hay muchas cosas de las que me tengo que arrepentir, pero si he tratado de ser fiel a este legado de mis mayores.

Como te habrás percatado en la mayor parte de mi vida activa he sido un activista, siempre enrolado en algún movimiento, quedando poco de mí y de mis energías para la actividad intelectual, que mucho deseaba. En los años del romanticismo ideológico, cuando creíamos formar parte de un proceso de transformación social, no solo de nuestro país, sino de toda América Latina y todo el mundo subdesarrollado, época bella en verdad, de la cual no me arrepiento de haberla vivido como la viví, mi trinchera fue contribuir a despertar la conciencia cristiana, ayudar a salir del letargo escapista, del sectarismo mediocre y alienante, para ser una iglesia con un testimonio fuerte a favor de la justicia, una escuela de formación de ciudadanos del mundo nuevo que estaba amaneciendo. En este camino encontré mis camaradas, cristianos inspirados en el sacerdote guerrillero Camilo Torres y en Martin Luther King. Fue hermoso trabajar en esta conspiración cristiano-revolucionaria, escribir panfletos, declaraciones a favor de y en contra de, celebrar, cantar, hacer trabajo voluntario en los cortes de caña y finalmente para mí no hubo otra opción que comprometerme como pastor-obrero para vivir como un trabajador mas ayudando a construir la utopía. Estos sueños le dieron sentido a mi vida, pero también me ocasionaron los desencuentros con la familia bautista occidental, especialmente con los pastores que dominaron la estructura denominacional y que finalmente me expulsaron. Todo tiene su precio, lo pagué con la frente en alto.

No es que viviera un mundo de ilusión, con los ojos cerrados a una realidad muy compleja. La construcción de la nueva sociedad me iba haciendo despertar a las grietas que se abrían en el sendero, nada humano es perfecto, nos decíamos, el tiempo ira arreglando las cosas, lo que importa son los grandes logros alcanzados. El nuevo hombre, del que tanto se hablaba, irá creciendo y con su presencia irá barriendo con la basura acumulada en el camino. Pero no era ciego a la verdad que aparecieron ante mi vista: el nuevo rostro del egoísmo humano, el oportunismo, la adicción al poder ejercido autoritariamente, el acomodamiento a privilegios, la distancia entre la ideología predicada y la vida privada me empezaron a inquietar.

Un hecho que me impactó fue la cuando en el 1990 el Frente Sandinista perdió las elecciones en Nicaragua. Yo había admirado a la dirección de esa revolución, un grupo de comandantes guerrilleros que habían escrito páginas legendarias de heroísmo en la lucha contra la dictadura de Somoza, ahora tenían que abandonar el poder. Cuan vergonzoso el espectáculo, que el pueblo nica bautizó de la "piñata", porque todos se precipitaron a apoderarse de cuanto pudieron en sus respectivos ministerios, con escasas y dignas excepciones, pero eso fue la otra cara de la moneda del heroísmo, varios de ellos se convirtieron en millonarios ¿Cómo se puede ser héroe y al mismo tiempo tener un corazón lleno de avaricia? ¿Dónde quedó la mística del sacrificio por la liberación?

Un tiempo antes fui a cortar caña con los estudiantes del seminario. La tarea requería organizarse en parejas, cada uno buscaba la suya, vi al Maestro Castellanos, con su porte físico escuálido no se podía esperar que cortara mucha caña. Pero yo lo escogí, porque sentía la necesidad de conversar con una persona de una profunda espiritualidad. Esos quince días bajo el inclemente sol, sin soltar el machete, fui disfrutando de la sabiduría de un verdadero místico cristiano, que no pensaba que la ideología lo fuera todo. Fue mi inspiración para seguir el rastro de una dimensión de la espiritualidad que carecíamos todos.

Mi generación salió de una espiritualidad individualista, preocupada por la salvación eterna, centrada en el culto de la iglesia, para entrar en otra que se enfocaba en la construcción del reino de Dios en la tierra y encontraba su máxima realización en el servicio al prójimo, en ubicarse al lado de la justicia y la libertad. Cuando hablábamos de espiritualidad queríamos decir el amor expresado en acciones concretas. Creíamos que la causa de mal estaba solo en las estructuras de opresión que necesitaban ser cambiadas, así era todo tan simple y tan claro.

Y no era simple entusiasmo generacional. Teníamos el respaldo de teólogos de la liberación que nos inspiraban a leer la Biblia con nuevos ojos, a ver el clamor de justicia de los profetas de Israel y el ministerio de liberación de Jesús de Nazaret. !Estábamos bien pertrechados intelectualmente! Y hasta de la vieja Europa nos venía la teología política cimentada en la tradición erudita, no nos faltaba nada.

Si nos faltaba algo. No todo estaba dicho, no solo es la acción eficaz, no solo la toma del poder político, solo las leyes justas, no sólo el heroísmo, no solo la ideología. Nos faltaba escuchar los sabios de antaño, la voz de los grandes fundadores de las religiones universales, nos faltaba conocernos nosotros mismos, nos faltaba comprender al corazón humano, nos faltaba una experiencia profunda y transformadora que toque lo más oculto de nuestro ser. En fin, nos faltaba una espiritualidad acendrada, fuente de valores, de luz interior, de humildad, de desprendimiento de intereses materiales, de aceptación de lo diferente, de asombro y apertura a la belleza del mundo y su naturaleza. Una espiritualidad del respeto a la vida, sea la del amigo o del enemigo, una espiritualidad que capacite a un liderazgo de servicio y no de poder. ¿Cómo fuimos capaces de aspirar a que surgiera el hombre nuevo sin una espiritualidad que lo sostuviera?

Llevo más de veinte años leyendo clásicos cristianos y no cristianos de espiritualidad, tratando de comprender y asimilar lo que perdimos de vista en nuestra juventud. Que interesante que en América Latina también los teólogos de la liberación están incursionando en ese mundo de espiritualidad. Frey Betto esta lidereando un movimiento de mística revolucionaria. Otros autores están excavando en los viejos pozos de la espiritualidad, como Gustavo Gutiérrez y Leonardo Boff. La corriente de la historia los ha estado arrastrando en esta dirección, cuanto fruto puede dar en el futuro en un mundo con los retos que tiene el actual.

Por lo pronto, yo estoy seguro de que no es una claudicación del camino seguido hasta aquí, sino una radicalización mas plena. Hijo, la palabra radical, viene de raíz, ir a lo profundo, a lo que no está a la vista. Por otra parte no olvidar que tenemos un desafío mucho mayor en el nuevo milenio, las nuevas potencias oscuras trabajan fuertemente en la mente y el corazón de las gentes, ahora a través de los omniscientes medios de comunicación social. Están tratando de crear un ser humano dócil, individualista, ávido de consumir tecnología, indiferente a la política, indiferente a lo humano, y lo triste es que lo están logrando. Pero también hay sed de espiritualidad, hay una búsqueda por volver a la naturaleza, a las raíces, a la sabiduría de los pueblos originarios.

Hoy es esa espiritualidad profunda y comprometida, consciente del mundo, al lado de la dignidad de todo ser humano, servidora de la paz y de toda la creación, es la espiritualidad que tu abuelo ansia fervientemente. Esa espiritualidad, particularmente la de Jesús, nos devuelve las fuerzas para seguir soñando y trabajando por un mundo mejor. Un texto del profeta Isaías, merece que te lo recuerde aquí, "El da esfuerzo al cansado, y multiplica las fuerzas al que no tiene ningunas. Los muchachos se fatigan y se cansan, los jóvenes flaquean y caen; pero los que esperan en el Señor tendrán nuevas fuerzas; levantarán alas como las águilas; correrán, y no se cansarán; caminaràn, y no se fatigarán" (Isaías 40.29-31)

No se produce por generación espontánea, hay que detenerse, hay que saber meditar, estar en silencio, dejarse enseñar por los maestros de espiritualidad, y así despertar, como Buda, como Jesús, a la luz de la verdad, de que todos somos miembros los unos de los otros, de que nos pertenecemos humanos y naturaleza, formamos un solo cuerpo. Grandes ejemplos tenemos en el mundo de hoy, Gandhi que venció con la no violencia al imperio británico, Nelson Mandela, que mostró el camino de la reconciliación nacional a un pueblo adormecido por la violencia, a Martin Luther King Jr., que siguió el mismo camino. Esos son los grandes héroes, forjados en la espiritualidad del desierto, de la soledad y de la luz.

Hijo, Dios te bendiga, que seas un hombre verdaderamente libre, es lo que te deseo, que al final de tus días, puedas sentir la satisfacción de tu abuelo, de que aún cuando no logró ser todo lo que soñó, al menos buscó serlo, se cayó muchas veces, pero siempre la mano de Dios lo ayudó a levantarse. No lo olvides, formas parte de un todo, un todo cuya sangre es el amor. Que Dios te llene de su amor. Te abraza, y te bendice, tu abuelo Paco.

FSC
www.fsc.org
MIX
Papier | Fördert gute Waldnutzung
FSC® C083411

Kolibri 360 GmbH
Ferdinand-Jühlke-Straße 7
99095 Erfurt, Deutschland
produktsicherheit@kolibri360.de

Druck:
CPI Druckdienstleistungen GmbH
im Auftrag der
Kolibri 360 GmbH
Ferdinand-Jühlke-Str. 7
99095 Erfurt